天津市哲学社会科学规划项目课题（TJYY19XSX-020）

天津社会科学院出版基金资助项目

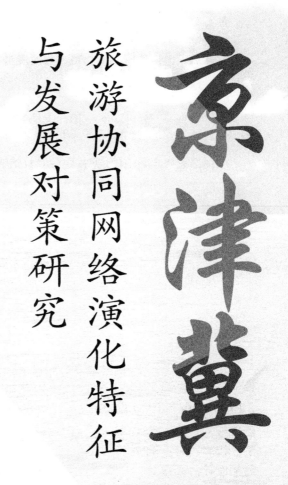

京津冀

旅游协同网络演化特征与发展对策研究

单　晨 ◎ 著

Research on the Evolution Characteristics
and Development Strategies of
Beijing-Tianjin-Hebei Tourism Collaborative Network

天津社会科学院出版社

图书在版编目（ＣＩＰ）数据

京津冀旅游协同网络演化特征与发展对策研究 / 单
晨著. -- 天津 : 天津社会科学院出版社，2024.7
ISBN 978-7-5563-0951-1

Ⅰ．①京… Ⅱ．①单… Ⅲ．①地方旅游业－旅游业发
展－研究－华北地区 Ⅳ．①F592.72

中国国家版本馆CIP数据核字(2024)第025975号

京津冀旅游协同网络演化特征与发展对策研究

JINGJINJI LÜYOU XIETONG WANGLUO YANHUA TEZHENG YU FAZHAN DUICE YANJIU

责任编辑： 沈　楠
责任校对： 王　丽
装帧设计： 高馨月
出版发行： 天津社会科学院出版社
地　　址： 天津市南开区迎水道 7 号
邮　　编： 300191
电　　话： （022）23360165
印　　刷： 高教社（天津）印务有限公司
开　　本： 710×1000　　1/16
印　　张： 16
字　　数： 260 千字
版　　次： 2024 年 7 月第 1 版　　　2024 年 7 月第 1 次印刷
定　　价： 78.00 元

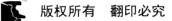

前　言

习近平总书记指出："共同富裕是社会主义的本质要求，是中国式现代化的重要特征。我们说的共同富裕是全体人民共同富裕，是人民群众物质生活和精神生活都富裕。"促进人民群众精神共富是共同富裕奋斗征程上的重要内容。旅游业作为"五大幸福产业"之首，在满足人民群众美好生活需求的过程中充当主力军的角色，成为促进人民群众精神共富的强大动力。党和国家高度重视旅游业发展问题，出台了一系列顶层设计文件和政策措施，为促进旅游业高质量发展提供了有力支撑。党的二十大报告指出："坚持以文塑旅、以旅彰文，推进文化和旅游深度融合发展。"这为新时期旅游业高质量发展指明了前进的方向。而且，随着居民收入水平的不断提高，人民群众的旅游需求日益品质化、多样化、个性化，旅游产业迎来了发展的重要战略机遇期，具有广阔的市场空间和发展前景。

京津冀三地地缘相接、文化一脉，旅游协同发展具有良好的自然和人文优势。京津冀协同发展战略提出以来，三地旅游部门不断加强旅游试点示范区建设，完善旅游公共服务保障体系，联合开发旅游产品和旅游线路，各项工作已取得了实质性进展。本书采用定性和定量相结合的研究范式，致力于回答以下四个问题：一是京津冀旅游协同发展成效如何？二是京津冀旅游协同发展在时空上表现出什么特征？三是京津冀旅游协同发展的影响因素是什么？四是京津冀旅游协同发展应怎样进一步推动？通过对上述问题展开科学严谨的研究和阐释，明晰京津冀旅游协同发展的时空演变特征以及影响因素，有助于发现京津冀旅游协同发展过程中存在的问题和瓶颈，对京津冀旅游协同持续纵深发展具有重要的指导意义。

全书的研究内容包含：第一章导论，介绍本书的研究背景及研究目的等。第二章京津冀旅游协同发展概况,概括了京津冀旅游协同发展的经济社会基础,介绍了京津冀旅游协同发展的推进情况,以期对京津冀旅游协同发展建立一个直观的认识。第三章京津冀旅游发展要素协调发展评价,分析了京津冀旅游服务、旅游交通等旅游发展要素的差异,定量测度旅游发展要素协调发展水平,了解京津冀旅游发展要素的基本情况。第四章京津冀旅游经济差异的时空分析和综合评价,研究京津冀旅游经济发展差异的时空演变特征,明晰京津冀旅游经济发展差距。第五章京津冀旅游协同发展水平的时空特征,建立了京津冀旅游协同发展指标体系,研究随着京津冀旅游协同政策的推进,京津冀旅游协同发展水平的演进状态。第六章京津冀旅游协同网络特征演化与影响因素研究,建立京津冀旅游协同发展网络,分析旅游协同发展网络中各城市角色变化、网络密度的演变特征,探究旅游协同发展网络的影响因素。第七章京津冀协同发展背景下天津市旅游业发展对策研究,分析天津旅游业发展现状、机遇与挑战,提出京津冀协同发展背景下天津旅游业发展对策。第八章京津冀旅游协同纵深发展的路径选择,从共筑文化发展高地、实施"旅游+"发展战略、推进数字文旅发展以及提高旅游发展韧性等方面,提出京津冀城市群旅游协同机制和相关对策建议。

本书得到天津市哲学社会科学基金、天津社会科学院出版资助。由于本书写作时间跨度较长,有些观点和数据难免有些陈旧。京津冀旅游协同发展一直在推进中,这一课题在一定的考察期内进行研究,得出的结论具有时间上的局限性,但是在研究方法上大胆地进行了一些探索,为以后的进一步研究奠定了一些基础。同时作者水平有限加之时间、精力和能力的局限,参考文献未能一一列出,不足之处在所难免,如有不当之处,恳请读者批评指正。

单晨

2023 年 9 月

目　录

第一章 导 论

一、研究背景

　　旅游业在促进经济增长、社会进步、文化交流等方面发挥着举足轻重的作用,其发展水平成为衡量一个国家或地区经济社会发展水平与综合实力的重要指标。改革开放后,我国旅游业逐渐摆脱了短缺型旅游,旅游经济活力不断增强。2009 年,国务院《关于加快发展旅游业的意见》明确提出,把旅游业培育成为国民经济的战略性支柱产业和人民群众更加满意的现代服务业,旅游业进入全面转型升级的新阶段。2019 年,国内游客 60.1 亿人次,国内旅游收入 57251亿元,入境游客 14531 万人次,国际旅游收入 1313 亿美元,实现旅游总收入 6.63万亿元,分别是 2009 年的 3.16、5.63、1.15、3.31、5.26 倍。世界经济论坛发布的《2019 年旅游业竞争力报告》显示,中国在全球旅游业竞争力榜单中排名第 13位。党的二十大报告强调:"江山就是人民,人民就是江山。""人民至上"的思想体现在党的二十大报告的字里行间。党的二十大报告提出"以中国式现代化全面推进中华民族伟大复兴",提出"必须坚持在发展中保障和改善民生,鼓励共同奋斗创造美好生活,不断实现人民对美好生活的向往"。旅游业是五大幸福产业之首,已经成为"小康生活标配、美好生活必备"。人人参与旅游、共享旅游,彰显着物质文明与精神文明建设双重成果,有望成为实现共同富裕的重要指标。党的二十大为旅游业发展指明了方向,推进旅游业高质量发展,应重点围绕游客需求,不断丰富和优化产品供给,大力提升旅游服务品质,促进文旅产业融合,激发旅游新业态、新模式,朝着满足人民对美好生活的向往的目标进发。

京津冀城市群地理位置趋近、旅游资源丰富,具有良好的旅游协同发展产业基础。京津冀协同发展作为重大国家战略,为京津冀旅游协同发展带来了前所未有的机遇。在习近平总书记"京津冀协同发展"重要指示的引领下,京津冀三地达成了"京津冀协同发展"以旅游先行的共同认识,签署了相关深化合作框架协议,将京津冀旅游协同发展作为区域协同发展的先导,持续推进旅游协同发展各项工作的深入落实。京津冀协同发展战略提出以来,京津冀旅游协同发展工作会议定期召开,不断修订和发布京津冀旅游协同发展工作要点;京津冀签署旅游信用协同监管合作备忘录,旅游信用信息查询涵盖京津冀三地;京津冀三地的优秀文化和旅游资源得到不断协同开发与整合优化,旅游基础设施建设不断完善,公共服务质量和水平持续提高,现代化交通网络逐步完善,生态环境保护协作机制更加健全,京东休闲旅游示范区、京北生态(冰雪)旅游圈、京西南生态旅游带、京南休闲购物旅游区、滨海休闲旅游区五大京津冀旅游试点示范区建设正加快推进,京津冀旅游一卡通持续发行并优化升级,景区数量不断增加,打造出了红色旅游、露营、房车等多种类型的京津冀旅游主题线路,京津冀旅游协同各项工作持续迈上新台阶。京津冀三地协同发展成效如何?在时空上表现出什么特征?协同发展的影响因素是什么?旅游协同发展应怎样进一步推动?针对上述四个问题,本书采用定性和定量相结合的方式,展开科学严谨的研究和阐释。对京津冀旅游协同发展的特征以及影响因素展开科学探究,不仅是对京津冀协同发展各项工作成效的衡量和评价,也有助于发现协同发展过程中存在的问题和瓶颈,对京津冀三地旅游协同持续纵深发展具有重要的指导意义。

旅游协同发展是"旅游合作"概念的演化升级[1],强调的是区域旅游发展涉及的旅游资源、旅游交通、旅游服务、旅游环境等各子系统、各要素突破地理位置所带来的空间限制,由无序演变为有序,由分散演变为整合,由竞争演变为协作的过程[2],这一过程将极大提高区域旅游的整体经济效益。学者们对旅游协同发展展开了大量研究,主要包括区域协同理论研究、协同发展水平测度研究、协同发展路径设计及对策研究三个研究方向。就协同理论研究来看,学者们基于协同学[3]、共生理论[4][5]、博弈论[6]、可持续发展理论[7]等理论展开研究和探索,理论体系处于不断完善的过程中;就旅游协同发展水平测度研究来看,现有的研究主要集中于旅游业与其外部系统协同的测度研究,例如,旅游业与生态环境[8]、旅游业与文化产业[9]、旅游业与区域经济[10]等,学者们通过采用耦合协同度[11]、距离型协同度[12]、序参量功效函数协同度[13]、复合系统协同度模型[14]、引力模型[15]等方法对子系统之间的协同发展程度进行定量测度和评价,从而分析区域旅游协同演化的时空规律和特征;对于旅游协同模式与路径的研究,学者们多采用定性分析的方法,针对特定区域开展案例研究。例如,任云兰[16]提出整合京津冀历史文化遗产,打造京津冀精品旅游线路,提升京津冀旅游整体水平,促进旅游产业协同发展的相关建议;庞前聪[17]基于珠海和粤港澳大湾区互动的视角,研究了大湾区城市群空间协同的路径;马斌斌等[18]在“丝绸之路经济带”背景下,对西北五省旅游协同发展进行了深入思考,提出了西北五省旅游协同发展的实践路径;李燕等[19]则从体育旅游协同发展的视角,研究了京津冀体育旅游协同发展的路径和措施。

通过对现有文献研究的梳理和总结,可以发现区域旅游协同发展研究领域已经取得了大量优秀成果,但对于区域旅游协同发展中城市之间的互动特征研究较少,对城市之间协同发展影响因素的识别研究也有待进一步深入开展。作者认为,目前的研究主要有以下三点不足或局限:第一,在研究对象方面,传统协同评价方法多是对子系统的状态进行比较,从时间、距离等角度反映整个系统的变化特征,缺乏从子系统两两之间互动关联的角度,对协同发展水平进行测度的研究。第二,城市在旅游协同发展过程中所处的地位与角色会随着时间的推移和经济的发展发生变化,但是鲜有文献对此展开深入研究,特别是缺乏从网络视角评价协同发展时空演变特征的研究,事实上,城市之间的旅游协同发展过程完全可以看做网络中节点互动关系的演变过程,研究网络节点角色和关系的变化可以发现城市旅游协同发展网络的演变特征。第三,现有文献对旅游协同发展的影响因素的研究多以定性分析为主,缺乏量化研究。基于此,本书以京津冀区域为研究对象,在完善区域旅游业协同发展指标体系的基础上,建立科学的测度和评价模型,对京津冀城市之间的旅游协同发展水平进行度量,探究和分析京津冀城市群旅游协同发展水平的时空演变特征;构建区域旅游协同发展网络并研究网络的时空演变特征;对旅游协同发展的影响因素进行识别与评价,提出促进京津冀区域旅游协同发展的相关建议,为天津市乃至我国制定区域旅游协同发展战略,实施和调整区域旅游发展政策提供决策依据。

二、研究内容

本书的研究对象为京津冀城市群(以北京、天津与河北省的 11 个地级市共计 13 个城市为样本)旅游协同发展水平时空演化趋势、协同网络结构特征以及协同发展的影响因素。主要研究内容包括:第一部分,京津冀旅游协同发展现状分析。首先,分析京津冀三地旅游发展的现状与差异。其次,对京津冀旅游协同发展的历程进行回顾,从时间和空间两个维度定性分析京津冀旅游协同发展演变过程的特点,为后续实证研究奠定基础。第二部分,京津冀城市群旅游协同发展时空演化趋势研究。通过对现有协调度测算模型的比较与分析,选取隶属函数协调度模型作为旅游协同发展水平的测度方法,将"政府制度创新"指标加入旅游协同发展指标体系,对京津冀城市群的 13 个城市间的旅游协同发展水平进行测评,得到京津冀旅游协同发展水平在时间上的演变特征;建立空间自相关模型,对其进行全域空间自相关分析与局域空间自相关分析,得到其在空间上的相关性与异质性,即京津冀旅游协同发展水平在空间上的演变特征。第三部分,京津冀城市群旅游协同网络特征研究。基于协同发展水平测算结果,建立京津冀城市群旅游协同发展网络模型,通过社会网络分析中的中心性、特征路径长度、聚类系数、凝聚子群分析以及核心边缘分析等指标和测量方法,构建京津冀旅游协同发展的评价指标体系,并对关键指标的时空演化特征进行分析。第四部分,京津冀城市群旅游协同发展影响因素分析。将社会网络分析模型 QAP 方法引入京津冀旅游协同发展研究中,对京津冀旅游协同发展进行延伸性研究,挖掘各个要素对协同发展的影响程度,探寻影响京津冀旅游协同发展的主要因素,为后续对策研究奠定基础。第五部分,京津冀城市群旅游协同发展对策研究。首先,以天津市为例,分析天津市旅游业发展的基础、现状以及问题,提出京津冀协同发展背景下天津旅游业发展对策。其次,以实证结果为依据,从坚持开放发展、深化合作共赢、坚持创新驱动与绿色发展,突出文化内涵,深化文旅融合等方面提出京津冀城市群旅游协同机制和相关对策建议。最后,总结研究中的不足之处,对未来的研究方向进行展望。

三、研究方法

（一）理论研究与定性分析

首先,对研究背景、研究意义进行概述。其次,通过文献阅读、梳理与分析,总结国内外区域旅游协同研究的相关理论、研究方法、技术支持,为实证研究奠定理论基础。

（二）实证分析与对策研究

在理论分析的基础上,构建京津冀城市群旅游业协同发展水平指标体系,测度城市间的旅游协同发展水平;构建京津冀城市群的旅游协同网络,研究协同发展水平和协同网络的时空演变特征;利用社会网络分析中的 QAP 模型以及灰色关联分析方法对区域旅游协同发展的影响因素展开识别和评价;基于实证结果,为京津冀城市群旅游业协同发展提出科学的、操作性强的对策建议。

（三）学科交叉研究法

基于旅游学科的特点,京津冀旅游协同研究将综合旅游学、经济学、管理学等学科思想与方法,进一步完善京津冀旅游协同发展理论。例如,使用 Stata 软件的可视化功能,直观地展现研究结果,揭示旅游协同发展的空间相关性与异质性,使研究结果更加科学、富有价值。

四、研究价值

本研究具有较强的学术价值。第一,本研究有助于区域旅游协同发展指标体系的完善。通过前期研究发现,现有旅游协同发展效应测度的指标体系忽略"政府制度创新"这一关键指标,而有研究认为"政府制度创新"在协同发展中具有较强的作用和影响,因此,量化"政府制度创新"这一指标并将其加入现有的旅游协同发展水平指标体系是本研究的第一个重点问题。第二,本研究将对区域旅游协同发展水平测度模型进行改进。前期研究发现,城市间旅游协同效应的测度模型不能从两个城市关联的角度测度协同程度。因此,从城市关联的角度提出城市之间的协同发展水平的计量模型,是本研究的第二个重点也是最关键的问题。第三,本研究将对区域旅游协同网络特征进行分析。现有的研究缺少对旅游协同效应的网络结构特征的研究,社会网络分析是研究网络结构特征的成熟方法,通过此方法建立城市群的协同网络并分析其网络结构特征,是本研究第三个重点问题。第四,对区域旅游协同发展的影响因素进行分析。现有的研究对于协同影响因素以定性分析为主,因此,通过 QAP 模型和灰色关联分析模型定量分析旅游协同发展的影响因素,是本研究的第四个重点问题。综合来看,本书构建城市群旅游协同测度模型,测度城市群两两城市之间的协同发展水平,丰富了区域旅游协同发展的研究视角和研究方法;建立协同发展网络模型,利用网络分析方法研究旅游协同发展的网络特征,深入分析城市群的互动发展趋势,开辟了区域旅游协同研究的新思路、新模式;引入 QAP 模型和灰色关联分析模型分析区域旅游协同发展影响因素,对完善区域旅游协同发展理论、增强协同发展对策建议的适用性和科学性具有重要理论意义。

同时,本研究具有重要的应用价值。2014 年 2 月 26 日,习近平总书记做出关于推动京津冀协同发展的重要指示。随之,"京津冀协同发展"上升为重要国家战略。京津冀城市群是中国经济发展的重要增长极,也是我国旅游业重要的目的地,地理位置趋近、旅游资源丰富、产业基础较好、合作前景广阔,具有建成世界级旅游目的地的巨大潜力。三地旅游协同发展,通过资源共享、优势互补、市场互动,可打破地域、空间和体制上的障碍,实现区域内城市群旅游互动,是京津冀协同发展的先导,是提升旅游综合竞争力、建设世界级旅游目的地的重要途径。本研究顺应了我国区域协同发展政策以及文旅协同发展趋势,对区域旅游产业协同发展进行了探索性研究。本研究立足于京津冀城市群旅游协同的现实基础,从城市关联的角度定量测度城市间旅游协同发展水平,分析旅游协同网络结构特征的时空演变趋势,识别旅游协同发展的影响因素,提出京津冀城市群旅游协同发展的机制与对策建议,为天津市乃至我国制定区域旅游协同发展战略,实施和调整区域旅游发展政策提供了决策依据。

第二章 京津冀旅游协同发展概况

京津冀协同发展战略实施以来,京津冀三地持续增强协同联动,不断健全完善工作机制,加速推动北京城市副中心和河北雄安新区建设,产业、交通、生态环境等重点领域率先实现突破,区域创新驱动力明显增强,公共服务均衡化水平不断提升,经济社会高质量发展稳步推进,协同发展成效显著[20],为区域旅游业协同发展奠定了良好的基础和条件。

一、京津冀旅游协同发展的经济社会基础

(一)京津冀区域空间格局逐步完善

首都"一核两翼"框架格局形成。京津冀协同发展以来,作为京津冀协同发展的核心,北京首都核心功能持续优化提升,辐射带动作用不断释放。北京地区生产总值占京津冀区域生产总值的比重不断提高,由 2015 年的 33.18% 提升为 2021 年的 41.8%。作为京津冀协同发展的核心任务,《京津冀协同发展规划纲要》明确提出了非首都功能疏解的思路、对象及方式。京津冀协同发展战略实施以来,非首都功能疏解成效显著,"大城市病"问题得到缓解,已基本形成以首都功能核心区为主体,以北京城市副中心和雄安新区为两翼的"一核两翼"框架格局。一是首都核心功能区空间布局和经济结构明显优化提升。北京市积极开展疏解整治促提升专项行动,稳步推进央企总部、高校、医院以及区域性批发市场和物流中转企业的疏解工作;严格控制不符合首都城市战略定位的新增产业,

修订和实施新增产业禁止和限制目录,旨在从源头上对高耗能、高耗水、高污染的产业增量进行限制,通过"疏、解、腾、退"各项有力措施,为"高精尖"新经济模式发展创造了空间。二是"两翼"发挥重要承接功能。北京城市副中心逐步完善城市综合功能,对接中心城区功能和人口疏解。2021年,通州区新设市场主体2.2万户,GDP占比提高到3.0%,常住人口占比较2013年提高2.1个百分点;持续推进公共服务体系建设,推进优质中小学、幼儿园、友谊医院、安贞医院、北大人民医院等落户通州;深入贯彻落实《北京市通州区与河北省三河、大厂、香河三县市协同发展规划》,通州区与"北三县"协同发展"1+5+12"规划体系基本构建。截至2021年底,10条跨界道路顺利建成通车,通达公交线路已达21条,平谷线等轨道交通建设加快。雄安新区进入承接非首都功能疏解和建设同步推进的重要阶段,设立使命初见成效。雄安新区"1+4+26"规划体系基本完成,实现"一主五辅"全覆盖。加快推进交通、水利、能源、智能城市等一系列重点项目建设,2021年,在建项目369个,固定资产投资总额较2020年增长22.1%。"四纵三横"对外高速公路骨干路网形成,促进京津冀区域全面快速联通。积极稳妥有序承接北京非首都功能疏解,截至2021年6月,北京转移到雄安新区的企业累计注册3756家,中关村科技园到雄安新区设立分园,中关村示范区企业在雄安设立的分支机构达到142家,北京高校、医疗机构、企业总部、金融机构、事业单位等一批标志性项目转移落地。

(二)经济高质量发展基础持续夯实

2014年以来,京津冀区域生产总值逐年提升,经济基础不断稳固。2021年,京津冀生产总值为9.6万亿元,较2014年增长63.9%,占全国经济总量的比重达8.4%。其中,北京、天津、河北生产总值分别为4.03万亿元、1.57万亿元、4.04万亿元,较2014年分别增长(含价格因素)75.6%、47.5%、60.2%。从GDP增速看,天津经济发展处于爬坡过坎、积蓄动力的关键时期,其GDP增速自2016年起低于北京、河北,但2021年的经济反弹反映了较为明显的经济回暖态势。2021年,北京、天津、河北GDP增速分别为8.5%、6.6%和6.5%,较2020年分别增长7.4个百分点、5.2个百分点、2.7个百分点,反映出京津冀经济发展具有较强的活力和韧性。从占比来看,北京地区生产总值占京津冀区域生产总值的比重呈缓慢上升趋势,河北省、天津市地区生产总值占比略有下降,2018 年以来比重相对稳定。2014 年以来,京津冀三地人均生产总值都呈逐年上升的趋势,北京的人均生产总值最高,天津其次,河北排在第三位,北京的经济发展质量在京津冀区域中是最高的,且远高于津冀两省市。2021 年,北京、天津、河北人均生产总值分别为 18.4 万元/人、11.3 万元/人、5.4 万元/人,北京是河北的 3.4 倍;与全国平均水平(8.1 万元/人)相比,京津人均生产总值远高于全国水平,而河北与全国平均水平相比有差距扩大的趋势。地区生产总值的变化显示出北京、河北在生产总值总量上的差距不断缩小,但是三地的人均生产总值差距犹存,反映了河北的经济发展质量距北京、天津仍有一段距离。京津冀区域产业结构持续优化,京津冀三次产业构成比由 2014 年的 5.9:34.9:59.2 变化为 2021 年的 4.5:30.6:64.9,第三产业对区域经济社会的支撑作用提升。

京津冀消费升级趋势明显,网络消费持续增长。2021 年三地社会消费品零售总额同比分别增长 8.4%、5.2% 和 6.3%,金银珠宝、通讯器材、新能源汽车等升级类商品零售额均实现两位数增长。2021 年,北京限额以上批发零售业、住宿餐饮业网上零售额较 2020 年增长 19.0%,占社会消费品零售总额的 36.3%;服务性消费额增长 13.4%,限额以上批发和零售业中,金银珠宝类、文化办公用品类、通讯器材类商品零售额分别增长 33.1%、21.4% 和 16.7%。天津市加快推进国际消费中心城市建设,开展海河国际消费季、激活假日消费、促进汽车销售等活动,消费潜力进一步释放,限额以上商品网上零售额增长 8.0%,占限额以上社会消费品零售总额的比重达 26.2%;限额以上单位商品零售额中,体育和娱乐用品类、智能家用电器和音像器材、金银珠宝类、化妆品类、新能源汽车、智能手机分别增长 37.5%、21%、32.8%、27.5%、74.4%、12.4%,消费结构提档升级。河北省顺应消费向发展型、现代型、服务型转变的趋势,增加有效供给,提升服务质量水平。2021 年,河北全年实物商品网上零售额 2877.2 亿元,较 2020 年增长 22.0%,占社会消费品零售总额的比重为 21.3%。在限额以上单位商品零售额中,化妆品类、金银珠宝类、体育娱乐用品类、家用电器和音像器材类、通讯器材类分别增长 11.2%、42.2%、6.9%、52.3%、32.2%。从社会消费品零售额增速来看,2016 年来,天津社会消费品零售额增速走低且弱于京冀两地,天津消费不振的情况值得警惕,内需消费不足将影响经济发展的持续性,特别是在建设国际消费中心城市进程中如何进一步促进天津消费是个重要问题。河北省消费需求较为旺盛,挖掘其巨大需求潜力,打造跨京津冀消费场景是促进区域消费增长的一种思路。从消费规模来看,2015年以来,京津两市的社会消费品零售额与地区生产总值的比值都出现逐年下降的态势,京津的消费活力有待激活;河北省呈现了逐年上升态势,消费对经济的支撑作用逐渐加强。京津冀三地消费升级趋势明显,服务类消费需求旺盛,为旅游经济发展提供了机遇。

京津冀外向型经济持续扩张,国际影响力逐渐增强。近年来,京津冀三地不断深化对外贸易协作,推进京津冀世界级港口群建设,持续优化口岸营商环境,不断加大惠企助企服务力度,保障产业链供应链畅通循环,不断推进外贸保稳提质。天津海关与天津港集团联合搭建的"关港集疏港智慧平台"不断迭代升级,极大地提高了京津冀区域企业的通关效率。京津两地海关实施了高级认证企业免担保跨关区共享机制,推动开展京津两地集团财务公司担保试点,企业的相关担保业务可以在两地海关同步申请、同步报批、同步实施。2021年,京津冀区域进出口总额4.44万亿元,较2014年增长18.7%。北京市进出口总额为3.04万亿元,较2020年增长30.6%,出口总额、进口总额分别增长31.2%、30.4%。天津加力推进世界一流智慧绿色港口建设,北疆港区C段智能化集装箱码头成为全球首个"智慧零碳"码头。2021年,天津港集装箱吞吐量达到2026.94万标准箱,增长10.4%,位居全球十大港口前列,港口货物吞吐量5.29亿吨,增长5.3%。海铁联运量突破100万标准箱。2021年,天津对外贸易规模再创历史新高,外贸进出口总额8567.42亿元,较2020年增长16.3%,进口总额、出口总额分别增长9.3%、26.1%。2021年,河北进出口总额为5415.6亿元,较2020年增长21.5%,出口总额、进口总额分别增长20.2%、23.2%。三地在巩固传统外贸市场,强化主要贸易伙伴关系的基础上,积极扩大"朋友圈",开拓"一带一路"、RCEP等新兴市场。2021年,对"一带一路"合作伙伴进出口值从2014年的1.25万亿元增至2021年的1.61万亿元,增长了28.8%。2022年以来,区域外贸发展内生动力持续增强,国有企业为外贸主力军,民营企业出口比重提升。区域外贸结构不断优化,一般贸易方式占比最大,2022年上半年,一般贸易方式进出口总额1.92万亿元,同比增长12.7%,占地区进出口总额的81.7%;保税物流保持较快增长,进出口总额同比增长22.2%,占地区进出口总额的8.8%。

京津冀生产需求逐步恢复。2021年,京津冀固定资产投资(不含农户)较2020年分别增长4.9%、4.8%和3.0%。北京市第二产业、第三产业投资分别增长 38.2%、3%,其中,制造业、卫生和社会工作、信息传输、软件和信息技术服务业、教育分别增长 68.3%、22.8%、20.0%、17.4%。天津第二产业、第三产业投资分别增长 7.8%、4.9%。其中,制造业、交通运输和邮政业、信息传输和信息技术服务业投资分别增长 2.7%、13.8%、47.4%。河北第一产业、第二产业、第三产业投资分别增长 7.6%、0.6%、4.4%。工业技改投资下降 2.3%,占工业投资的比重为 57.1%;基础设施投资下降 7.4%,占固定资产投资(不含农户)的比重为 23.1%,比 2020 年下降 2.6 个百分点;水利管理业、市政设施管理业投资分别增长 25.8%和 7.4%;教育业、娱乐业、社会保障业等社会领域投资合计增长 3.0%。

(三)区域创新能力和产业高技术化水平持续提升

2014 年以来,京津冀深入实施创新驱动发展战略,加强科技创新前瞻布局和资源共享,持续推进创新联盟、创新中心、创新研究院等平台和载体建设,促进创新链与产业链深度融合,提高关键核心技术攻关能力和企业自主创新能力。在创新载体培育方面,《2021 年全球创新指数报告》显示,北京在全球科技集群中的排名由 2017 年的第 5 位上升至第 3 位。天津国家级高新技术企业和国家级科技型中小企业均超过 9000 家,河北 2021 年新增国家级高新技术企业 1500 家、省级科技型中小企业超 6000 家,国家级"专精特新"小巨人企业数量达 202 家,累计培育省级"专精特新"企业 2162 家。截至 2021 年底,京津冀地区共有"专精特新"中小企业 4957 家,其中国家级企业 589 家,占全国的 12.4%,创新载体和平台建设取得实效。胡润研究院发布的《2021 全球独角兽企业榜》显示,京津冀有 96 家企业上榜,占中国上榜企业的比重超过 3 成。

在研发经费支出方面,2020 年,京津冀规模以上工业企业研究与试验发展(R&D)经费总支出为 1011.6 亿元,较 2014 年提升 23.8%,其中,河北增幅最大,达到 86.2%。河北省科技经费投入力度不断加大,R&D 经费投入保持较快增长,2021 年,共投入 R&D 经费 745.5 亿元,较 2020 年增长 17.5%;R&D 经费投入强度为 1.85%,较 2020 年提升 0.09 个百分点。2021 年,北京全社会 R&D 经费投入总量为 2629.3 亿元,为创新发展注入强大活力;全社会 R&D 经费投入强度由 2012 年的 5.59%提高到 2021 年的 6.53%。天津市 2021 年度 R&D 经费为

574.3亿元,较2020年增长90亿元,增速超过18%;全社会R&D经费投入强度达3.66%,较2020年提升0.2个百分点,仅次于北京、上海,居全国第3位。

在创新产出方面,2020年京津冀区域规模以上工业企业有效发明专利数为108341件,区域技术市场成交额为7987.8亿元,分别是2014年的3倍、2.24倍。北京市创新辐射引领作用持续增强,2021年,北京市共签订技术合同9.4万项,技术合同成交额达到7005.7亿元。技术转移转化加速推进,流向天津和河北的技术合同成交额为350.4亿元,是2012年的4.5倍。天津积极主动融入北京具有全球影响力的科技创新中心建设布局,共同建设全国重点实验室,开展联合技术攻关,在新能源、现代交通、电子信息等领域展开技术合作。河北在创新产出方面表现亮眼,2014年,河北规模以上工业企业有效发明专利数、技术市场成交额与京津相比明显落后,近年来在推动以科技创新为核心的全面创新引领下,2020年规模以上工业企业有效发明专利数、技术市场成交额分别是2014年的5.63倍、19倍,创新型省份建设迈出重大步伐,促进了区域整体创新水平的提升。为加快区域工业互联网协同创新,京津冀工业互联网协同发展示范区已批复建设,区域制造业数字化转型步伐加快。

京津冀产业结构高技术化程度不断提升。高技术化指数采用高技术产业利润总额与规模以上工业企业利润总额之比来衡量,数值越大说明产业结构技术水平越高,反之表明产业结构技术水平越低。北京产业结构的技术化水平最高且从2015年一直处于快速上升状态,天津高技术化指数波动上升,河北产业结构技术化水平也呈现上升,尽管2020年受到疫情的冲击,但也没有改变三地技术水平上升的趋势。但是,河北的高技术指数始终低于全国平均水平,依然具有广阔的提升空间。总的来看,北京高技术产业发展优势明显,天津在加速追赶,而河北依然差距较大,北京在拉动区域产业高级化方面的作用有待进一步发挥。

(四)新动能新业态发展势头良好

近年来,京津冀三地不断促进产业链、创新链、人才链衔接融合贯通,培育新动能、形成新优势、打造新格局,新动能新业态发展趋势强劲。北京市不断开辟经济发展新领域、新赛道,加快建设全球数字经济标杆城市,2021年发布了《北京市关于加快建设全球数字经济标杆城市的实施方案》,提出充分发挥北京科技人才、信息产业与创新资源聚集优势,建设数字原生基础设施,超前布局数字技术,推动标杆技术突破创新,持续推进标杆工程,带动数字产业稳步发展。2021 年,北京实现数字经济增加值 16251.9 亿元,较 2020 年增长 13.1%(含价格因素),占全市地区生产总值的比重为 40.4%。以科技创新为引领提升经济发展质量,创新驱动发展动能强劲。2021 年,北京市高技术产业增加值达到 1.1 万亿元,是 2013 年的 2.5 倍,占地区生产总值的比重为 27%,较 2013 年提高 6.2 个百分点。不断培育高价值专利,持续推动专利向产品端和产业端转化,2021 年,北京专利密集型产业实现增加值 0.9 万亿元,占地区生产总值的比重为 22.5%。2021 年,北京集成电路产量为 2013 年的 5.6 倍,工业机器人产量同比增长 56%。

天津市深入贯彻落实"一基地三区"功能定位,坚持制造业立市战略,发挥区位条件优越、产业基础雄厚等优势,积极承接新兴产业布局和转移,构建"1+3+4"现代工业产业体系,统筹推进"细胞谷""生物制造谷""中国信创谷""北方声谷"等创新集聚区建设,打造物质绿色创造与制造、先进计算与关键软件(信创)、合成生物学、现代中医药、细胞生态 5 个海河实验室,加快建设新一代超级计算机、组分中药国家重点实验室等天津版"国之重器",致力于打造我国自主创新的重要源头和原始创新的主要策源地,不断完善和强化信创、高端装备、生物医药等 12 条重点产业链,提升产业链供应链韧性和安全水平,不断增强制造业核心竞争力,推进区域制造业迈向高端,提升对京津冀高质量发展的重要支撑作用。2021 年,天津高技术产业(制造业)增加值较 2020 年增长 15.5%,快于全市规模以上工业 7.3 个百分点,占比为 15.5%;战略性新兴服务业和高技术服务业营业收入分别增长 7.5% 和 10.1%;高技术产业投资增长 38.2%,其中,高技术制造业、高技术服务业投资分别增长 22.5% 和 57.5%;重点产业链加速提质,12 条重点产业链工业增加值增长 9.6%,快于规模以上工业 1.4 个百分点。天津电子元件、集成电路产量较 2013 年分别增长 67.9% 和 1.1 倍。

河北省深入推进制造强省、质量强省、网络强省和数字河北建设,持续加快去产能、调结构、促转型步伐,服务业对经济贡献率持续提升,经济结构不断优化,发展的质量和效益持续提升。加快发展实体经济、城市经济、县域经济和民营经济,推动先进制造业稳步发展,打造沿海经济带和大力发展海洋经济,促进经济、科技、金融、人才的全方位高效协同发展;实施产业基础再造工程,聚焦钢铁、石化、氢能等 18 个重点产业链,持续锻长板补短板,提升产业基础高级化和产业链现代化水平;加快发展金融服务、工业设计、现代物流、商务咨询等现代服务业,推动现代服务业同先进制造业、现代农业深度融合,大力促进服务业数字化;促进数字经济和实体经济深度融合发展,加快构建生产服务+商业模式+金融服务的数字化生态体系。2021 年,规模以上工业中,战略性新兴产业增加值较 2020 年增长 12.1%,高于规模以上工业 7.2 个百分点。高新技术产业增加值增长 12.0%,占规模以上工业增加值的比重为 21.5%,较 2020 年提高 2.1 个百分点。规模以上工业八大主导产业增加值增长 4.7%,其中,生物医药健康产业、新能源产业、信息智能产业、新材料产业分别增长 12.7%、10.8%、18.7%、6.7%。规模以上服务业中,高技术服务业营业收入增长 12.0%。2015 年以来,河北新能源汽车产量以年均超过 80% 的速度快速增长,2021 年达到 7.3 万辆;2021 年,太阳能电池产量为 2013 年的 3.4 倍。

(五)产业、交通、生态三大重点领域实现高水平联动

京津冀产业合作持续深化。京津冀"2+4+46"的产业承接平台建设稳步推进,2014 年以来,中关村示范区企业累计在津冀地区设立分支机构 9100 余家,科技产业链加快形成。北京输出到津冀两地的技术成交额累计达到 1760.4 亿元,年均增长率超过 20%,有力地带动了区域科技创新。天津积极承接北京非首都功能疏解,谋划推进"1+16"承接平台体系建设,持续引进制造业新项目、大项目、好项目,滨海—中关村科技园、京津中关村科技城等载体建设稳步推进,中交建京津冀区域总部、中国核工业大学、清华大学高端装备研究院等一批项目落地。截至 2021 年底,滨海中关村科技园累计注册企业突破 3000 家,其中京企占全部新注册企业的三分之一,科技型企业占比为 40%,形成智能科技产业集群。河北集中打造"1+5+4+33"重点承接平台体系,已先后与北京、天津签署三轮战略合作协议,有力有序承接京津产业转移。截至 2021 年末,河北省累计承接京津转入法人单位 2.9 万个、产业活动单位 1.1 万个,北京现代汽车沧州工厂、张北云联数据中心、中国船舶涿州海洋装备科技产业园等重大产业项目相继落户。京津冀协同发展产业投资基金、京津冀(天津)科技成果转化基金完成设立,京津冀国家技术创新中心天津中心完成挂牌。2022 年,京津冀三地签署了《共建

先进制造业集群　共推产业协同发展战略合作协议》,提出要在持续完善协同发展体制机制、建立重点产业协作机制,加大工业互联网协同联动,打造产业合作交流平台等方面,加大合作力度,共同推进先进制造产业协同纵深发展。

加快构建京津冀现代化高质量综合立体交通网络。按照"三地一盘棋,坚持整体性"的要求,统筹推进交通建设任务,加快构建互联互通的现代化综合交通网络,京津冀核心区 1 小时交通圈、相邻城市间 1.5 小时交通圈基本形成,区域交通运输服务水平和承载能力持续提升。"轨道上的京津冀"加快建设,京张高铁、京雄城际、京哈高铁等建成通车,京唐、京滨城际也已于 2022 年内开通运营。截至 2022 年 8 月底,京津冀三省市铁路营业里程达 10848 公里,其中高速铁路营业里程为 2369 公里,实现铁路对 20 万人口以上城市全覆盖,高铁网络已经实现了对京津冀所有地级市的全覆盖。深入推进"双核两翼多节点"京津冀世界级机场群建设,北京大兴国际机场等 9 个京津冀规划机场全部投入使用,机场群功能分工持续优化,已初步形成统一管理、差异化发展的格局。京昆、京台等高速公路先后建成通车,持续消除跨区域国省干线"瓶颈路段",环京津地区高等级公路基本实现全覆盖。"四纵四横一环"运输通道为主骨架的、多节点网格状的区域交通新格局基本形成。高质量打造京津冀"海上门户",津冀港口群协同分工和合作不断深化,继续织密环渤海航线网络,创新多式联运体系,合力打造北方国际航运中心,共建布局合理、功能互补的世界级港口群。

京津冀强化生态环境联建联防联治,生态环境整体改善效果明显。三地不断打破行政区划限制,促进区域生态联防联控体系的参与主体和治理对象多元化、网络化发展,围绕大气、水、土壤污染防治等重点领域,完善合作机制,积极推动统一立法、统一标准、联合执法、数据共享等多方面深入合作,建立规范化、法治化治理手段,构建区域生态补偿机制,持续推动京津风沙源治理、沿海防护林、京津保生态过渡带等重点工程,推进区域生态环境共建共享。推进大气污染联防联控,京津冀三地与周边省市连续多年联合开展秋冬季大气污染综合治理攻坚行动,共同推进重点产业以及重点领域的治污减排,建立了重污染天气应急机制,联合预防和应对重污染天气,降低重污染天气造成的不利影响。大气污染治理效果显著,区域空气质量达标天数比例和细颗粒物($PM_{2.5}$)年均浓度差距呈降低趋势,其中细颗粒物($PM_{2.5}$)年均浓度由 2014 年的 93 微克/立方米下降到 2021 年的 36.9 微克/立方米,并且三地 $PM_{2.5}$ 年均浓度均低于 40 微克/立方米。

2022 年上半年,京津冀及周边地区空气优良天数比例同比上升 1.3 个百分点,$PM_{2.5}$ 浓度同比下降 4.1%,空气质量持续改善。2021 年,北京、天津、河北规模以上工业单位增加值能耗比 2013 年分别累计下降 50.0%、40.6% 和 40.0%。三地成立京津冀水环境治理的联席会议小组,建立河湖长制等协作机制,协调共保饮用水安全,加强重点河流协同治理,强化突发水污染事件应急联动,水环境治理效果明显。2021 年,京津冀 192 个国家地表水考核断面水质达到或好于 Ⅲ 类的断面比例为 70.4%,较 2020 年上升 8 个百分点,水质有明显改善,水生态改善稳步推进。2015 年以来,三地推进生态补偿机制的探索和建立,持续强化区域内水生态改善合作,在永定河补水、引滦入津、密云水库上游潮白河流域水源涵养区横向生态保护等方面取得重要进展,突发水环境事件协同指挥、联合行动、应急处置的应对能力持续提升。区域生态高质量发展格局持续优化,天津着力推进“871”重大生态工程建设,强化湿地升级保护绿色生态屏障建设、海岸线严格保护措施;河北省致力于打造高水平的京津冀生态环境支撑区,全面推动资源能源节约和高效利用,推进区域生态安全屏障建设;《北京市国土空间生态修复规划(2021 年—2035 年)》提出环首都区域将构建区域一体化的生态网络,形成京津冀地区大尺度绿色板块和森林湿地群。

(六)居民生活水平持续提升

2021 年,京津冀三地全体居民人均可支配收入分别为 75002 元、47449 元和 29383 元,与 2013 年相比,年均分别名义增长 7.9%、7.6% 和 8.6%;其中,城镇居民人均可支配收入分别增长 7.8%、7.4% 和 7.6%,农村居民人均可支配收入年均增速分别为 8.7%、7.8% 和 8.9%,均快于城镇居民,为美好生活向往的实现创造了有利的经济条件。但考察居民人均可支配收入指标的区域差异情况发现,无论整体居民人均可支配收入,还是城乡人均可支配收入,从高到低的顺序始终是北京、天津、河北。其中,北京、天津居民收入水平高于全国水平,而河北省居民收入水平在全国水平之下,区域收入差距较为明显。2021 年,京津居民人均可支配收入分别是河北省的 2.55 倍、1.61 倍,北京居民人均可支配收入是天津的 1.58 倍。但是,河北省在较高可支配收入增速的作用下,与北京、天津的收入差距呈现缩小态势;天津与北京的收入差距增大的趋势也逐渐放缓。另外,考察京津冀居民的恩格尔系数发现,三地居民恩格尔系数整体上都呈现下降趋势,生活富裕程度越来越高,有利于形成和释放旅游需求。从失业率来看,三地失业率始终在全国平均水平以下,不考虑 2020 年新冠肺炎疫情冲击的影响,河北省失业率有下降趋势,北京和天津的失业率略有上升,但总体增幅较小,基本稳定。城镇化是持续拉动经济增长的重要动力。2010 年来,京津冀区域的城镇化水平不断上升,特别是 2014 年协同发展战略实施以来,河北城镇化加速推进,但城镇化水平始终低于全国平均水平,推动城镇化依然任重道远。

区域基本公共服务均等化深入推进。京津冀三地持续推进教育、医疗、文化等领域优质资源的互联互通、共建共享,基本公共服务水平不断提升。在教育方面,三地合作日益深化,通过教育资源共享、学校共建、研训协同、师生交流等方式,提高公共教育服务的均衡化水平,推动教育资源优势互补,提升区域整体教育现代化水平。但是小学、初中、高中、中职师生比都显示河北省最低、北京最高,天津居中,京津教育供给能力仍然优于河北。全面落实京津冀高等教育协同发展政策,深化京津冀高校联盟建设,加快推进高等教育教学科研资源共享合作,成立多个高校发展联盟和协同创新中心。在医疗卫生领域,三地协作不断深化,自 2014 年以来,京津冀持续推进实施重点医疗卫生合作项目,组建跨区域医联体,促进北京优质医疗资源辐射津冀,推进双向转诊和检查结果互认,截至 2021 年 11 月,临床检验结果互认医疗机构总数达到 485 家,医学影像检查资料共享结果机构达到 239 家,有效提升了三地医疗服务均衡化水平。但是单位人口拥有卫生技术人员数显示,北京拥有明显优势,河北省为三地之中相对落后的地区。社会保障和就业支出占一般公共预算收入的比重、城镇居民低保人数降低速度表明,河北近年来加大保障民生力度,以健全覆盖城乡居民的城乡一体化社会保障体系为目标,完善社会保障体系成效显著。在人力资源服务领域,三地合作向纵深发展,建立跨区域劳动力信息协同和发布制度、工伤保险工作合作框架,畅通社会保险关系转移接续,率先在廊坊北三县与北京通州区统一公共就业服务标准和规范,持续扩大专业技术人才资质互认范围,开展技能人才联合培养,推动公共就业服务协同发展提档升级。另外,三地不断探索创新文化事业、文化产业协同发展模式,开展形式多样的特色文旅活动,协力推动长城国家文化公园的建设规划,丰富区域人民精神文化生活。2020 年,京津冀文化体育与传媒支出占一般公共预算支出的比重分别为 3.16%、1.1%、1.8%,北京市公共文化支出比重高于津冀两地。单位人口拥有公共图书馆藏量、人均艺术团体数量以及广播电视覆盖率等指标也显示出北京在文化事业发展上具有领先优势,河北省和天津两地需要进一步加强文化建设,为人民精神生活富裕奠定基础。

二、京津冀旅游协同发展的推进及现状

20 世纪 80 年代中期,京津冀就已经提出区域旅游合作发展,是国内最早提出区域旅游合作的区域。2006 年,《中华人民共和国国民经济和社会发展第十一个五年规划纲要》中写入了京津冀区域发展问题。2007 年,天津召开了"京津冀旅游合作会议",京津冀三地签订了《京津冀旅游合作协议》,提出三地将建立区域旅游协作会议制度,策划设计共同的旅游宣传口号,提前启动奥运旅游行动合作计划,加强旅游产业要素的信息交流与客源互动。京津冀一体化,旅游业已经走在了最前面。随着京津冀协同发展上升为重大国家战略,旅游业更是紧抓机遇、深度落实,紧锣密鼓、热火朝天地提速前进。京津冀旅游协同发展不仅是落实区域协同发展战略的重要方面,还对提升区域整体旅游发展水平具有重要意义。京津冀三地的旅游资源各具特色,开发和发展程度参差不齐,推进三地旅游资源统一规划、联合开发与共享,有利于发挥京津冀旅游资源的整体优势,增强区域旅游竞争力和影响力,有利于促进旅游资源的合理及有效利用,消除重复建设、恶性竞争等现象,提高旅游资源的利用率,加大投入产出效益,促进区域整体旅游经济发展,带动区域整体经济发展和社会建设水平提高。旅游协同发展是推动京津冀协同发展的有力抓手。近年来,京津冀三地不断完善旅游协调机制,深化旅游多领域合作,打造大众化、多样化、特色化的新型旅游供给体系、联合开展品牌宣传推广,提升旅游公共服务水平,京津冀旅游协同发展迈出坚实步伐,有效提升了广大游客和京津冀人民的获得感和幸福感。

(一)完善协同体制机制,推动联动精准高效

京津冀旅游部门定期召开会议,部署安排工作,确保京津冀旅游协同发展的正确方向。2014 年 4 月,京津冀旅游协同发展第一次工作会议确立了三地旅游

业组织一体化、市场一体化、管理一体化、协调一体化的协同发展目标,拉开了京津冀旅游协同发展的大幕。同年 8 月,京津冀旅游协同发展第二次工作会议研究建立了区域旅游协同发展工作协调机制,通过了协调机制议事规则,研究了 2014 年至 2017 年三地旅游工作对接重点。此阶段,三地旅游部门坚持以供给侧结构性改革为主线,紧抓项目建设、市场活动、试点建设,稳步推动旅游协同发展工作。

2016 年,在京津冀旅游协同发展第六次工作会议上,通过了《京津冀旅游协同发展行动计划(2016—2018 年)》,围绕发展壮大旅游产业、加快建设旅游市场、着力建设旅游服务新网络、逐步完善旅游行业管理体系四个方面,明确了 2016—2018 年旅游协同发展工作目标及重点项目。2017 年,京津冀旅游协同发展第七次工作会议上发布了《京津冀旅游协同发展工作要点(2018—2020 年)》,提出力争到 2020 年底,培育一批具有京津冀地方特色的旅游产品和休闲度假业态,打造一批旅游示范带动项目和基地,建成一批区域引领性、标志性龙头景区,推动形成京津冀旅游协同发展五大示范区知名品牌,并部署了区域旅游市场一体化的具体工作和旅游试点示范区建设的重点工作。此后,三地定期举办旅游协同发展会议,研究制定年度工作重点,完善规划编制,建立联动机制,通过共建文化圈、旅游带,将文旅协同发展带入全面对接、高效互利的新阶段。2020 年底,京津冀文化和旅游协同发展工作会公布了京津冀文化和旅游协同发展 2021 年工作要点,提出三地将加快推进京东休闲旅游示范区、京北生态(冰雪)旅游圈、京西南生态旅游带、京南休闲购物旅游区、滨海休闲旅游区五大京津冀旅游试点示范区建设,持续优化京津冀文化和旅游产品供给,不断拓宽区域文化和旅游投融资渠道,完善旅游交通服务体系,建立健全旅游服务规范与质量标准体系,丰富过境免签旅游产品体系,提升旅游行业的服务管理水平,推动长城、大运河国家文化公园建设,共同塑造长城、大运河国家文化公园品牌,实现合作项目共建共享、互利互惠。

(二)打造旅游新业态,丰富文旅产品供给

为进一步激发区域旅游市场活力,京津冀加快旅游供给侧结构性改革,整合三地文化旅游资源,开拓思路,不断创新,打造了一批特色鲜明的旅游新业态、新

产品,成为拉动内需的重要窗口。以冬奥为契机促进区域冰雪体育发展。2015年,北京获得2022年冬奥会和冬残奥会举办权后,三地秉承"绿色、共享、开放、廉洁"的办奥理念,在交通、生态、休闲旅游等多个领域展开广泛深入合作。2020年5月,《北京2022年冬奥会和冬残奥会可持续性计划》发布,提出了"创造奥运会和地区可持续发展的新典范"的总体目标,明确规定了"环境正影响""区域新发展""生活更美好"三个重要领域,提出了12项行动、37项任务和119条措施。冬奥会筹办成为三地协同发展的催化剂,京津冀"一小时交通圈"加速完善,生态产业齐头并进,对京津冀协同发展起到了强大的推动作用,促进了三地资源、环境、市场、产业、基础设施等优势互补。以冬奥会为引领,京津冀城市依托特色资源大力发展冰雪旅游产业及相关产业,冰雪产业已经成为解决农村劳动力转移和就业问题的重要支撑。首钢提出建设"城市复兴新地标",延庆提出建设"最美冬奥城",张家口提出打造"亚洲冰雪旅游度假目的地",冰雪、绿色能源等产业加速发展,实现了产业发展互补互促。为持续释放冬奥的带动效应,《户外运动产业发展规划(2022—2025年)》提出,将以京津冀为核心区域,加快建设京张体育文化旅游带,大力推动东北、华北、西北冰雪运动发展,打造具有国际影响力的北方冰雪运动引领区。张家口崇礼太子城被纳入北京一小时生活圈,崇礼区冰雪旅游景区已发展成为目前中国最大的滑雪聚集区之一,2020年,崇礼冰雪旅游度假区成功获批国家级旅游度假区。截至2022年,张家口市建成滑雪场9家,拥有高、中、初级雪道177条,累计签约冰雪产业项目109项,总投资556.2亿元,落地项目88项,累计实现产值10.3亿元。

大力推广京津冀红色旅游,携手打造红色旅游圈,整合区域丰富的红色旅游资源,培育打造复合型红色旅游知名品牌,开发出了红色经典文化之旅、缅怀先烈追思之旅、抗战烽火长城之旅、西柏坡赶考之旅、红色圣地爱国之旅、红色印记探寻之旅等独具特色的京津冀红色旅游线路,将红色旅游打造成为区域培育和践行社会主义核心价值观的重要阵地。此外,三地还联合举办了区域红色旅游资源展览及推介活动,以及红色旅游进校园、进社区等丰富多彩的红色旅游体验推广活动,大力传承红色基因,弘扬红色文化,充分发挥红色旅游教育功能。

积极推进京津冀科普研学旅游,选择三地教育价值高的旅游和科技资源,推出了融汇科普教育功能和旅游休闲为一体的特色旅游产品,按照寓教于乐的理念把科学知识传播与旅游过程有机统一,促进了科普研学与旅游的融合发展。

此外,为满足游客周末、节假日期间的短途近郊出游需求,三地铁路部门和旅游企业加强沟通合作,创新旅游推广方式,推出系列京津冀旅游班列。加快培育京津冀房车旅游、养生旅游等新业态、新模式,更好地满足人民群众个性化、多样化、差异化的休闲度假需求,增强了区域旅游业创新发展的新动力,提高了区域群众精神文化生活需求的供给能力。

(三)提高旅游服务水平,优化旅游发展环境

为规范和提高旅游市场秩序,统一旅游业管理标准和要求,提高旅游服务质量,近年来,京津冀持续推进旅游市场监管一体化发展,举办形式多样的旅游文明宣传活动,建立京津冀旅游标准化专家库,建立和完善旅游服务质量联合监管机制和旅游行业监管信息共享机制,推进三地旅游监管资源共建共享,提升旅游监管法治化、规范化和科学化水平,提升区域旅游文明程度。京津冀旅行社联盟和景区联盟的成立,极大促进了京津冀旅游业管理、旅游产品经营等方面的工作标准及监管要求的规范和统一。为推动旅游景区优化服务质量,三地联合举办景区服务质量培训会,提高旅游景区的管理水平,促进区域旅游业的均衡发展和产业升级。三地共同签署了《京津冀地区旅游信用协同监管合作备忘录》以及《京津冀文化和旅游协同发展战略合作框架协议》等文件,提出建立京津冀旅游行业一体化的信用监管联动机制、预警机制和信用等级动态评价机制以及信用信息联合发布机制,推进旅游行政处罚、行政许可、旅游投诉等信用信息的联合发布,加大对旅游失信企业、失信从业者以及不文明游客的联合警示和惩戒力度。同时,三地建立长效工作联动机制,持续联合开展文化和旅游市场一体化综合监管和联合执法检查工作,通过举办座谈会、联合实地执法检查、常态化旅游信息共享等形式,围绕区域旅游市场监管的难点、痛点以及重点问题,加大力度整治和规范旅游市场秩序,区域信用环境持续优化,旅游市场一体化综合监管的效能不断提升,文化和旅游协同发展的基础持续夯实。

京津冀持续联合开展立体营销,提高区域旅游影响力。早在 2014 年,京津冀多家旅行社就组建了京津冀旅游营销合作联盟,计划在投融资、资产流转等方面展开全面深入合作。2017 年,京津冀旅游合作推广联盟成立,旨在推进面向远程客源的一体化和市场监管一体化进程。坚持传统手段与新媒体并用,全方

位建立京津冀城市形象和旅游产品宣传体系,三地电视台签署《京津冀旅游宣传协议》,与新浪、腾讯等新媒体企业签署了《京津冀—新浪文化旅游宣传战略合作框架协议》和《京津冀—腾讯文化旅游宣传战略合作框架协议》,开通了京津冀旅游网络平台,并分别在旅游官网设置了"京津冀旅游板块",联合设计编制京津冀最新旅游线路书和京津冀旅游手绘电子地图,推进京津冀旅游网络、微信、微博平台互联互通。利用中国旅游产业博览会、北京国际旅游博览会、北京国际旅游商品博览会、河北省旅游产业博览会、中国北方旅游交易会等开设京津冀旅游主题展馆,共同推出世界级旅游目的地品牌和国际精品旅游线路,联合打造京津冀旅游圈品牌。创立了"魅力京津冀"系列品牌活动,围绕文旅精品项目推介、冬奥冰雪文化等不同的主题,搭建资源共享的交流沟通机制,加快京津冀文旅协同发展。

(四)加强合作深度力度,推进"旅游+"融合发展

京津冀区域文化资源丰富、文化底蕴深厚、文化特色鲜明。大力推动京津冀文化协同发展是京津冀协同发展的重要内容。2014年,三地建立文化部门联席会议制度,签署了《京津冀三地文化领域协同发展战略框架协议》,强调三地要在公共文化服务、文化演艺、非遗保护、文化金融等领域加强沟通与合作,为深化京津冀文化交流,推动区域文化一体化打下基础。

近年来,三地不断加强艺术院团交流与合作,整合汇聚文艺创作力量,联合打造富有地域特色的舞台艺术精品,共建共享区域演艺资讯统一发布平台,推动京津冀区域文化艺术创作一体化发展,提升区域整体文化竞争力。例如,在演艺协同发展领域,三地签署了《京津冀演艺领域深化合作协议》,提出三地将建立政府采购协作机制,建立舞台艺术精品剧目交流演出机制,建立互联互通的演艺信息共享平台。成立京津冀演艺产业基地,设立"京津冀文旅演艺产业市镇"和"京津冀演艺产业基地工业园区",打造产城融合的文化集聚区和演艺全产业链。成立"京津冀演艺联盟",统筹规划三地优秀演艺资源,携手打造区域演出品牌,发展跨省际、跨区域的演艺产业发展综合体。

党的十八大以来,以习近平同志为核心的党中央高度重视传承弘扬中华优秀传统文化,重视博物馆工作。习近平总书记多次就文物保护工作作出重要指

示。京津冀博物馆协同发展也在不断深入推进,博物馆事业焕发勃勃生机。2018 年,河北博物院与中国国家博物馆、首都博物馆、天津博物馆共同签订"1+3"战略合作框架协议,深入探索长效合作机制;2019 年,京津冀非国有博物馆协同发展合作论坛召开,围绕非国有博物馆的功能发挥、文创产品开发、藏品保护与修复等问题展开深入研讨,积极推进文化遗产共保共用、协同保护模式创新。三地博物馆不仅积极推进展陈、策划、传播等方面的推陈出新,还通过科技手段推进线上展览和数字化保护,提升区域博物馆事业发展水平。对于非物质文化遗产领域,三地联合举办非物质文化遗产展览,充分整合优秀非物质文化遗产资源,搭建非物质文化遗产保护、传承、交流与合作的平台,展现三地非遗之美、文化之美和传承发展的实践。加快推进长城国家文化公园建设,签订《全面加强京津冀长城协同保护利用联合协定》,联合制定共管辖区内长城保护与利用的整体保护计划,建立京津冀毗邻省份协调机制,加强边界长城本体联合保护与巡查,着力破解"边界"难题;整合高水平专业机构和高等院校优势资源,深入挖掘阐释、展示传承长城价值、长城文化和长城精神;建立长城保护利用信息共享机制,实现长城资源及保护管理信息的共建共享,促进长城文化遗产的整体保护工作。京津冀积极围绕运河的保护传承发力,在做好整修堤岸、治理河道、改善水体等修复和保护的基础上,探索有关运河文化旅游的景观打造和产品设计,分别推出具有地方文化特色的大运河文旅项目,如京津冀大运河文化广场、京津冀大运河博物馆、京津冀大运河文化旅游景观、京津冀大运河文化旅游精品线路等,不断提升大运河活化利用效能。积极开展西山文化带建设,开展区域内全部文物修缮以及环境整治工作,推进大西山历史文化区域一体化文物保护利用。

促进京津冀乡村旅游共建共享。为推动乡村旅游深度合作,三地共同签订了《京津冀乡村旅游共建共享合作共识》以及《京津冀休闲农业协同发展框架协议》等文件,通过成立京津冀乡村旅游联盟构建协调联络机制,强化京津冀乡村旅游标准库建设,联合开发乡村旅游精品线路、跨区域特色乡村旅游项目,建立多元化乡村旅游金融支持体系,指导乡村旅游与旅游扶贫开发建设。共建京津冀休闲农业精品带、长城沿线休闲农业带、太行老区休闲农业带、运河湿地休闲农业带、冰雪草原休闲农业带和山海风情休闲农业带 5 条京津冀休闲农业精品带,打造融生态休闲、乡村度假、民俗体验等功能为一体的乡村旅游集聚区(带)。特别是河北省近年来坚持把发展乡村旅游作为实施重大国家战略、赋能京津冀协同发展的有力抓手,倾力打造环首都乡村休闲旅游圈,布局发展京西百渡山水、京东山海康养、京北草原生态冰雪等业态产品,推动乡村旅游取得了长足发展,有效破解了环首都贫困带难题。

京津冀三地旅游业经济体量显著增长,国内旅游增长迅速。2019 年,京津冀三地旅游总收入为 19855.1 亿元,较 2014 年增长 112.73%,占全国旅游总收入的 29.9%,旅游总人数为 13.52 亿人次,较 2014 年增长 84.66%,占全国旅游总人数的 21.98%;京津冀三地国内旅游总人数为 13.44 亿人次,较 2014 年增长 85.8%,占全国国内旅游总人数的 22.38%,国内旅游总收入为 19354.4 亿元,较 2014 年增长 120.5%,占全国国内旅游总收入的 33.78%;京津冀三地入境旅游总人数为 0.075 亿人次,占全国入境旅游总人数的 5.2%,入境旅游总收入为 73.09 亿美元,占全国入境旅游总收入的 5.57%,较 2014 年是负增长。2014—2019 年河北省入境旅游收入和入境旅游人数都呈现逐年上升态势,2014—2019 年北京市入境旅游人数呈现下降态势,降幅为 8.8%,2014—2018 年入境旅游收入呈现上升态势,从 46.1 亿美元上升到 55.16 亿美元,2019 年下降为 51.9 亿美元;天津市入境旅游人数和入境旅游收入从 2018 年开始出现下降趋势,2019 年入境旅游收入、入境旅游人数分别是 2014 年的 39.54%、64.08%,三地入境旅游表现迥异。由旅游经济这些主要指标数据可见,2014—2019 年京津冀旅游协同发展在体量上增长显著,特别是河北省旅游发展呈现出了日新月异的变化。历史数据表明,北京市旅游业在入境旅游方面占据着绝对的领先优势和地位,国内旅游在河北省旅游业发展中居于主要地位,旅游总量占比具有逐渐增大的趋势。具体到河北省内的 11 个地市中,秦皇岛、石家庄和承德三个地区是入境旅游发展相对较好的地方,保定、唐山、石家庄、邯郸和张家口国内旅游发展相对较好。

三、本章小结

2014 年,京津冀协同发展战略实施以来,京津冀三地持续增强协同联动,不断健全完善工作机制,产业、交通、生态环境等重点领域率先实现突破,区域创新驱动力明显增强,公共服务均衡化水平不断提升,经济社会高质量发展稳步推进,协同发展成效显著,为旅游业协同发展奠定了良好的经济和社会基础。旅游协同发展是京津冀协同发展的重要组成部分,也是区域协同发展的重要动力来源。三地不断完善旅游协同发展的体制机制,开展旅游标准化建设,优化旅游发展环境,积极推进旅游供给侧改革,打造旅游新产品、新业态、新模式,促进文旅农体商融合发展,创新旅游联合宣传推介方式,区域旅游经济发展的内生动力不断增强,竞争力影响力持续提升,为创建世界级旅游目的地奠定了良好的基础。

第三章 京津冀旅游要素协调发展评价

我国已进入大众旅游、全域旅游新时代,旅游消费需求正在加速释放。2019年,我国国内旅游人数达到 60.1 亿人次,比 2018 年增长 8.4 个百分点,国内旅游收入为 57251 亿元,比 2018 年增长 11.7 个百分点;入境旅游人数为 14531 万人次,比 2018 年增长 2.9 个百分点,其中,外国游客人数为 3188 万人次,港澳台同胞旅游人数为 11342 万人次,分别较 2018 年增长 4.4 和 2.5 个百分点;入境旅游总收入为 1313 亿美元,比 2018 年增长 3.3%,入境旅游市场规模保持小幅上升。持续增长的游客数量对旅游交通、旅游服务、生态环境以及旅游监管等旅游要素融合发展,共同推进旅游业高质量发展提出了新要求。

旅游业是一门综合性产业,其运行和发展离不开交通、住宿、餐饮以及娱乐等其他多个部门的参与、支持与配合,交通运输部门建立的便捷交通网络、餐饮住宿等部门提供的优质服务是旅游经济持续、稳定发展的必要条件,旅游产业经济的持续发展是多部门联合运行、协调向前的过程。一方面,旅游业发展需要交通、住宿、餐饮、娱乐等部门的共同参与,完善的交通网络、良好的服务质量是游客出行决策制定的重要影响因素,对游客数量产生直接影响;另一方面,旅游目的地旅游经济的不断发展,将进一步刺激和拉动交通网络的完善、服务质量的提升以及生态文明建设,形成循环带动作用。因此,旅游交通、旅游服务等旅游发展要素是保障旅游经济稳定发展的内生动力,而旅游业自身的突破与发展会反过来作用于旅游发展要素,使其更加完善,更有利于推动旅游业高质量发展。因此,探究旅游发展要素之间的协调发展规律是促进旅游业迈向高质量发展的重要支撑。

本书的研究范围为京津冀区域,即北京、天津以及河北省的石家庄、唐山、张家口、保定、廊坊、秦皇岛、承德、沧州、邯郸、邢台、衡水 11 个地级市,土地面积约

21.6 万平方公里,其中北京 1.6 万平方公里,天津 1.2 万平方公里,河北省 18.8
万平方公里。作为全国政治经济文化中心的北京以及我国最早的直辖市之一的
天津,旅游业发展相对较早和成熟。虽然与北京、天津两市的旅游发展状况相
比,河北省旅游业发展相对落后,且其 11 个地级市发展也存在一定的地域差距,
特别是邢台、衡水等旅游资源开发较晚的城市旅游发展相对滞后,但自 2014 年
京津冀协同发展战略推进以来,河北省紧抓历史机遇和政策红利,积极创新与京
津的旅游协同发展方式和途径,整合开发自然文化资源,各地市旅游业都有了不
同程度的进步,旅游活力显著增强,旅游经济持续向好。本章首先定性分析京津
冀区域 13 个城市旅游发展要素、经济、环境等因素的发展差异,然后基于耦合协
调度模型定量测度京津冀 13 个城市的旅游要素协调发展水平,为后续对旅游发
展时空差异以及旅游协同发展状况进行深层次、细致的定性分析与量化研究奠
定基础。

一、京津冀旅游发展要素概况

(一)京津冀区域经济发展概况

京津冀地处东北亚环渤海的中心地带,是继长三角和珠三角后第三大增长
极,也是我国北方经济规模最大、最具发展潜力的地区,是我国的政治、经济、文
化中心,也是我国重要的高新技术和重工业基地。京津冀区域工业基础较为雄
厚,人口稠密,是国内最具发展潜力的区域之一。以地区生产总值及产业增加值
为主要研究指标,对京津冀区域经济的发展状况及差别作详细分析。表 3.1 至
表 3.5 显示了 2008—2021 年京津冀地区生产总值及第一、二、三产业增加值的
变化状况。

表 3.1　2008—2021 年全国与京津冀地区生产总值情况(单位:亿元)

	全　国	京津冀合计	北京	天津	河北
2008 年	319515.5	34191	11392	6719	16080
2009 年	349081.4	37260.4	12419	7521.9	17319.5

	全　国	京津冀合计	北京	天津	河北
2010 年	413030.3	44160.3	14441.6	9224.5	20494.2
2011 年	489300.6	52582.3	16627.9	11307.3	24647.1
2012 年	540367.4	57978.1	18350.1	12893.9	26734.1
2013 年	595244.4	63399.7	20330.1	14442	28627.6
2014 年	643974	67290.6	21944.1	15722.5	29624
2015 年	689052.1	70249	23685.7	16538.2	30025.1
2016 年	743585.5	75625	25669.1	17885.4	32070.5
2017 年	827121.7	80580.4	28014.9	18549.2	34016.3
2018 年	919281	78963.5	33106	13362.9	32494.6
2019 年	986515.2	84479.2	35445.1	14055.5	34978.6
2020 年	1013567	86393.2	36102.6	14083.7	36206.9
2021 年	1143670	96356	40269.6	15695.1	40391.3

　　由表 3.1 可知,考察期内,全国国内生产总值呈现稳步上升态势,特别是 2016 年来,国内生产总值增速较前期有所提升,2020 年受新冠疫情影响增速放缓,但是 2021 年回归常态发展区间;京津冀地区生产总值总和在 2008 年至 2017 年一直处于上升态势,但是 2018 年出现下降,这是由天津、河北两地的地区生产总值下降导致的;北京市地区生产总值在考察期内一直保持稳定上升态势。2017 年开始,天津多种方式挤掉经济增长中的"水分",经济运行进入高质量发展阶段,2017—2021 年,天津经济总体上呈现出稳中向好的趋势。2020 年受新冠肺炎疫情影响,京津冀三地经济增速都出现短暂下降态势,但是疫情并没有改变中国经济长期向好的趋势,从国民经济主要运行指标来看,2021 年三地经济皆表现出稳中有进、稳中向好的局面。

表 3.2　2008—2021 年地区生产总值占比情况(单位:%)

	京津冀 GDP 总量占 全国 GDP 比重	北京 GDP 占 京津冀 GDP 总量比重	天津 GDP 占 京津冀 GDP 总量比重	河北 GDP 占 京津冀 GDP 总量比重
2008 年	0.107	0.333	0.197	0.470

续表

	京津冀 GDP 总量占全国 GDP 比重	北京 GDP 占京津冀 GDP 总量比重	天津 GDP 占京津冀 GDP 总量比重	河北 GDP 占京津冀 GDP 总量比重
2009 年	0.107	0.333	0.202	0.465
2010 年	0.107	0.327	0.209	0.464
2011 年	0.107	0.316	0.215	0.469
2012 年	0.107	0.317	0.222	0.461
2013 年	0.107	0.321	0.228	0.451
2014 年	0.104	0.326	0.234	0.440
2015 年	0.102	0.337	0.236	0.427
2016 年	0.102	0.339	0.237	0.424
2017 年	0.097	0.348	0.230	0.422
2018 年	0.086	0.419	0.169	0.412
2019 年	0.086	0.420	0.166	0.414
2020 年	0.085	0.418	0.163	0.419
2021 年	0.084	0.418	0.163	0.419

　　由表 3.2 地区生产总值占比情况可知,2008—2018 年,京津冀地区生产总值合计占全国的百分比呈现逐渐下降的趋势,特别是 2018 年下降趋势明显,2018 年以后下降速度趋缓。北京市地区生产总值占京津冀区域生产总值的百分比在 2008 年至 2017 年较为稳定,基本上维持在 30%—35% 之间,2018 年超过 40%,2018—2021 年基本保持稳定;天津市地区生产总值占京津冀区域生产总值的百分比在 2008—2017 年呈逐渐上升趋势(在 20%—25% 之间),但是 2018—2021 年呈现下降趋势,这是天津市主动调结构挤水分的结果;河北省地区生产总值占京津冀区域生产总值的百分比在 2008—2018 年呈逐年下降趋势,2019—2021 年占比上升。

　　由表 3.3 可见,考察期内,全国第一产业增加值稳步上升;京津冀第一产业增加值贡献度最高的是河北省,京津冀第一产业增加值、河北省第一产业增加值表现出了相同的特征,即在 2008 年至 2016 年一直处于上升态势,2017 年出现明显下降,但是 2018—2021 年处于稳定上升态势。这是由于河北是农业大省,而北京、天津城镇化率较高,第一产业体量较小。北京市第一产业增加值在 2008 年至 2013 年一直保持稳定上升态势,于 2013 年达到考察期内峰值,2014—2021 年处于小幅度逐年下降状态;天津市第一产业增加值在 2008 年至 2016 年一直保持稳定上升态势,2017 年出现短暂下降后,2018—2021 年保持稳定上升状态。

表 3.3　2008-2021 年全国与京津冀第一产业增加值情况(单位:亿元)

	全　国	京津冀合计	北京	天津	河北
2008 年	32753.2	2268.6	111.4	122.6	2034.6
2009 年	34161.8	2453	116.8	128.9	2207.3
2010 年	39362.6	2831.2	122.8	145.6	2562.8
2011 年	46163.1	3199.9	134.5	159.7	2905.7
2012 年	50902.3	3506.7	148.4	171.6	3186.7
2013 年	55329.1	3730.3	159.8	188.5	3382
2014 年	58343.5	3808.2	159.2	201.5	3447.5
2015 年	60862.1	3788.7	140.4	208.8	3439.5
2016 年	63672.8	3842.8	129.8	220.2	3492.8
2017 年	65467.6	3419.36	120.42	168.96	3129.98
2018 年	64745	3634.5	120.6	175.3	3338.6
2019 年	70473.6	3818.2	114.4	185.4	3518.4
2020 年	78030.9	4197.9	107.6	210.2	3880.1
2021 年	83086	4367	111.3	225.4	4030.3

　　进一步计算了第一产业增加值占比情况。2008—2017 年,京津冀第一产业增加值合计占全国的百分比呈现逐渐下降的趋势,2018 年出现上升后一直保持相对稳定状态。北京市第一产业增加值占京津冀第一产业增加值总和的百分比在 2008—2021 年一直处于下降状态,从 5% 左右下降到 2.5%;天津市第一产业增加值占京津冀第一产业增加值总和的百分比变化幅度较大,2008 年至 2012 年呈现下降趋势,2013 年至 2016 年呈现上升趋势,2017 年至 2018 年逐渐下降,2018 年天津第一产业增加值占京津冀第一产业总值的比重下降到 5%,2019—2021 年呈现小幅上涨状态;河北省第一产业增加值占京津冀第一产业增加值总和的百分比在考察期内呈现出波动上升趋势,2012 年以前处于上升状态,

2013—2014 年逐渐下降,2015 年开始逐年上升。2021 年,河北省的第一产业增加值占京津冀第一产业增加值总和的 92.3%,是京津冀地区重要的农业生产基地。第一产业增加值占比从高到低依次是河北、天津、北京。

表 3.4　2008—2021 年全国与京津冀区域第二产业增加值情况(单位:亿元)

	全　国	京津冀合计	北京	天津	河北
2008 年	149956.6	15052.9	2641.8	3709.8	8701.3
2009 年	160171.7	15804.5	2856.9	3987.8	8959.8
2010 年	191629.8	18935.8	3387.9	4840.2	10707.7
2011 年	227038.8	22808.4	3753.2	5928.3	13126.9
2012 年	244643.3	24727.4	4060	6663.8	14003.6
2013 年	261956.1	26482.8	4392.8	7308.1	14781.9
2014 年	277571.8	27442.4	4663.4	7766.1	15012.9
2015 年	282040.3	26751.7	4660.6	7704.2	14386.9
2016 年	296547.7	27772.7	4944.4	7571.4	15256.9
2017 年	334622.6	28766.6	5326.8	7593.6	15846.2
2018 年	364835	23216.7	5477.3	4835.3	12904.1
2019 年	380670.6	24008.3	5667.4	4947.2	13393.7
2020 年	383562.4	24117.7	5716.4	4804.1	13597.2
2021 年	450904	29487.1	7268.6	5854.3	16364.2

考察期内,全国第二产业增加值稳步上升,特别是 2016 年来,增速较考察期前期有所提升;京津冀第二产业增加值合计 2008 年至 2017 年一直处于上升态势,但是 2018 年出现下降,这是由天津、河北两地的第二产业增加值下降导致的;北京市第二产业增加值在考察期内一直保持稳定上升态势。同时,第二产业增加值占比情况显示,京津冀第二产业增加值合计占全国的百分比呈现逐渐下降的趋势,特别是 2018 年下降明显,2018—2021 年保持在 64% 左右;北京市第二产业增加值占京津冀第二产业增加值的百分比在 2008 年至 2017 年较为稳定,基本上维持在 15%—20% 之间,2018 年超过 20%,呈现逐年上升态势;天津市第二产业增加值占京津冀第二产业增加值的百分比在 2008 年至 2017 年呈逐渐上升趋势(在 25%—30% 之间),但是 2018 年下降到 20%,2018—2021 年处于

小幅下降状态;河北省第二产业增加值占京津冀第二产业增加值的百分比在2008年至2015年呈逐年下降趋势,2016年至2020年处于上升状态。2008年至2017年,第二产业增加值占比从高到低依次是河北、天津、北京。2018年之后,北京第二产业增加值占比超过天津。

表3.5 2008—2021年全国与京津冀区域第三产业增加值情况(单位:亿元)

	全　国	京津冀合计	北京	天津	河北
2008年	136805.8	16801.5	8638.8	2886.7	5276
2009年	154747.9	19458.9	9445.4	3405.2	6608.3
2010年	182038	22293.4	10930.9	4238.7	7123.8
2011年	216098.6	26442.6	12740.2	5219.2	8483.2
2012年	244821.9	29585	14141.7	6058.5	9384.8
2013年	277959.3	33001.9	15777.4	6945.4	10279.1
2014年	308058.6	35841.6	17121.5	7759.3	10960.8
2015年	346149.7	39489.7	18884.7	8625.2	11979.8
2016年	383365	44009.4	20594.9	10093.8	13320.7
2017年	427031.5	48394.5	22567.8	10786.6	15040.1
2018年	489701	52112.4	27508.1	8352.3	16252
2019年	535371	56652.8	29663.4	8922.9	18066.5
2020年	551973.7	58077.6	30278.6	9069.5	18729.5
2021年	609680	62501.7	32889.6	9615.4	19996.7

由3.5表可知,考察期内,除天津市以外,全国第三产业增加值、北京第三产业增加值、河北第三产业增加值、京津冀第三产业增加值合计都呈现逐年上升趋势,天津市在2018年出现下降。可见,不管是全国,还是北京、河北,第三产业都有了较大发展,天津出现下降的原因是多方面的。由三地第三产业增加值分别占区域第三产业增加值总和的比重可知,考察期内,京津冀三地第三产业占比排名依次是北京、河北、天津。北京市第三产业增加值占比基本接近50%,2018年超过50%;天津市第三产业增加值占比呈现逐渐增加态势,但是在2018年回落到20%以下;河北省第三产业增加值占比基本稳定在30%左右,没有出现较大变化。可见,从产业发展状况来看,北京市在第三产业发展上占据显著优势,且

优势越来越明显,而河北省在第一产业、第二产业发展上占主导地位,天津市处于中间位置。

(二)京津冀旅游资源概况

(1)北京市旅游资源概况

北京位于华北平原北部,背靠燕山,毗邻天津和河北,总面积1.6万平方公里,是全国政治、文化、国际交往、科技创新的中心。北京是全球拥有世界遗产(7处)最多的城市,是全球首个拥有世界地质公园的首都城市。北京对外开放的旅游景点达200多处,有世界上最大的皇宫紫禁城、祭天神庙天坛、皇家园林北海公园、颐和园和圆明园,还有八达岭长城、慕田峪长城以及世界上最大的四合院恭王府等名胜古迹。北京市共有文物古迹7309项,99处全国重点文物保护单位(含长城和京杭大运河的北京段)、326处市级文物保护单位、5处国家地质公园、15处国家森林公园。

表3.6　北京市著名旅游景点

类型	代表景区
世界文化遗产	故宫、长城、周口店"北京人"遗址、天坛、颐和园、明十三陵、京杭大运河
世界地质公园	中国房山世界地质公园、中国延庆世界地质公园
国家级风景名胜区	八达岭—十三陵、石花洞、八大处、恭王府
中国历史文化名街	国子监街、烟袋斜街、大栅栏、地安门内大街
中国历史文化名镇	密云县古北口镇、九渡河镇、东坝古镇、王四营
中国历史文化名村	斋堂镇爨底下村、斋堂镇灵水村、龙泉镇琉璃渠村、密云新城子吉家营
中国世界遗产预备名单	大运河、北京云居寺塔、藏经洞及石经、北京古观象台、北海公园、卢沟桥

(2)天津市旅游资源概况

天津是中国四大直辖市之一,土地总面积1.2万平方公里,海岸线153公里。地处华北平原的东北部,东临渤海,西临首都,北依燕山,是海河五大支流南运河、子牙河、大清河、永定河、北运河的汇合处和入海口,素有"九河下梢"之称。天津是国际港口城市、北方经济中心和生态城市,拥有优越的地理区位和丰富的自然人文资源。随着城市建设的加快和社会经济的发展,天津旅游在产业规模、业态创新、目的地体系建设等多方面取得了长足进步,成为天津经济转型的驱动产业,在扩大内需拉动消费上发挥了积极的作用,但是距离世界旅游目的地的要求还有较大的发展空间。天津在近代中国的发展历史中占据重要地位,民国时期遗留下的众多风格迥异的建筑是天津特色文化的重要组成部分。民国文化、海河文化、饮食文化、曲艺文化等多元的津味文化构成了天津这座城市的重要内涵,而与之共生的民国建筑、河滨风景、特色小吃、文娱活动成为天津旅游发展的特色吸引。优质的文化资源是文旅融合发展之魂,为天津文旅融合发展赋予了全新的内涵和生命力。京津冀一体化发展和天津自贸试验区的建设,也给天津文旅融合提供了良好的发展机遇。

（3）河北省旅游资源概况

河北省地处华北,环绕京津,东临渤海,西依太行,南望中原,北枕燕山。全省总面积18.8万平方公里,地势由西北向东南倾斜,西北部为山区、丘陵、盆地,中部和南部为平原。河北省是中华文明的发祥地之一,具有悠久的历史文化资源。优越的自然资源禀赋和丰厚的历史文化积淀,造就了河北省多彩的旅游资源。截至2019年,河北省共有A级景区420个,其中5A级景区10个,4A级景区118个,3A级景区160个,2A级景区132个。河北省主要旅游资源类型如表3.7所示。

表3.7 河北省主要旅游资源

类别	类型	代表景区/项目
自然资源	草原资源	坝上草原、沽源草原、蔚县空中草原、御道口草原
	森林资源	木兰围场、罕坝国家森林公园、磬锤峰国家森林公园
	山地资源	野三坡、白石山、苍岩山、驼梁、崆山白云洞、藤龙山自然风景区
	水域资源	北戴河、白洋淀、衡水湖、赤城温泉、石家庄市灵寿县水泉溪景区
	红色文化资源	西柏坡革命圣地、冉庄地道战遗址、129师司令部旧址、华北军区烈士陵园红色景区

续表

类别	类型	代表景区/项目
文化资源	民俗文化资源	广府太极拳、吴桥杂技、蔚县剪纸、胜芳花会
	皇家文化资源	承德避暑山庄、清东陵、清西陵、丰宁满族自治县大汗行宫旅游景区
	宗教文化资源	柏林禅寺、隆兴寺、响堂寺石窟、泊头清真寺
	长城文化资源	山海关长城、金山岭长城、潘家口长城、大境门长城
	中华始祖文化资源	泥河湾古遗址、黄帝城、磁县仰韶文化遗址、龙山文化遗址

京津冀区域旅游资源丰富,类型多样且品质较高,旅游经济正处于快速发展的阶段。表 3.8 展示了京津冀旅游资源情况。京津冀区域共有 753 个 A 级旅游景区,其中,5A 级旅游景区 20 个,占全国 5A 级景区数量的 7.1%;4A 级旅游景区 220 个,占全国 4A 级景区数量的 5.9%;3A 级旅游景区 322 个;2A 级旅游景区 190 个;1A 级旅游景区 1 个。就京津冀区域而言,由于北京是我国首都,是我国政治中心和文化交流中心,天津是我国最早的直辖市之一,具有良好的区位优势和深厚的文化底蕴,因此,这两个城市在旅游发展影响力上要强于河北省。由表 3.8 统计的京津冀 A 级旅游景区机构数量可知,河北省在旅游资源数量方面占据优势,具有良好的旅游资源禀赋,为区域旅游协同发展提供了丰富的资源支持。紧抓京津冀协同发展机遇,完善旅游协同发展体制机制,创新旅游协同发展模式,借助北京、天津的旅游吸引力、影响力和游客资源来提升河北省自身旅游发展水平,不仅有助于河北省经济增长,也有助于区域整体旅游影响力的提高。

表 3.8 2019 年京津冀 A 级旅游景区机构数量(单位:个)

地区	北京	天津	河北	京津冀合计	全国	京津冀占全国比重
5A 级	8	2	10	20	280	0.071
4A 级	72	30	118	220	3720	0.059
3A 级	119	43	160	322	6198	0.052
2A 级	38	20	132	190	2101	0.090
A 级	1			1	103	0.010
合计	238	95	420	753	12402	0.061

（三）京津冀旅游接待能力差异

旅游目的地的接待能力可以从 A 级景区、旅行社、星级饭店的发展状态来衡量。A 级景区数量是旅游目的地旅游资源丰裕度的重要体现,其固定从业人员数量、旅游接待人数等指标代表了 A 级景区的旅游接待能力。其中,固定从业人数代表了景区提供就业的能力,接待人数、总收入以及门票收入体现了景区的经济价值创造能力。2019 年京津冀地区 A 级景区的旅游发展状况见表 3.9 所列。由于各省市 A 级景区数量的不同,4 个指标在数量上存在较大差异,为了了解 A 级景区的平均发展能力,计算固定从业人员等 4 个指标对于 A 级景区数量的平均值。由表 3.9 可见,就表中 A 级景区发展状况 4 个指标来说,北京市 238 个 A 级景区,少于河北省 182 个,但是北京市 A 级景区的接待人次、营业收入、门票收入名列三地之首,说明北京市景区竞争力和吸引力要强于天津市、河北省。天津市 A 级景区经济价值总量排在北京、河北之后,但 2019 年天津市平均接待人次、平均门票收入却高于河北省,而且高于全国水平,天津市的旅游门票收入相对过高,其他旅游二次消费较少。同时,可以看出天津市的平均固定从业人数相对较少,说明天津 A 级景区的就业吸引力有待提高,对社会就业的贡献有进步空间。京津冀 A 级景区固定从业人员数量占到全国的 7.4%,接待人次占全国的 7.4%,旅游总收入占全国的 4%,旅游总收入比重小于接待人次的比重,这说明京津冀地区旅游业发展过程中,释放旅游过程中的消费潜力,提高旅游消费意愿,是需要解决的重要问题。平均值的计算结果也印证了这个问题,京津冀旅游接待人次的平均值大于全国水平,但是旅游总收入的平均值却小于全国水平,说明京津冀地区的平均旅游消费能力低于全国水平。京津冀 4A 级以上景区名录见附录 1。

表 3.9　2019 年京津冀 A 级景区发展状况

地区	北京	天津	河北	京津冀合计	全国
固定从业人员(人)	25139	6481	39469	71089	962115
接待人次(亿人次)	2.63	0.53	1.65	4.81	64.75
旅游总收入(亿元)	98.16	18.3	86.05	202.51	5065.97
门票收入(亿元)	25.42	7.52	19.79	52.73	944.92

续表

地区	北京	天津	河北	京津冀合计	全国
平均固定从业人员（万人）	105.63	68.22	93.97	94.41	77.58
平均接待人次（亿人次）	0.011	0.006	0.004	0.006	0.005
平均旅游总收入（亿元）	0.412	0.193	0.205	0.269	0.408
平均门票收入（亿元）	0.107	0.079	0.047	0.070	0.076

星级饭店是为游客提供食宿的主要场所。表 3.10 给出了 2019 年京津冀星级饭店机构情况。可见，北京市星级饭店数量最多，其次是河北省，最后是天津市；二星级至四星级的不同星级标准下，北京的饭店数量都名列三个地区首位，特别是五星级饭店的数量远超河北和天津；天津市星级饭店数量位于三个地区的末位。

表 3.10　2019 年京津冀星级饭店机构情况（单位：个）

地区	五星级	四星级	三星级	二星级	一星级	合计
北京	64	124	193	63	1	445
天津	13	29	23	6		71
河北	21	120	135	43	1	320
京津冀合计	98	273	351	112	2	836
全国	822	2443	4350	1268	37	8920
占比	0.119	0.112	0.081	0.088	0.054	0.094

选择从业人员数、营业收入、平均客房出租率等指标共同来衡量京津冀星级饭店的经济发展情况，见表 3.11。星级饭店的从业人员数量也是旅游业对社会就业贡献的一种衡量。京津冀星级饭店从业人数占全国星级饭店从业人数总量的 9.6%，营业收入占全国的 13.7%。北京市星级饭店的从业人员数位居三地区首位，虽然数量上是河北省的 1.5 倍，但是营业收入是河北省的 3.63 倍。另外，可以计算得到，北京、天津、河北的星级宾馆的平均从业人数分别为 123 人、154 人、113 人，这反映了星级饭店对社会就业贡献度的次序，天津市旅游星级宾馆就业的带动效果要强于北京和河北。北京市星级饭店的营业收入分别是天津市、河北省的 27.96 倍、3.63 倍，这是由较高的房价和客房出租率共同决定的。

京津冀星级饭店客房出租率和平均房价由高到低依次是北京、天津、河北,但是只有北京市的平均客房出租率高于全国水平,这说明北京市的星级饭店营业状况要好于全国水平,天津市和河北省还有待进一步发展。北京、天津的平均房价高于全国平均水平,河北则相反。从星级饭店的营业收入构成来看,三个地区表现出了不同的特点,北京市和天津市星级饭店营业收入的构成比例从大到小依次是客房、餐饮、其他,与全国的比例分配关系保持一致。但是,河北省餐饮收入是营业收入的主要构成部分,其次是客房收入。

表 3.11 2019 年京津冀星级饭店部分经济指标

地区	饭店数（个）	从业人员数（万人）	营业收入（万元）	平均客房出租率(%)	平均房价（元/间夜）	营业收入（亿元）		
						客房	餐饮	其他
北京	439	5.4	199.91	66.86	546.46	99.38	53.66	46.88
天津	71	1.1	7.15	52.17	397.73	3.35	2.47	1.34
河北	320	3.62	55.12	47.05	286.26	20.92	25.9	8.3
合计	830	10.12	262.18					
全国	8920	106.16	1907.77	55.18	353	810.63	728.61	368.53

（四）京津冀旅游交通要素概况

旅游交通属于交通运输的范畴,是指为旅游者从客源地到目的地的往返以及在旅游目的地进行的各种旅游活动,特别是景点之间的过渡,所提供的各种交通设施和服务。旅游交通作为旅游者行动的物质载体,在旅游客源地与目的地之间、旅游景点之间发挥着重要的桥梁和纽带作用。更重要的是,交通条件对旅游决策的制定起着重要的作用,影响着旅游目的地的选择。旅游交通是旅游行为产生和发展的前提条件,一般情况下,为提高旅行的满意度,旅游者往往倾向于选择交通条件便捷顺畅的目的地。

交通是京津冀协同发展率先突破的三大重点领域之一,京津冀协同发展以来,三地加快构建快速、便捷、高效、安全、大容量、低成本的互联互通综合交通网络,全面提升交通基本公共服务共建共享水平,积极构建协同联动的现代交通治理体系,以"四纵四横一环"运输通道为主骨架的、多节点网格状的区域交通新格局基本形成,现代化高质量综合立体交通网初步形成,便利的交通条件带来的"时空压缩效应"对旅游协同发展网络的完善和拓展起到了重要的推动作用。

为了分析 2014—2020 年京津冀协同发展以来,京津冀三地交通运输发展状况,选择铁路营业里程、公路线路里程、高速公路线路里程、民用车辆拥有量(汽车)、私人车辆拥有量 5 个指标的变化情况来考量区域交通运输能力。具体数据见表 3.12。

表 3.12　2014—2020 年京津冀三地交通运输发展状况

指标	地区	2014 年	2015 年	2016 年	2017 年	2018 年	2019 年	2020 年
铁路营业里程(公里)	北京	1284.75	1284.75	1264.3	1264.25	1264.25	1366.96	1403.69
	天津	970.93	1043.74	1060.9	1148.86	1153.43	1185.27	1185.66
	河北	6252.77	6958.11	6956	7162.02	7361.81	7791.29	7941.17
公路线路里程(公里)	北京	21848.8	21885	22025.57	22225.97	22255.83	22365.94	22264.04
	天津	16110	16550	16764	16532.15	16256.74	16131.88	16411.02
	河北	179200	184553.42	188431.2	191693.21	193252.28	196983.16	204737.48
高速公路线路里程(公里)	北京	982	982	1013	1012.88	1114.63	1167.63	1173.31
	天津	1113	1130	1208	1247.86	1261.81	1295.19	1324.79
	河北	5888	6333.49	6502.24	6530.56	7280.08	7475.68	7808.6
民用车辆拥有量(万辆)	北京	530.83	533.81	547.44	563.1	574.04	590.32	599.29
	天津	274.14	273.62	273.69	287.69	298.65	308.88	329.41
	河北	930.08	1075.03	1245.89	1387.21	1529.98	1647.85	1747.28
私人车辆拥有量(万辆)	北京	435.79	439.33	452.04	466.61	478.49	497.03	507.07
	天津	235.15	234.68	234.39	242.51	250.11	259.43	279.67
	河北	834.9	978.65	1143.78	1279.38	1411.48	1518.86	1606.46

数据源于《中国城市统计年鉴》。

如表 3.12 所示,从铁路营业里程来看,京津冀三地都呈现逐年递增态势。2020 年,北京、天津、河北铁路营业里程分别是 2014 年的 1.09 倍、1.22 倍、1.27

倍,河北省与天津市铁路营业里程增长幅度是北京的 2 倍之多,这应该是河北省、天津市在京津冀协同发展机遇下交通一体化建设的成效。从公路线路里程来看,天津市公路线路里程数量波动较大,2014—2019 年北京市公路线路里程处于逐年上升态势,但是 2020 年出现短暂下降,只有河北省处于逐年上升状态,2020 年河北省公路线路里程达到 22264.04 公里,是 2014 年 1.14 倍,增速显著高于北京市和天津市。三地高速公路线路里程都处于逐年上升态势,2020 年较 2014 年的增速分别为 19.5%、19%、32.6%。从车辆拥有量来看,不管是民用车辆拥有量还是私人车辆拥有量,三地都处于逐年上升态势,车辆数量以及增速排名都是河北省位列三地首位,其次是天津市、北京市。由此可见,不管是从铁路、公路还是车辆拥有量来看,京津冀三地交通运输网络都处于稳定向上的发展状态中,特别是 2014 年以来,河北省推进城际铁路建设,加强环首都市县与北京的联系,构建多层次现代轨道交通网络,基本建成轨道上的京津冀。同时,河北省加强与京津高速公路、普通干线公路互联互通,推动环京津市县与京津形成一小时交通圈,交通运输事业发展不断迈上新台阶,取得了长足发展,为地区经济社会发展提供了较强的支撑和促进作用。

(五)京津冀旅游经济发展概况

旅游经济体量和发展速度是旅游业发展水平最直观的表示。2008—2020 年 12 年间的京津冀各地区旅游总收入、旅游总人数、入境旅游总收入、入境旅游总人数的情况如表 3.13—表 3.15 所示。

(1)北京市旅游经济发展状况

在国内外风险挑战不断上升的复杂局面下,北京市旅游市场总体呈现出向好态势,实现旅游收入增长高于旅游人数增长。2020 年,面对新冠疫情的严峻冲击,北京市文化和旅游局通过多种方式稳定旅游市场主体,增强旅游经济发展韧性。一是出台《关于应对新冠肺炎疫情影响促进旅游业健康发展的若干措施》,减轻疫情对旅行社、酒店、乡村旅游等涉旅企业的影响,政策措施落地效果显著。二是打造 100 个文化旅游体验基地、举办"北京消费季"发放 122 亿元消费券,创新景区及其文创产品营销模式,多措并举促进旅游消费。三是顺应近郊游等疫后旅游业发展趋势,大力推进乡村旅游高质量发展,开启"畅游京郊·北京乡村旅游季",推出《我的桃花源》大型文化旅游体验电视节目,开展"最美乡村民宿"以及"最有故事乡村民宿主"评选活动,精心设计开发 10 条北京自驾游经典线路,"百车京郊自驾游"活动盛大启程,有效促进了京郊游发展。

2020 年,北京市旅游总收入 2914 亿元,恢复至 2019 年的 46.8%;接待游客总人数 1.8 亿人次,恢复至 2019 年的 57.1%。在国内大循环背景下,北京市科学统筹常态化疫情防控和旅游业恢复发展,旅游市场呈现逐步回暖、恢复向好态势。但是,"外防输入"的疫情防控措施使得入境旅游大幅下降,受疫情影响,2020 年,北京市接待入境游客 34.1 万人次,较 2019 年下降 91.0%,国际旅游收入 4.8 亿美元,折合人民币 33.1 亿元,较 2019 年下降 90.8%。2021 年,北京市旅游收入达到 4190 亿元,同比增长 43%,恢复至 2019 年的 66.9%,恢复程度好于全国水平 15.9 个百分点;旅游接待人数为 2.55 亿人次,同比增长 38.8%,恢复至 2019 年的 79.2%,恢复程度好于全国水平 25.2 个百分点。为更好发挥北京文化旅游优势,有力支撑国际消费中心城市建设,2022 年 1 月,北京市发展改革委联合市文化和旅游局共同制定并印发《北京市"十四五"时期推进旅游业高质量发展行动方案》,明确提出到 2025 年初步建成北京市文旅深度融合的现代化旅游产业体系的战略目标,开展打造多产业融合的旅游品牌、提升旅游数字化服务水平,配套设施补短板促进旅游目的地品质提升等重点任务。

表 3.13　2008—2020 年北京市旅游经济发展状况

	旅游总收入 (亿元)	旅游总人数 (亿人次)	入境旅游总收入 (亿美元)	入境旅游总人数 (万人次)
2008 年	2219.2	1.456	44.6	379
2009 年	2449.7	1.667	43.6	412.5
2010 年	2778.18	1.839	50.44	490.1
2011 年	3243.42	2.14	54.16	520.4
2012 年	3661.73	2.313	51.49	500.9
2013 年	3963.2	2.514	47.9	450.1
2014 年	4280.1	2.61	46.1	427.5

续表

	旅游总收入（亿元）	旅游总人数（亿人次）	入境旅游总收入（亿美元）	入境旅游总人数（万人次）
2015 年	4606.42	2.725	46	420
2016 年	5021	2.85	50.7	416.5
2017 年	5469	2.97	51.2	392.6
2018 年	5921	3.1	55.16	400.41
2019 年	6224.79	3.22	51.9	376.9
2020 年	2914.06	1.84	4.8	34.1

（2）天津市旅游经济发展状况

2008—2019 年，天津市旅游业总收入、总人次都处于逐年上升状态，2019 年，天津市旅游总收入、总人数分别是 2008 年的 4.8 倍、3.23 倍。但是，受新冠肺炎疫情影响，2020 年，天津市旅游总收入 1354.5 亿元，仅为 2019 年的 31.4%；接待游客总人数 1.41 亿人次，为 2019 年的 57.1%。"外防输入"的疫情防控措施使得本就处于下降通道中的入境旅游雪上加霜，入境旅游收入和入境旅游人数均大幅下降，2020 年，天津市接待入境游客 17.13 万人次，仅为 2019 年的 9%，国际旅游收入 3.34 亿美元，为 2019 年的 28.2%。

表 3.14　2008—2020 年天津市旅游经济发展状况

天津	旅游总收入（亿元）	旅游总人数（亿人次）	入境旅游总收入（亿美元）	入境旅游总人数（万人次）
2008 年	890.89	0.764	10.014	122.039
2009 年	1050.33	0.842	11.826	141.024
2010 年	1234.68	0.937	14.195	166.068
2011 年	1482.7	1.082	17.556	200.437
2012 年	1782.89	1.223	22.264	234.108
2013 年	2139.719	1.39	25.91	264.54
2014 年	2487.25	1.56	29.92	296.17
2015 年	2793.75	1.736	32.98	326.01
2016 年	3129	1.91	35.57	335.01

天津	旅游总收入 （亿元）	旅游总人数 （亿人次）	入境旅游总收入 （亿美元）	入境旅游总人数 （万人次）
2017 年	3545.44	2.11	37.52	345.06
2018 年	3914.33	2.285	11.099	198.314
2019 年	4316.92	2.47	11.83	189.77
2020 年	1354.5	1.41	3.34	17.13

为推进"十四五"时期旅游业高质量发展,更好发挥旅游业在构建新发展格局中的重要作用,天津市发展改革委、天津市文化和旅游局联合制定了《天津市"十四五"时期推进旅游业高质量发展行动方案》,提出到 2025 年,天津市文化和旅游实现业态显著丰富、品质明显改善、市场份额稳步扩大、城市形象和美誉度稳步提升的目标要求,致力于将天津建设成为展现中国近代百年缩影的国际化滨海港口城市,不断提高人民群众获得感、幸福感。天津市不断加强顶层规划,印发《天津市旅游服务质量提升计划实施方案》,促进天津市旅游服务质量提升的政策合力进一步增强,市场秩序进一步规范,旅游市场环境和消费环境进一步改善,旅游服务质量进一步提升;印发《天津市乡村旅游发展规划(2020—2023)》,适应疫情后旅游发展趋势,大力规范乡村旅游发展,不断挖掘整合文化旅游资源,持续推进"旅游+"深度融合发展,不断加大文化旅游产品供应,建设和完善特色旅游服务体系,着力提高管理和服务质量效率。天津市紧紧围绕旅游基础设施建设和升级改造,持续推动杨柳青古镇、五大道文化旅游区创建国家5A 级景区等高水平重大项目。

（3）河北省旅游经济发展状况分析

近年来,河北省不断加强旅游发展顶层设计,连续印发了《河北旅游质量提升行动计划(2018—2020 年)》《河北省进一步加快旅游产业高质量发展意见》《河北省旅游高质量发展规划(2018—2025 年)》《河北省文化和旅游发展"十四五"规划》等一系列政策文件,对重点新业态旅游标准进行了修订和完善,构建了河北省旅游高质量发展的政策支撑体系。尤其是近年来河北省通过举办旅游发展大会,充分整合了省内的文化和旅游资源,创新了文旅融合机制,推动了全域旅游发展。河北省着眼于旅游公共服务体系相对落后的现状,加快推进全省旅游交通网、服务网、信息网建设,"河北旅游云"正式上线运行;持续推进扫黑除恶专项斗争,集中开展全省旅游市场专项整治和 A 级景区集中整治行动,确保旅游消费市场"放心""安心";不断拓宽河北旅游宣传推介渠道,统筹做好传统媒体和新媒体宣传,全方位展现河北省旅游新形象,"京畿福地 乐享河北"品牌影响力持续增强。

深入贯彻落实京津冀协同发展规划,立足河北省战略定位,促进文化和旅游产业深度融合,提高文旅产品有效供给,加快打造集生态休闲、微度假、高端产业融合创新等功能于一体的环京津休闲旅游产业带。截至 2022 年 3 月,河北省在环京津地区已创建 5A 级景区 8 家、国家级旅游度假区 1 家、国家级乡村旅游重点镇 3 个、国家级乡村旅游重点村 18 个,有效促进了环京津地区旅游产品提质增效。充分发挥京津冀旅游资源交易平台作用,联合开展文化和旅游招商引资活动,打造"全国博物馆之城""栖徙"旅游平台、国家级中医药康养旅游度假区等高端旅游项目;扎实推进京东休闲旅游示范区建设,签订了"京东文旅圈"战略合作框架协议,加强京津冀旅游试点示范区建设;联合打造跨区域精品旅游线路,整合京津冀文化和旅游资源,编制了乐享河北旅游线路手册,推出了冬奥冰雪 3 日游、文化游、美食游、商务游、红色游精品旅游线路,共同推出《中国长城旅游产品手册》,宣传长城及沿线旅游资源产品,共塑长城旅游品牌,形成京东休闲旅游深度融合发展的新格局。

表 3.15 2008—2020 年河北省旅游经济发展状况

	旅游总收入 (亿元)	旅游总人数 (亿人次)	入境旅游总收入 (亿美元)	入境旅游总人数 (万人次)
2008 年	554.63	0.982	2.74	75.018
2009 年	710.25	1.225	3.078	84.219
2010 年	915.39	1.495	3.507	97.745
2011 年	1223.55	1.874	4.476	114.144
2012 年	1592.06	2.304	5.449	129.32
2013 年	2014.82	2.712	5.858	133.765
2014 年	2566.05	3.15	5.342	132.863
2015 年	3439.1	3.72	6.214	138.182

续表

	旅游总收入 （亿元）	旅游总人数 （亿人次）	入境旅游总收入 （亿美元）	入境旅游总人数 （万人次）
2016 年	4656.93	4.668	6.686	147.591
2017 年	6142.81	5.723	7.601	160.245
2018 年	7636.42	6.779	8.493	175.769
2019 年	9313.36	7.827	9.36	187.91
2020 年	3676.71	3.796	0.3	7.89

2008—2019 年，河北省主要旅游经济指标表现出了稳定上升的发展趋势。2019 年，河北省旅游总收入 9313.36 亿元，旅游总人数为 7.827 亿人次，分别是 2008 年的 16.79 倍和 7.97 倍。2019 年，接待国际游客 187.9 万人次，旅游外汇收入 9.36 亿美元，分别同比增长 6.9% 和 10.2%，分别是 2008 年的 3.42 倍和 2.5 倍；接待国内游客 7.8 亿人次，国内收入 9248.7 亿元，同比增长 15.5% 和 22.0%。2020 年，旅游总收入、旅游总人数、入境旅游总收入、入境旅游总人数分别下降 60.52%、51.50%、96.79%、95.80%。为最大可能弱化疫情的影响，河北省一方面通过贷款贴息降低企业实际融资成本，解决文旅企业融资成本高、流动资金短缺的问题，全力稳住行业发展基本盘；另一方面通过"以奖代补"，支持打造文旅行业标杆和龙头，扶持引导旅游演艺企业加快创新转型，提高文创和旅游商品质量，创新产业运营机制，推动文创产业做大做强，推动文旅产业成为国民经济转型升级的新动能、新引擎，加快实现文旅产业高质量发展。

二、京津冀旅游发展要素协调发展评价

本章将旅游业视为一个单独的、完整的经济发展系统，将铁路、公路等交通运输部门通过游客运输为旅游业发展提供的支持，定义为旅游交通子系统；将住宿、餐饮、娱乐等部门通过旅游服务为旅游业发展提供的支持，定义为旅游服务子系统；将城市环境相关部门通过营造优良城市环境为旅游业发展提供的支持，定义为旅游生态子系统。将旅游交通、服务、生态与旅游经济子系统一起，作为

旅游经济发展系统的四个子系统。严格来说,交通运输业也属于为旅游正常运行提供必要服务的行业,可以隶属于旅游服务子系统,然而从实际旅游收入构成来看,旅游交通消费(包含长途和短途交通费用)所占旅游总消费的比例较大。以 2017 年天津市旅游收入为例,国内游客旅游交通消费支出占全部旅游消费支出的 21.6%,入境游客交通消费支出占全部消费支出的 40.4%。因此,本章将交通运输业当作为旅游经济发展提供服务支撑的单独子系统考虑。旅游服务子系统、旅游交通子系统、旅游生态子系统、旅游经济子系统的发展相互促进、相互影响,存在着紧密的协调发展效应。纵观国内外现有研究,对于旅游产业内部要素之间的协同、区域之间协同发展关系的研究比较少见。本章以京津冀区域为研究对象,具体包括北京、天津以及河北省的石家庄、秦皇岛、唐山、保定、衡水、沧州、邢台、邯郸、张家口、承德和廊坊共 13 个城市,分析城市旅游产业内部要素之间的协调发展状态并进行对比,为区域旅游高质量发展提供指导。

(一)指标体系及数据来源

基于旅游系统的自身发展特征,指标选择依据全面性、科学性、系统性等原则,在对国内外旅游系统协调发展的指标体系进行理论分析和频度统计的基础上,构建京津冀旅游发展要素协调度的评价指标体系,详见表 3.16。样本数据来源于京津冀区域 2013—2019 年的年度统计数据,涉及交通、生态、住宿餐饮等行业的年度数据,具体来源于 2014—2020 年的《中国统计年鉴》《中国城市统计年鉴》《北京市统计年鉴》《天津市统计年鉴》《河北经济年鉴》以及各地区年度旅游统计公报、年度生态环境公报等。

表 3.16　京津冀旅游业协同发展指标体系

子系统	指标	变量名称
服务子系统 (S1)	住宿和餐饮业从业人数(万人)	X11
	租赁和商业服务业从业人数(万人)	X12
	文化、体育、娱乐业从业人数(万人)	X13
交通子系统 (S2)	铁路客运量(万人)	X21
	公路客运量(万人)	X22
	民用航空客运量(万人)	X23
	全年公共汽(电)车客运总量(万人)	X24
	年末实有出租汽车数(辆)	X25
生态子系统 (S3)	公园绿地面积(公顷)	X31
	建成区绿化覆盖率(%)	X32
经济子系统 (S4)	旅游总收入(亿元)	X41
	旅游总人数(万人次)	X42
	入境总收入(万美元)	X43
	入境总人数(万人次)	X44
	旅游总收入占 GDP 的比重(%)	X45

（注：子系统左侧大类为"旅游系统"）

旅游服务子系统、旅游交通子系统、旅游生态子系统是旅游经济子系统的基础支撑。旅游服务子系统的发展状况应包含住宿、餐饮、旅行社、娱乐业等涉旅服务部门的发展状况,但是现有旅游统计体系和数据来源,无法精确将这些行业部门中单纯涉及旅游业的相关数据分离出来,只能从行业大类可获得数据中选择相关指标表征旅游服务子系统的发展状况。考虑到旅游业的正常运转与持续发展离不开人力资源的投入,且这些涉旅行业的从业人数反映了旅游企业为游客提供服务的能力,比旅游企业数量更能反映旅游业发展潜力和活力,本章选择住宿和餐饮业从业人数、租赁和商业服务业从业人数、文化体育及娱乐业从业人数 3 个指标衡量旅游服务子系统的发展状况。游客的出行涉及的交通方式包含铁路、公路、航空、公共汽车等,因此选择城市铁路客运量、公路客运量、民用航空客运量、全年公共汽(电)车客运总量、年末实有出租汽车数五个二级指标来衡量旅游交通子系统对于旅游目的地的运输承载能力,全面反映交通运输业发展对于目的地旅游发展的基础支撑作用。旅游目的地生态环境、空气质量极大影响游客的旅游体验,进而影响游客出行决策的制订,因此,旅游目的地的生态环境质量作为一个子系统来单独考察。但反映城市旅游生态数据的指标较少且易得性较差,因此,本章仅选择了建成区绿化覆盖率和公园绿地面积两个二级指标作为旅游目的地城市生态环境的度量指标。旅游总收入、入境旅游总收入、旅游总人数、入境旅游总人数一直是旅游经济发展状况最直观最有效的衡量指标,因此,选择旅游总收入、旅游总人数、入境总收入、入境总人数、旅游总收入占地区生产总值的比重五个二级指标组成旅游经济子系统。其中,城市旅游总收入占地区生产总值的比重反映了该城市旅游产业发展地位和发展潜力。

京津冀区域旅游要素协调发展指标体系包含四个子系统,共 15 个二级指标,采用熵权法(计算过程见下节)计算各指标的权重,权重计算结果见表 3. 17 所列。

表 3.17 京津冀 13 城市旅游系统各指标权重

	北京	天津	石家庄	唐山	秦皇岛	邯郸	邢台	保定	张家口	承德	沧州	廊坊	衡水
X_{11}	0.236	0.273	0.248	0.210	0.378	0.179	0.271	0.215	0.297	0.566	0.140	0.550	0.211
X_{12}	0.407	0.427	0.517	0.508	0.412	0.617	0.509	0.272	0.362	0.254	0.636	0.117	0.452
X_{13}	0.357	0.300	0.234	0.282	0.210	0.205	0.220	0.513	0.342	0.180	0.225	0.333	0.337
X_{21}	0.161	0.206	0.348	0.231	0.168	0.247	0.293	0.264	0.186	0.055	0.480	0.184	0.155
X_{22}	0.142	0.158	0.142	0.269	0.319	0.213	0.238	0.245	0.144	0.089	0.223	0.175	0.145
X_{23}	0.118	0.315	0.190	0.244	0.161	0.267	0.000	0.000	0.419	0.594	0.000	0.000	0.000
X_{24}	0.108	0.231	0.112	0.086	0.149	0.103	0.114	0.261	0.164	0.074	0.146	0.445	0.276
X_{25}	0.471	0.091	0.208	0.170	0.203	0.170	0.355	0.230	0.086	0.187	0.150	0.196	0.423
X_{31}	0.587	0.559	0.422	0.489	0.191	0.345	0.359	0.459	0.415	0.511	0.267	0.463	0.486
X_{32}	0.413	0.441	0.578	0.511	0.809	0.655	0.641	0.541	0.585	0.489	0.733	0.537	0.514
X_{41}	0.224	0.196	0.257	0.248	0.264	0.179	0.236	0.204	0.253	0.257	0.269	0.227	0.261
X_{42}	0.177	0.195	0.195	0.197	0.208	0.128	0.202	0.154	0.192	0.198	0.226	0.191	0.219
X_{43}	0.213	0.181	0.166	0.154	0.199	0.402	0.198	0.309	0.195	0.171	0.147	0.225	0.140
X_{44}	0.238	0.162	0.140	0.152	0.103	0.106	0.135	0.117	0.108	0.127	0.126	0.138	0.183

	北京	天津	石家庄	唐山	秦皇岛	邯郸	邢台	保定	张家口	承德	沧州	廊坊	衡水
X_{45}	0.148	0.267	0.242	0.249	0.225	0.185	0.229	0.215	0.252	0.247	0.231	0.218	0.198

(二)模型介绍

"耦合"是一个物理学概念,原指至少两个体系或运动方式的相互作用与影响的现象[21],通过"耦合度"来衡量系统中各因素相互影响程度与强弱。耦合理论在两个或者两个以上系统协调状态的实证研究中得到了广泛应用,姜磊等[22]讨论了耦合度计算模型出现的误用情况,将之推广到 n 个系统。本节研究依据其结论,对京津冀旅游发展要素耦合协调状况进行测度与评价。

(1)计算各个子系统的实际发展度

指标体系中包含 15 个不同指标,各个指标在量纲以及数量级上存在显著不同,为了使不同指标的数据可比,且测度和评价结果更加科学、准确,首先基于原始数据进行数据的无量纲化处理。数据无量纲化处理有多种方式,例如,初值化、均值化、区间值化等方法,一般由研究者根据研究需要自行选择。本节选择极大极小值法对各项指标进行无量纲化处理,由公式(3.1)表示

$$a_{ijt} = \begin{cases} (x_{ijt} - \min_t x_{ijt})/(\max_t x_{ijt} - \min_t x_{ijt}) & \text{当 } x_{ijt} \text{ 为正向指标时} \\ (\max_t x_{ijt} - x_{ijt})/(\max_t x_{ijt} - \min_t x_{ijt}) & \text{当 } x_{ijt} \text{ 为逆向指标时} \end{cases} \quad (3.1)$$

其中,x_{ijt} 表示 t 时期子系统 i 的第 j 个指标,a_{ijt} 表示归一化后的指标。

进一步,采用熵权法分别确定京津冀旅游要素协调发展指标体系包含的 15 个二级指标的权重。首先,基于标准化后的数据,计算第 j 项指标下第 t 年指标值的比重 f_{tj},由公式(3.2)计算得到

$$f_{tj} = a_{tj} \Big/ \sum_{t=1}^{n} a_{tj} \quad (3.2)$$

其中,n 表示考察期时间的长度。子系统内各二级指标的权重由公式(3.3)与(3.4)计算得到

$$H_j = -k \sum_{t=1}^{n} f_{tj} \ln f_{tj}, (j = 1, 2, \cdots m) \quad (3.3)$$

$$\omega_j = \frac{1 - H_j}{m - \sum\limits_{j=1}^{m} H_j}, (j = 1, 2, \cdots m) \tag{3.4}$$

其中,m 表示指标个数;$k = 1/\ln n$;当 $f_{ij} = 0$ 时,$f_{ij} \ln f_{ij} = 0$;$0 < \omega_j < 1$,且 $\sum\limits_{j=1}^{n} \omega_j = 1$。

各子系统综合评价得分可以由公式(3.5)计算得到

$$U_{it} = \sum_{j=1}^{m} \omega_j a_{ijt} \tag{3.5}$$

式中,U_{it} 表示第 i 个子系统第 t 年的综合发展得分值。

(2)耦合度模型

n 个系统的耦合度模型由公式(3.6)表示

$$C = \left[\frac{U_1 \times U_2 \times \cdots \times U_n}{\left(\dfrac{U_1 + U_2 + \cdots + U_n}{n} \right)^n} \right]^{\frac{1}{n}} \tag{3.6}$$

(3)协调度模型

尽管耦合度可以反映各子系统间相互作用的大小,但却不能反映子系统协调发展水平的阶段性特征,因此,利用反映系统发展水平的"系统综合评分"将耦合度模型转变为协调度模型。系统的综合评分由 n 个系统的综合发展得分与其对应权重决定,由公式(3.7)计算得到

$$T = \sum_{i=1}^{n} \beta_i U_i \tag{3.7}$$

其中,T 表示综合评分值,β_i 是各个子系统的权重。在这里,认为旅游总系统的四个子系统地位平等,令 $\beta_i = 1/4, i = 1, 2, 3, 4$。

进一步,协调度模型由公式(3.8)计算得到

$$D = \sqrt{C \times T} \tag{3.8}$$

其中,D 表示系统协调度,取值范围在 $[0, 1]$ 之间,值越大,协调度越高。

为了更直观地反映京津冀三地旅游发展要素的耦合协调发展状况,借鉴郭湖斌等[23]的研究成果,将协调度划分为 10 个等级区间,每个区间代表一个协调等级,每个等级对应一类协调状态,形成连续的变化区间,从而更为直观地反映两个子系统间的动态协调发展水平与阶段特征,具体划分标准见表 3.18。

表 3.18　区域内或系统间协同水平的划分标准

序列	协同度区间	协同水平(不协调)	序列	协同度区间	协同水平(协调)
1	$[0,0.1)$	极度失衡状态	6	$[0.5,0.6)$	勉强协调状态
2	$[0.1,0.2)$	严重失衡状态	7	$[0.6,0.7)$	初级协调状态
3	$[0.2,0.3)$	中度失衡状态	8	$[0.7,0.8)$	中级协调状态
4	$[0.3,0.4)$	轻度失衡状态	9	$[0.8,0.9)$	良好协调状态
5	$[0.4,0.5)$	濒临失衡状态	10	$[0.9,1)$	优质协调状态

（三）京津冀旅游要素协调发展水平分析

本章对京津冀各个城市旅游要素有序度与协调度进行测度,并分析京津冀区域各个城市旅游要素协调发展的时空变化特征。

（1）北京市旅游要素子系统有序度与协调度分析

图 3.1 表示 2013—2019 年间北京市旅游服务、交通、生态、经济四个子系统发展有序度的变化情况。

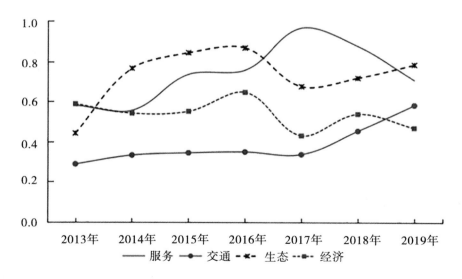

图 3.1　北京市旅游要素子系统有序度变化情况

整个旅游业系统协调发展程度取决于旅游交通、服务等要素子系统有序度的演进状况。因此,首先分别对考察期内服务、交通、生态、经济四个子系统有序度变化情况进行分析,以便于理解系统协调程度发生变化的原因。

根据图 3.1,旅游交通子系统有序度一直处于稳定上升状态,有序值由 2013 年的 0.288 上升到 2019 年的 0.582,说明考察期内旅游交通子系统的有序度出现大幅提升,这与北京市对交通线路的改进与完善密不可分。旅游服务子系统有序度于 2017 年达到最大值之后出现下降。旅游生态子系统有序度在 2017 年出现下降,2018 年、2019 年处于上升中。受入境旅游减少的影响,北京市旅游经济子系统有序度波动性较大。虽然旅游交通、服务、生态、经济子系统有序度都出现波动,但是考察期末有序度数值较考察期初都出现了不同程度的增长,旅游经济子系统发展滞后于其他三个系统。

北京市旅游交通、服务、生态、经济要素子系统两两之间的协同度计算结果如表 3.19 所列。

表 3.19 北京市旅游要素子系统协调度

	S1&S2	S1&S3	S1&S4	S2&S3	S2&S4	S3&S4	S1&S2&S3&S4
2013 年	0.639	0.712	0.764	0.597	0.641	0.714	0.675
2014 年	0.656	0.807	0.741	0.710	0.651	0.802	0.725
2015 年	0.709	0.887	0.798	0.734	0.660	0.825	0.765
2016 年	0.717	0.900	0.836	0.742	0.689	0.865	0.788
2017 年	0.755	0.899	0.803	0.691	0.617	0.734	0.745
2018 年	0.794	0.890	0.829	0.755	0.703	0.788	0.791
2019 年	0.801	0.863	0.759	0.822	0.723	0.779	0.790

由表 3.19 可见,在 2013—2014 年,北京市旅游服务系统与旅游交通系统的协调度处于初级协调阶段,2015 年进入中级协调阶段后,协调状态不断升级,2019 年以 0.801 的协调度进入良好协调阶段;北京市旅游服务系统与旅游生态系统的协调度在 2013 年处于中级协调状态,2014 年开始基本处于良好协调状态;北京市旅游服务系统与旅游经济系统的协调度从 2013 年的中级协调状态逐渐优化,至 2016 年进入良好协调状态,2019 年出现短暂的状态回落;北京市旅游交通系统与旅游生态系统的协调度在 2013 年为勉强协调状态,2014 年进入中级协调状态后逐渐提升到良好协调状态;旅游交通系统与旅游经济系统的协调度从最初的初级协调逐渐提高到了中级协调状态;旅游生态系统与旅游经济

系统的协调度在中级协调状态与良好协调状态之间波动;旅游总系统的协调度从最初的初级协调逐渐提升到中级协调状态。可见,北京旅游四个子系统两两之间的协调度、旅游总系统协调度整体上呈现出上升的趋势,在考察期末(2019年)处于中级或良好协调状态。旅游总系统协调度位于各子系统两两协调度之间,说明总系统的协调度大小是四个子系统之间协同作用的综合结果。

(2)天津市旅游要素子系统有序度与协调度分析

图3.2表示天津市旅游要素子系统有序度的变化情况,表3.20表示天津市旅游系统协调度的变化情况。

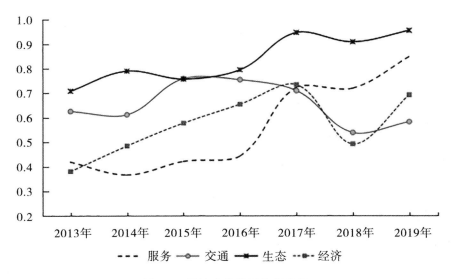

图3.2　天津市旅游系统有序度

由图3.2发现,天津市旅游服务子系统、旅游生态子系统表现出相似的状态,有序度数值都处于稳定上升态势,而旅游交通子系统有序度自2016年起出现下降态势,主要是由公路客运量以及公交客运量减少导致的,公路客运量减少是铁路交通网络的完善所致,大多数城市都出现公路客运量减少的趋势。旅游经济子系统有序度受入境旅游骤减的影响于2018年出现下降后反弹。天津市旅游业四个要素子系统之间的协调度计算结果如表3.20所列。

表 3.20　天津市旅游子系统、总系统协调度

	S1&S2	S1&S3	S1&S4	S2&S3	S2&S4	S3&S4	S1&S2&S3&S4
2013 年	0.715	0.737	0.631	0.815	0.698	0.720	0.717
2014 年	0.687	0.732	0.648	0.833	0.737	0.786	0.735
2015 年	0.751	0.751	0.702	0.870	0.813	0.813	0.781
2016 年	0.760	0.770	0.733	0.880	0.838	0.849	0.803
2017 年	0.846	0.910	0.853	0.905	0.849	0.913	0.879
2018 年	0.788	0.899	0.771	0.836	0.717	0.818	0.803
2019 年	0.839	0.950	0.876	0.864	0.801	0.902	0.870

由表 3.20 可见,2013—2017 年,天津市服务、交通、生态、经济四个子系统两两之间的协调度以及总系统之间的协调度都处于上升态势,都于 2018 年短暂下降并于 2019 年回升,2019 年,系统协调度都处于良好协调状态以上。2019年,生态子系统与旅游经济子系统的协调度达到了 0.902,进入优质协调状态,旅游总系统协调度从最初的 0.717 上升为 0.870,协调发展程度提升。天津市入境旅游体量的缩减导致了旅游经济子系统有序度、旅游经济子系统与其他子系统协调度数值的降低,是值得密切关注的因素。促进天津市旅游业持续稳定发展,需要找准制约入境旅游发展的堵点和痛点,在提振入境旅游上下功夫。

(3)石家庄市各系统有序度与协调度分析

图 3.3 表示张家口市旅游系统各子系统的发展有序度的变化情况,表 3.21表示石家庄市旅游系统协调度的变化情况。

根据图 3.3,石家庄市旅游经济子系统有序度一直处于上升状态,有序度值最初仅为 0.301,是有序度发展程度最低的子系统,2019 年旅游经济子系统有序度增长到 0.96,成为四个系统中发展最快、有序度最高、增长最稳定的子系统。旅游交通系统、旅游服务系统整体上处于上升态势,但是波动性较大,旅游服务系统从 2018 年开始进入上升通道。旅游生态子系统表现相对较差,有序度处于下降状态。进一步,可以得到石家庄市旅游四个子系统两两之间的协调度,计算结果见表 3.21。

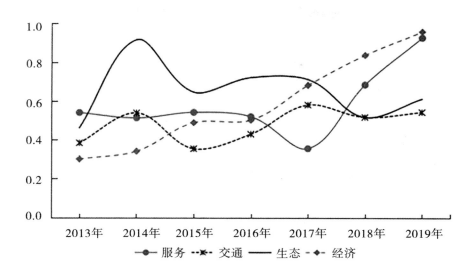

图 3.3　石家庄市旅游系统有序度

表 3.21　石家庄市旅游各子系统间的协调度

	S1&S2	S1&S3	S1&S4	S2&S3	S2&S4	S3&S4	S1&S2&S3&S4
2013 年	0.674	0.706	0.635	0.648	0.583	0.610	0.642
2014 年	0.725	0.828	0.647	0.838	0.655	0.748	0.736
2015 年	0.662	0.769	0.717	0.691	0.645	0.749	0.704
2016 年	0.687	0.782	0.715	0.746	0.681	0.776	0.730
2017 年	0.674	0.709	0.702	0.802	0.793	0.834	0.750
2018 年	0.771	0.771	0.870	0.719	0.811	0.811	0.791
2019 年	0.843	0.868	0.982	0.760	0.859	0.885	0.864

由表 3.21 可见,石家庄市旅游服务与交通子系统协调度、旅游服务与经济子系统协调度都由初级协调状态逐渐升级,分别进入了良好协调和优质协调状态;旅游经济与交通子系统协调度由勉强协调状态进入良好协调状态;旅游生态子系统与服务、交通子系统协调度波动较大,在中级协调状态左右波动。旅游总系统协调度逐年上升,由初级协调状态(0.642)进入了良好协调状态(0.864)。截至 2019 年,石家庄市旅游各子系统之间基本都进入良好协调状态,其中,协调度增长率最高的是旅游经济子系统与旅游服务子系统,可见,旅游经济和旅游服

务之间存在着更为紧密的相互促进作用。石家庄市促进旅游经济持续向好发展的关键是促进旅游生态子系统的发展，着力优化和改善旅游生态环境。

对河北省其他城市的旅游要素协调度的分析可以按照此方法依次展开，结果发现，河北省 11 个地市的旅游要素子系统协调发展水平都处于上升状态，计算结果见附录。

三、本章小结

评价旅游发展要素协调程度，有针对性地促进旅游要素发展，对于旅游业持续稳定发展具有重要意义。本章以京津冀 13 个地市为研究对象，采用耦合协调度模型，对旅游服务、旅游生态、旅游交通、旅游经济子系统协调发展的程度进行了测量与分析。结果表明，京津冀旅游要素子系统协调发展水平都处于上升状态，但又表现出区域异质性。根据不同城市旅游要素发展差异，采取差异化发展策略，不仅有助于单个城市旅游经济的可持续发展，也有利于提升区域整体旅游发展水平。

第四章 京津冀旅游经济差异的
时空分析和综合评价

旅游业作为绿色、低碳、环保产业,不仅对于经济发展起到重要的支撑作用,也是满足人民群众美好生活需求的重要途径。京津冀地区拥有数量众多、种类丰富的自然风景资源以及历史人文景观,在京津冀区域协同发展中承担重要角色。近年来,京津冀区域旅游业发展迅速,区域整体旅游规模和质量都不断迈上新台阶。但是,历史、社会等各种因素使得京津冀旅游发展要素和发展环境在时空上存在显著的差异,区域内城市之间、城市内部旅游经济的发展都存在着不协调、不平衡现象。如何实现京津冀旅游产业的整体协调发展,实现区域旅游的协调可持续发展,是区域旅游发展研究的重要问题,对于优化我国旅游空间格局具有重要意义。

一、研究述评

一般认为,国外学者对旅游经济差异的研究开始于 20 世纪 60 年代中后期,主要集中于旅游经济差异及其影响因素两个方面。Seetaram 基于澳大利亚近 30 年的旅游业发展相关数据,分析了不同地域旅游经济发展差异以及影响因素[24]。Kim 研究得出个人原因、政府原因、外部经济环境原因、内部政治环境原因是影响旅游经济发展差异的主要因素[25]。Ivanovic 分析了克罗亚地区旅游业发展状况,并与欧洲其他地区旅游业发展进行了差异性分析,提出中小企业是影响区域旅游竞争力高低的重要因素[26]。Albalate 通过计量经济学方法,以西班牙 124 个城市为例,考察了高速铁路开通对于旅游经济发展的影响,发现新的高铁通道对于游客的停留时间影响有限或者说只在大城市才作用明显[27]。

国内学者对于旅游经济发展差异已经开展了大量研究并取得丰硕的成果，主要研究方向集中在经济学、地理学等相关领域，研究范围大多是国家、城市群、省域，研究理论、研究视角、研究方法都在不断创新完善中。例如，朱海艳等利用莫兰指数对中国 31 省市国内旅游经济的空间差异以及影响因素进行研究，发现国内旅游经济存在显著的空间依赖[28]。詹军选取长三角城市群 26 个地市为研究对象，从时空角度分析了旅游经济差异的演变特征和影响因素，发现长三角城市群旅游经济绝对差异扩大，相对差异下降；省域内差异、城市规模等级内部差异是区域差异的最主要来源；经济差异的形成受到旅游资源禀赋、区域经济发展水平、产业结构层次等因素的共同影响[29]。吕波等运用 Dagum 基尼系数及其分解方法研究东北地区旅游经济发展不平衡现象和影响因素，发现东北地区整体、四大区域的旅游经济存在 σ 收敛，也存在绝对 β 收敛，地区经济发展水平、旅游投资等因素影响着旅游经济收敛[30]。郭爽等以浙江省 2000—2017 年旅游总收入为研究指标，从区域旅游经济差异及差异的收敛与发散格局入手，研究了浙江省旅游经济发展过程中区域差异的时空演变特点，发现浙江省旅游经济绝对差异持续扩大、相对差异呈现波动下降趋势、旅游经济空间极化程度呈现逐步弱化趋势等特征[31]。唐业喜等以湖南省 14 个地级市(州)为研究对象，采用变异系数、基尼系数和 nich 指数等差异化测度方法，发现湖南省各地级市(州)入境旅游经济的收敛和分散格局更显著；社会经济发展水平和旅游资源是旅游经济差异的主要影响因素[32]。刘海军等对新疆旅游经济时空差异及其驱动因子进行研究，发现旅游差异呈现不同程度的缩小，旅游资源品位度、市场发育度是影响新疆旅游经济时空差异的主要动力因子[33]。对京津冀旅游差异的研究较少，郑治伟选择基尼系数、变异系数、赫芬达尔系数、泰尔指数等指标综合方法，研究了 2006—2016 年京津冀城市群 13 个城市旅游经济差异的时空特征，发现区域内部旅游经济绝对差异增大，相对差异减少，京津冀城市群旅游经济整体趋于均衡[34]。

旅游总收入和人数[35][36]、入境旅游总收入和入境旅游总人数[37][38]等指标是旅游差异研究考察的主要方面，标准差、变异系数、首位度、赫芬达尔指数、基尼系数[39][40]、泰尔指数[41]等是衡量旅游经济发展绝对差异、相对差异、综合差异采用的主要衡量指标和方法，用以反映区域旅游经济的整体特征和系统差异，探究区域旅游经济发展的时空演化规律、位序规模分布以及影响因素。本章在借鉴其他学者研究方法、思路和成果的同时,考虑到京津冀区域旅游经济发展的实际情况,以北京、天津以及河北省 11 个地市共 13 个城市为研究对象,利用2008—2020 年的旅游经济数据,从绝对差异、相对差异、综合差异三个方面探讨京津冀区域旅游经济的分异特征和演化规律,力求对京津冀区域旅游经济差异进行较为全面的、准确的、定性和定量的分析,为区域旅游的协调发展和旅游产业的战略调整提供依据。

二、指标选择与分析方法

在前人研究的基础上,同时考虑到本章的研究目的,采取旅游总收入作为京津冀区域旅游经济时间和空间差异的衡量指标。选取极差、标准差两个指标反映京津冀区域旅游经济规模的绝对差异;选取极值比率、变异系数等指标计算京津冀区域旅游经济规模的相对分异;选取基尼系数、赫芬达尔系数测度京津冀区域旅游经济规模的综合差异,选取区位熵反映京津冀区域旅游经济发展规模的专业化水平及其比较优势或劣势。

(1)绝对差异测度指标

极差是指特定变量历史数据中极大值与极小值之间的差值,由公式(4.1)计算得到。区域旅游总收入的极差可以在一定程度上代表该区域旅游经济发展的绝对差异。

$$R_t = maxX_t - minX_t \tag{4.1}$$

式中, $maxX_t$ 表示该变量 X 在时间 t 的极大值, $minX_t$ 表示该变量 X 在时间 t 的极小值。极差 R_t 的数值越大,表示区域内部城市之间旅游经济绝对差异越大,反之越小。

标准差用来衡量某一变量历史数据相对于变量均值的偏离程度,由公式(4.2)计算得到。标准差可以在一定程度上代表区域旅游经济的绝对均衡度。区域旅游总收入的标准差可以衡量区域旅游经济绝对差异。

$$S_t = \sqrt{\sum_{i=1}^{n} (X_{it} - \overline{X_t})^2 / n} \tag{4.2}$$

其中, X_{it} 表示区域 i 在时间 t 的特定旅游经济指标的数值, $\overline{X_t}$ 表示该区域特定旅游经济指标在时间 t 的平均值, n 表示区域内城市的数量,本章研究京津冀区域, $n = 3$。 S_t 即为选定旅游经济指标在时间 t 的标准差,其数值大小衡量了区域间旅游经济绝对差异的大小。

（2）相对差异测度指标

极值比率是变量隶属数据最大值与最小值的比值,由公式（4.3）计算得到,可以用来衡量区域旅游经济发展相对差异。旅游总收入的极值比率能够在一定程度上衡量区域内城市之间旅游经济发展的相对差异。

$$K_t = \frac{maxX_t}{minX_t} \qquad (4.3)$$

其中, $maxX_t$ 表示该变量在时间 t 的极大值, $minX_t$ 表示该变量在时间 t 的极小值。极值比率 K_t 的数值越大,表示区域内部城市之间旅游经济相对差异越大,反之越小。

变异系数是特定变量历史数据标准差与其平均值的比率,由公式（4.4）计算得到。区域旅游总收入的变异系数也可以在一定程度上反映区域旅游经济相对差异。

$$C_v = S / \overline{X} \qquad (4.4)$$

式中, S 表示变量历史数据的标准差, $\overline{X}$ 表示变量历史数据的平均值, C_v 表示变异系数, C_v 值越大,表示区域旅游经济的相对差异越大,反之 C_v 越小,表示相对差异越小。

（3）综合差异测度指标

A. 基尼系数

基尼系数是一种衡量区域旅游经济发展是否均衡的指标,可测度区域旅游经济的综合差异[42],由公式（4.5）计算得到:

$$G = 1 + \frac{1}{n} - \frac{1}{n^2 \overline{y}}(y_1 + 2y_2 + 3y_3 + \cdots + Ny_n) \qquad (4.5)$$

式中, n 代表京津冀区域研究单元的个数, y_i 为京津冀各研究单元从大到小排列的旅游总收入。 G 代表基尼系数, G 数值在 0 到 1 之间。区域旅游总收入基尼系数数值越接近 0 ,代表旅游经济发展越均衡; G 越接近 1 ,代表区域旅游经济发展越不均衡。根据国际的规定,基尼系数 G 数值在 0 到 0.2 之间时,代表绝对均衡; G 在(0.2-0.3]范围内,代表比较平衡; G 在(0.3-0.4]范围内,代表相对合理; G 在(0.4-0.5]范围内,代表存在较大差异; G 在(0.5-1]范围内,代表差距非常悬殊。因此, G =0.4 成为是否存在差异的"警戒线"。

B. 赫芬达尔指数

赫芬达尔指数 HHI 是产业市场集中度的测量指标,由公式(4.6)计算得到。HHI 指标能够反映区域城市之间发展的均衡程度。京津冀旅游总收入赫芬达尔指数 HHI 可以在一定程度上衡量京津冀区域内各城市旅游经济发展的综合差异。

$$HHI = \sum_{t=1}^{n} p_i^2 \qquad (4.6)$$

式中, P_i 表示京津冀各城市的旅游总收入占区域旅游总收入的百分比, n 代表地区的数量。HHI 代表赫芬达尔指数的值,介于 0 和 1 之间, HHI 数值越接近 1,表明区域内城市之间的旅游经济发展综合差异越大; HHI 值越接近于 0,反映出区域内城市之间旅游经济发展综合差异越小,区域旅游经济发展保持相对均衡态势。

C. 区位熵

区位熵源自热力学的研究,又称专门化率。所谓熵,就是比率的比率,可以用来研究经济的地域分异和区域经济不平衡发展程度[43],由公式(4.7)计算得到。

$$Q_{iR} = (T_{iR}/G_{iR})/(T_C/G_C) \qquad (4.7)$$

式中, Q_{iR} 表示京津冀区域第 i 个城市的旅游经济的区位熵, T_{iR} 为京津冀区域第 i 个城市的旅游总收入, G_{iR} 表示京津冀区域第 i 个城市的地区生产总值, T_C 为京津冀区域旅游总收入, G_C 表示京津冀区域国内生产总值。某个城市 i 的区位熵 Q_{iR} 反映了该城市旅游经济发展状况相对于京津冀区域平均水平的比较优势。一般认为,若区位熵 Q_{iR} 大于等于 1,说明该城市旅游经济发展相对于京津冀区域其他城市具有比较优势,旅游经济的专业化程度较高;若区位熵 Q_{iR} 小于 1,说明该城市旅游经济发展相对于京津冀区域其他城市不具有比较优势,旅游经济的专业化程度较低。 Q_{iR} 指标可清晰显示某城市旅游经济发展相对于京津冀区域其他城市比较优势或劣势,反映区域内城市旅游经济发展的不平衡状态。

三、京津冀旅游经济差异的测度与分析

（一）京津冀区域旅游总收入差异分析

城市旅游总收入占区域旅游总收入的比重可以反映城市旅游发展在区域中的地位。因此,计算 2008 年、2014 年、2019 年、2020 年 4 个年份的京津冀 13 个城市旅游总收入占比并制表,见表 4.1 所列,可以清晰的看到城市旅游发展的梯度差异。由表 4.1 可见,北京市旅游总收入占比遥遥领先,天津市位居第二,远超河北省 11 个城市,考察期内河北省旅游收入占比最高水平出现在 2020 年的石家庄市,占比仅为 9.03%,而北京、天津旅游总收入占比分别为 36.68%、17.08%。北京、天津两个城市成为区域旅游核心有其必然原因。主要是由于北京市是京津冀区域的核心城市,经济和社会发展水平最高,其享誉中外的自然景观和历史文化旅游资源塑造了高品位度、高知名度的旅游竞争力,四通八达的区域交通条件为其带来了大量国内外的游客,使得旅游经济发展水平一直位列京津冀区域乃至全国领先水平。天津市是我国最早的直辖市之一,拥有中西合璧的人文历史遗产,旅游业发展也具有较长的历史和较高的发展水平。

河北省城市旅游发展向好,区域地位逐渐提高。由表 4.1 可以发现,北京、天津旅游收入占比呈现下降趋势,而河北省城市旅游收入基本都呈现上升趋势,这是近年来河北省各城市大力发展旅游业的结果。但是在 2020 年疫情影响下,北京的占比提高了,说明北京市旅游业的韧性较好,对于突发事件的影响具有相对较好的反应和处置能力。按照旅游收入占比,可以将河北省 11 个地市划分为三个梯队,第一梯队为石家庄、保定,第二梯队为承德、张家口、秦皇岛、邯郸、唐山 5 个城市,其余 4 个城市组成第三梯队。第一梯队的城市石家庄和保定市占河北省旅游总收入比重较大,比重皆超过 15%,对河北旅游经济发展贡献最大,旅游经济发展水平相对省内其他城市高。石家庄是河北省省会,石家庄市委、市政府高度重视文化和旅游产业发展,将旅游业和文化创意产业列入"4+4"现代产业重点培育壮大,作为"四种类型经济"重要内容布局发展,石家庄入选首批国家文化和旅游消费试点城市,其旅游总收入占区域旅游总收入比重呈逐渐上升趋势。

表 4.1　京津冀 13 城市旅游总收入占比情况

	2008 年	2014 年	2019 年	2020 年
北京	0.606	0.459	0.314	0.367
天津	0.243	0.267	0.217	0.170
石家庄	0.025	0.047	0.077	0.090
唐山	0.013	0.028	0.046	0.056
秦皇岛	0.026	0.031	0.051	0.034
邯郸	0.014	0.025	0.049	0.053
邢台	0.007	0.011	0.018	0.024
保定	0.026	0.045	0.074	0.086
张家口	0.008	0.027	0.052	0.027
承德	0.014	0.028	0.053	0.038
沧州	0.005	0.009	0.012	0.015
廊坊	0.012	0.016	0.027	0.026
衡水	0.002	0.006	0.010	0.014

　　表 4.2 显示了河北省 11 个地市旅游总收入的变化情况。2008 年,河北省旅游总收入平均值为 50.43 亿元,河北省 11 个城市中超过平均旅游收入的城市只有秦皇岛、保定、石家庄、承德 4 个城市,其余城市的旅游总收入都在平均水平之下。其中,沧州市、衡水市、邢台市是河北省旅游发展相对落后的三个城市,旅游总收入分别为 16.8 亿元、7.9 亿元、27.4 亿元,远低于河北省平均水平。2019年,河北省旅游总收入平均值为 846.67 亿元,超过平均水平的城市包含秦皇岛、保定、石家庄、承德、唐山、邯郸、张家口七个城市,这说明区域整体旅游水平有了较大提升。沧州市、衡水市、邢台市的旅游总收入分别为 241.4 亿元、197.1 亿元、360.9 亿元,旅游经济体量较 2008 年出现明显提升,但是占比差距依然较大。总体而言,河北省内旅游经济发展水平整体上有了较大提升,越来越多的城市旅游业创新发展,呈现稳定向好局面。

表 4.2　2008—2020 年河北省 11 地市旅游总收入变化情况 (单位 : 亿元)

	石家庄	唐山	秦皇岛	邯郸	邢台	保定	张家口	承德	沧州	廊坊	衡水
2008 年	91.3	48	95.8	50.1	27.4	93.6	29.8	50.7	16.8	43.3	7.9
2009 年	106.6	63	130.3	59.7	32.5	116.1	40.1	73.2	23.8	52.1	12.9
2010 年	132.5	95.2	151.4	76.3	41.8	149.9	60	92.3	33.3	65	17.8
2011 年	200.9	130.9	183.2	99.1	51.9	192.9	90.9	126.6	42.1	80.8	24.4
2012 年	269	170.8	215.2	135.6	67.4	248.8	135.7	161.8	55.1	99.3	33.5
2013 年	332.8	214.7	259.6	176.7	82.5	318.5	183.2	203.8	68.4	126.3	42.5
2014 年	436.4	256.6	293.6	236.1	106.8	421.8	255.9	264.6	82.6	152.8	54.4
2015 年	590.6	310.3	362.4	338.1	140.3	627.2	356.2	338.2	98.8	201.9	69.8
2016 年	750.3	437.9	495.5	489.6	181.6	768.3	519.2	506.6	123.2	279.9	101.7
2017 年	994.7	587.5	658.8	650.1	239.4	982.8	699.0	683.9	163.2	372.8	134.7
2018 年	1250.6	736.7	824.9	799.2	291.0	1196.7	859.4	865.3	197.0	453.6	162.2
2019 年	1525.9	906.9	1014.0	977.2	360.9	1459.9	1037.1	1047.2	241.4	545.8	197.1
2020 年	717.6	447.0	268.6	420.4	191.2	684.2	213.6	300.5	118.8	207.2	107.7

(二) 京津冀区域旅游总收入相关差异指标测度 结果分析

根据京津冀区域旅游总收入的原始数据,由公式(4.1)—(4.7)计算得到 2019—2020 年京津冀区域旅游总收入的极差、标准差、极值比率、变异系数、基尼系数、赫芬达尔系数和区位熵,计算结果见表 4.3。由于 2020 年突发事件的影响,结果出现较大波动,不做时间上的连续性分析。

(1) 京津冀区域间绝对差异越来越大

2008—2019 年,京津冀区域旅游总收入的极差、标准差皆保持了持续快速增长,绝对差异越来越大。其中,极差从最低值 2211.29 增加至最高值 6027.69,增幅达到 172.6%,年均增长率为 109.5%;标准差从 627.359 增加至 1756.45,增幅达到 180%,年均增长率为 109.8%。结合京津冀旅游收入数值来看,考察期内,北京市、天津市一直分别稳居旅游总收入排行榜前两位,虽然河北省各地市旅游收入都有增长,但是由于北京市、天津市良好的产业发展基础和旅游收入体量,京津冀 13 个地市旅游经济发展的绝对差异不断增大,旅游总收入高度集中于北京和天津。2020 年,京津冀极差、标准差较 2019 年下降,主要是由各地旅游不景气所致。

表 4.3 京津冀旅游经济发展差异

	极差	标准差	极值比率	变异系数	基尼系数	赫芬达尔系数
2008 年	2211.30	627.36	280.91	2.23	0.92	0.43
2009 年	2436.80	695.31	189.90	2.15	0.91	0.40
2010 年	2760.38	789.08	156.08	2.08	0.90	0.38
2011 年	3219.02	920.55	132.93	2.01	0.90	0.36
2012 年	3628.23	1043.60	109.31	1.93	0.89	0.34
2013 年	3920.70	1143.27	93.25	1.83	0.88	0.32
2014 年	4225.70	1243.89	78.68	1.73	0.87	0.29
2015 年	4536.62	1335.28	65.99	1.60	0.85	0.26
2016 年	4919.30	1439.99	49.37	1.46	0.83	0.23
2017 年	5334.30	1557.40	40.60	1.33	0.81	0.20
2018 年	5758.80	1673.29	36.50	1.25	0.80	0.19
2019 年	6027.69	1756.45	31.58	1.15	0.79	0.17
2020 年	2806.36	771.54	27.06	1.26	0.80	0.19

(2)京津冀区域间相对差异不断缩小

2008—2019 年,京津冀各地区旅游经济的基尼系数均在 0.7—1 之间,赫芬达尔指数处于 0.1—0.5 之间,表明京津冀区域旅游经济之间的差距相当悬殊,区域旅游经济的发展十分不平衡。但通过观察 2008—2019 年各年份基尼系数和赫芬达尔指数的值可以发现,虽然现阶段区域旅游仍处于发展不均衡的状态,但基尼系数和赫芬达尔指数的绝对值一直处于下降趋势,基尼系数从 2008 年的 0.92 下降到 2019 年的 0.79,降幅达到 14.4%;赫芬达尔指数从 2008 年的 0.43 下降到 2019 年 0.17,降幅达到 60.1%,其变化趋势与基尼系数类似,也呈现出逐年下降的趋势。从极值比率的变化来看,京津冀区域旅游总收入的极值比率呈现逐年下降的趋势,从 2008 年的 280.566 下降到 2019 年的 31.58,降幅达到 88.7%。2008—2019 年,京津冀区域旅游总收入的变异系数也呈现出逐年下降的趋势,从 2008 年的 2.225 下降到 2019 年的 1.15,降低了 48.3%。考察期内,变异系数也处于下降状态,降幅达到 47.8%。综合基尼系数等相对差异性指标的变化情况,2008—2019 年,京津冀区域旅游经济的发展仍然处于不均衡的状态,但是区域旅游总收入之间的相对差异呈现逐渐下降的趋势,区域旅游经济的离散程度越来越低,旅游经济均衡化发展程度不断提升。京津冀地区良好的社会经济环境为旅游经济的协调、均衡发展奠定了基础,将成为我国旅游经济发展最具发展潜力的区域。

(3)河北省旅游专业化程度呈现上升趋势,京津专业化程度下降

为明晰京津冀区域整体旅游发展在我国的地位,计算了京津冀区域旅游总收入、国内旅游收入、入境旅游收入的区位熵,进一步分别计算了北京、天津、河北的旅游总收入、入境旅游收入的区位熵。考察期截止到 2019 年,计算结果见表 4.4。

京津冀区域国内旅游专业化水平不断提升,但入境旅游专业化水平下降。由表 4.4 可见,旅游总收入区位熵和国内旅游总收入区位熵曲线形状类似,这是国内旅游总收入在旅游总收入中占比高的原因所致。可以发现,2008—2011 年,京津冀区域旅游总收入、国内旅游收入区位熵处于下降状态,2012 年开始逐年上升,2019 年旅游总收入区位熵为 3.526,较 2011 年提高 27.2%。京津冀区域旅游专业化水平不断提升,旅游业在京津冀区域国民经济中的地位持续提升。从入境旅游区位熵来看,2008—2014 年,入境旅游区位熵慢速上升,2015 年开始进入下降通道,2019 年入境旅游区位熵为 0.653,较 2012 年下降 60.8%,这一方面是由于近年来入境旅游发展有所放缓,另一方面是由于我国其他城市旅游业不断发展,国际影响力和吸引力逐渐提升,使得京津冀区域入境旅游的重要地位相对下降。

表 4.4　2008—2019 年京津冀区域旅游总收入区位熵

	旅游总收入区位熵	国内旅游区位熵	入境旅游区位熵
2008 年	3.237	3.821	1.437
2009 年	3.355	3.845	1.515
2010 年	3.254	3.677	1.540

	旅游总收入区位熵	国内旅游区位熵	入境旅游区位熵
2011 年	2.772	2.955	1.643
2012 年	2.865	3.032	1.667
2013 年	2.951	3.109	1.652
2014 年	3.012	3.180	1.560
2015 年	2.903	3.332	0.829
2016 年	2.987	3.419	0.856
2017 年	3.157	3.573	0.878
2018 年	3.337	3.775	0.671
2019 年	3.526	3.964	0.653

北京市旅游业的比较优势下降,河北省旅游业比较优势上升。区位熵反映的是某城市旅游经济发展状况相对于平均水平的比较优势。以全国作为参照,分别计算了北京、天津、河北省的旅游总收入、入境旅游总收入区位熵,图 4.1 显示了 2008—2019 年三地旅游总收入区位熵的变化趋势。

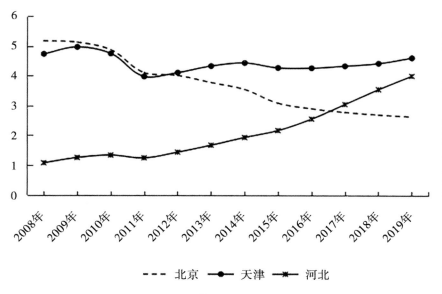

图 4.1　京津冀旅游总收入区位熵

2008 年,京津冀三地的区位熵都大于 1,说明三地旅游业发展在全国具有比较优势。特别是北京、天津旅游总收入区位熵分别为 5.18、4.47,表明旅游业在全国中具有较高的比较优势,但从 2011 年开始北京市的总收入区位熵处于下降状态,2019 年旅游总收入区位熵为 2.63,较 2008 年下降 49.1%;2011 年开始,天津市的旅游总收入区位熵处于波动上升状态,2019 年旅游总收入区位熵为 4.61,较 2011 年上升 15.9%;河北省在此时期内的区位熵处于快速上升状态中,从 2008 年的 1.08 上升到 2019 年的 3.99,增幅达到 271.2%,旅游专业化程度显著提升,在全国旅游城市中的比较优势越来越显著。区位熵不同的变化幅度使得三地比较优势地位发生了显著变化,2008 年,按照旅游总收入区位熵对三地进行排序为北京、天津、河北,2019 年,三地排序为天津、河北、北京。发生这种变化的原因是,近年来国内旅游业的迅速发展,使得旅游业在国民收入格局中的位置越来越重要,相比之下,北京市的旅游业发展较早较成熟,比较优势不再明显,而河北省近年来大力发展旅游业,旅游业在本省的地位越来越重要,在全国的比较优势也开始显现。旅游总收入区位熵所衡量的三地旅游业的比较优势也可以反映三地在国内旅游中的地位。

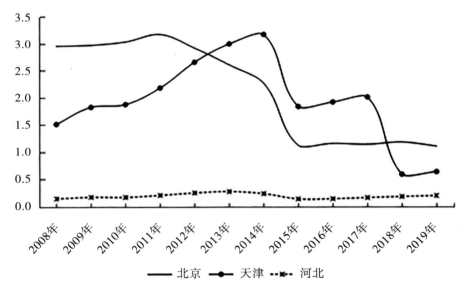

图 4.2　京津冀入境旅游总收入区位熵

京津入境旅游优势地位下降,河北省入境旅游相对落后。图 4.2 显示了京津冀入境旅游区位熵的变化趋势。2008 年,北京、天津的入境旅游收入区位熵分别为 2.95、1.51,说明这两座城市入境旅游业的发展在全国具有较高的比较优势。2008—2015 年,北京市入境旅游收入区位熵处于下降状态,2016—2019年保持相对稳定,2019 年入境旅游区位熵为 1.11,入境旅游相对全国比较优势下降。2008—2014 年,天津市入境旅游区位熵处于上升状态,2015—2019 年,区位熵从 3.17 下降到 0.64,降幅达到 80%,入境旅游相对全国不具有比较优势。河北省入境旅游区位熵较小,考察期内最大值出现在 2013 年,数值仅为 0.28,说明河北省入境旅游发展缓慢,在全国处于劣势地位。

从京津冀区域的角度,计算得到区域内 13 个城市旅游总收入区位熵,计算结果由表 4.5 所示。首先,从具有区域比较优势的城市数量来看,越来越多的城市具有区域比较优势。2008 年,仅有北京、天津、秦皇岛三个城市的旅游总收入区位熵大于 1,数值分别为 1.72、1.58、1.09,这三个城市是京津冀地区旅游经济发展相对较早的地区,具有良好的产业发展历史,旅游经济在国民经济中的占比较高,旅游经济的专业化程度在京津冀区域中具有比较优势。承德、张家口、保定、邯郸、石家庄分别于 2012 年、2013 年、2015 年、2018 年、2019 年开始旅游总收入区位熵大于 1,具有旅游比较优势。这与现实情况相符,承德、张家口、保定等城市正是河北省的主要旅游城市,随着这些城市旅游资源不断开发,旅游吸引力和竞争力逐渐增强,旅游比较优势开始显现。衡水、邢台等依然处于旅游发展的劣势地位。从比较优势的变化趋势来看,北京、天津旅游比较优势相对下降,河北省 11 个地市的旅游比较优势上升。2008—2019 年,河北省 11 个地市的旅游总收入区位熵年均增长率均为正值,旅游专业化程度都表现出了上升趋势。特别是张家口 2019 年旅游总收入区位熵较 2008 年增长了 20%,旅游比较优势显著上升,这应该是由于近年来旅游交通的发展,使得张家口市旅游可达性提高,促进了旅游业的发展。北京、天津的旅游总收入区位熵平均增长率为负值,旅游比较优势相对下降,旅游经济的专业化程度出现了不同程度的下滑。

表 4.5　2008—2020 年京津冀区域 13 个城市旅游总收入区位熵

	北京	天津	石家庄	唐山	秦皇岛	邯郸	邢台	保定	张家口	承德	沧州	廊坊	衡水
2008 年	1.72	1.58	0.29	0.12	1.09	0.23	0.25	0.54	0.38	0.65	0.09	0.38	0.11
2009 年	1.63	1.58	0.31	0.14	1.39	0.25	0.26	0.58	0.43	0.83	0.11	0.39	0.17
2010 年	1.60	1.56	0.34	0.18	1.40	0.28	0.30	0.63	0.53	0.89	0.13	0.41	0.20

	北京	天津	石家庄	唐山	秦皇岛	邯郸	邢台	保定	张家口	承德	沧州	廊坊	衡水
2011 年	1.58	1.53	0.41	0.20	1.44	0.30	0.30	0.66	0.68	0.96	0.14	0.42	0.22
2012 年	1.50	1.54	0.47	0.23	1.47	0.35	0.34	0.71	0.86	1.07	0.15	0.43	0.26
2013 年	1.37	1.58	0.50	0.26	1.63	0.42	0.38	0.80	1.02	1.17	0.17	0.48	0.29
2014 年	1.26	1.58	0.57	0.28	1.65	0.52	0.44	0.94	1.28	1.33	0.18	0.47	0.32
2015 年	1.13	1.57	0.66	0.31	1.77	0.66	0.49	1.28	1.60	1.52	0.18	0.50	0.35
2016 年	1.04	1.52	0.71	0.39	2.05	0.81	0.51	1.23	1.98	1.97	0.20	0.57	0.40
2017 年	0.92	1.43	0.81	0.45	2.21	0.97	0.58	1.43	2.47	2.35	0.23	0.65	0.45
2018 年	0.84	1.37	0.96	0.50	2.36	1.08	0.63	1.56	2.62	2.73	0.25	0.68	0.49
2019 年	0.75	1.31	1.12	0.56	2.68	1.19	0.72	1.65	2.85	3.03	0.29	0.73	0.56
2020 年	0.88	1.05	1.31	0.67	1.73	1.26	0.94	1.88	1.45	2.11	0.35	0.68	0.75
平均增长率	-0.07	-0.02	0.13	0.15	0.09	0.16	0.10	0.11	0.20	0.15	0.11	0.06	0.15

区域内 13 个地市入境旅游总收入区位熵计算结果如表 4.6 所示。结果显示,2019 年,京津冀 13 个城市中仅有北京、秦皇岛、承德 3 个城市入境旅游区位熵大于 1,入境旅游在这些城市中具有比较优势,其中秦皇岛、承德入境旅游总的区位熵开始大于 1 的时间分别是 2012 年、2017 年。可以发现,不论是从旅游总收入还是入境旅游收入区位熵来看,北京、秦皇岛、承德这三个城市始终具有显著优势。另外,相对于旅游总收入区位熵衡量的旅游优势城市来说,入境旅游收入区位熵衡量的入境旅游优势城市的数量较少,说明入境旅游是区域旅游发展的薄弱环节,正是旅游协同发展需要解决的问题。从入境旅游区位熵的变化趋势来看,比较 2008 年期初与 2019 年期末数值,北京、天津的入境旅游区位熵出现下降,特别是天津市入境旅游从 2018 年开始出现剧烈波动,导致区域比较优势不在的情况较为严重,需要探究深层次原因,巩固其在区域旅游发展中的地位,有利于带动区域整体旅游水平的提升。河北省 11 个地市入境旅游区位熵数值都在增长过程中,说明河北省入境旅游发展的比较优势在提升,但是除秦皇岛和承德市,其余城市入境旅游区位熵仍然很小,说明这些城市的入境旅游专业化程度依然有很大提升空间。

表 4.6 2008—2018 年京津冀区域 13 个城市入境旅游总收入区位熵

	北京	天津	石家庄	唐山	秦皇岛	邯郸	邢台	保定	张家口	承德	沧州	廊坊	衡水
2008 年	2.21	1.13	0.08	0.03	0.74	0.01	0.03	0.08	0.04	0.44	0.01	0.14	0.02
2009 年	2.09	1.28	0.09	0.03	0.92	0.01	0.03	0.10	0.06	0.41	0.01	0.12	0.02
2010 年	2.10	1.29	0.08	0.04	0.80	0.01	0.03	0.09	0.06	0.55	0.01	0.12	0.02
2011 年	2.06	1.42	0.08	0.04	0.84	0.02	0.03	0.10	0.10	0.66	0.02	0.14	0.02
2012 年	1.88	1.71	0.09	0.05	1.18	0.02	0.06	0.11	0.12	0.69	0.02	0.12	0.02
2013 年	1.69	1.94	0.11	0.05	1.63	0.04	0.08	0.08	0.13	0.57	0.02	0.11	0.03
2014 年	1.56	2.18	0.10	0.07	0.97	0.04	0.03	0.20	0.13	0.55	0.02	0.10	0.02
2015 年	1.44	2.35	0.13	0.05	1.13	0.04	0.03	0.16	0.16	0.71	0.02	0.17	0.02
2016 年	1.44	2.39	0.09	0.05	1.20	0.04	0.03	0.11	0.15	0.93	0.02	0.14	0.02
2017 年	1.36	2.39	0.12	0.08	1.12	0.04	0.03	0.15	0.18	1.00	0.02	0.16	0.02
2018 年	1.82	0.91	0.17	0.11	1.56	0.09	0.05	0.25	0.26	1.40	0.04	0.34	0.04
2019 年	1.69	0.97	0.21	0.13	1.80	0.10	0.07	0.25	0.30	1.64	0.05	0.39	0.05
2020 年	1.37	2.44	0.06	0.02	0.22	0.03	0.05	0.05	0.43	0.46	0.00	0.12	0.02

综合以上区位熵的分析可以发现,从全国来说,京津冀区域国内旅游优势突出,但是入境旅游优势下降,需要大力发展入境旅游。从京津冀区域内部来说,北京、天津在旅游经济发展中具有比较优势,但是比较优势在减弱;河北省旅游业逐渐向好发展,各城市旅游比较优势处于上升中,旅游专业化程度逐渐提高,京津冀区域旅游差异在缩小。入境旅游是区域旅游发展亟须关注的环节。

四、本章小结

本章采用多重指标衡量了京津冀区域旅游经济发展的差异。极差和标准差测度了京津冀各地区旅游总收入的绝对差异,结果显示京津冀区域城市旅游经济绝对差异在考察期内呈现出不断扩大的趋势;极值比率和变异系数测度了京津冀城市旅游总收入的相对差异,计算结果显示京津冀区域城市旅游经济的相对差异在考察期内呈现不断缩小的趋势;基尼系数和赫芬达尔指数测度了京津冀城市旅游总收入的综合性差异状况,计算结果显示出京津冀区域城市旅游经济的综合性差异在不断缩小,但是考察期内基尼系数依然大于0.8,这说明京津冀区域城市旅游经济依然存在着不均衡现象。区位熵的分析表明,京津冀区域旅游在国内旅游中优势突出,但是入境旅游优势下降,京津冀区域内部的旅游差异在缩小。综合来看,京津冀区域城市旅游经济发展虽然仍存在着明显的差距,发展不均衡现象也依然存在,但是相对差异在不断缩小。

第五章　京津冀旅游协同发展水平的时空特征

一、文献述评

学术界对于旅游协同发展已经展开了大量研究,并取得了丰富的成果。国外学者较少涉及区域旅游协同的提法,以区域旅游合作[44][45]、旅游协调发展[46]的提法居多,主要与可持续发展[47]以及利益相关者理论[48]相结合,着重于实例研究。其中,Marchenkov 等利用生命周期理论,研究了旅游要素与旅游目的地之间的协同作用,这是旅游产业内部协同的研究[49];Su 指出旅游产业发展主要影响经济、文化、社会和环境四个方面,并以中国为例,分析了旅游发展对于经济、文化、社会的积极和消极影响[50];Ozturk 等以 1988—2008 年 144 个国家的数据为样本,利用环境库兹涅茨曲线评价分析了生态足迹与旅游间的相互作用关系,发现在中上收入和高收入国家,环境库兹涅茨曲线假说更加显著[51];Mazumder 等探讨了旅游业对东南亚区域经济发展的重要意义,通过评估旅游业发展的性质,确定东南亚旅游业存在的问题,提出区域旅游协同发展需要通过建立有利的发展环境以及有效的动员来实现,需要制定透明的目标,并将这些目标纳入国家计划,社区居民参与、旅游企业创业以及政府合作可以助力克服区域旅游发展的困难[52];Mathur 阐述了旅游业对于现代社会发展所起的作用,指出旅游产业发展在增强文化自信、传承和保护传统文化、增强地区交流等方面的重要作用[53]。

通过前期文献阅读和分析发现,国内旅游协同研究最早出现于区域旅游可持续发展理念中,目前已经成为我国旅游学界学者们研究的重点领域之一,主要研究内容包括旅游协同发展理论的研究、旅游协同发展水平测度模型的开发、以区域或城市为案例进行的旅游协同发展的实证研究、旅游协同发展路径设计及对策的研究四个方面。其中,旅游协同理论的研究基于多种理论开展,例如,系统论、协同论、共生理论[54]、博弈论[55]等。陆相林、孙中伟等从共生理论的三个视角(能级、对外关联和外向功能)分析确定京津冀城市旅游多中心共生关系[56];张丹等从共生理论视角出发,通过对共生理论在区域旅游协同发展中的适用性分析,探讨了区域旅游协同发展的实现路径[57],马国强和汪慧玲将共生理论应用于城市群旅游产业发展研究,从同质度、关联度和外向功能强度三个方面对兰西城市群的旅游共生性进行了分析[58];张河清基于博弈论和帕累托最优理论的方法和模型,厘清泛珠三角区域旅游协作中存在的问题和障碍,创建一套科学的旅游产业政策和旅游协作机制,提出应在不同类型的区域,制定差别灵活的旅游产业政策[59]。

旅游协同发展水平的测度模型主要有序参量功效函数协同度模型[60]、耦合协调度模型[61][62]、灰色关联分析、距离协调度模型等,研究领域可划分为旅游业内部协同与旅游业与外部系统的协同。具体来说,旅游业内部协同主要包括旅游产业集聚、旅游资源协同、城市旅游协同、两种旅游业态的协同、旅游产业集聚与旅游产业结构的协同、旅游资源与市场的协同等。翁钢民和李慧盈以协同学理论为指导,构建旅游产业协同发展水平评价指标体系,利用序参量功效函数协同度模型对京津冀旅游产业协同发展水平和整合路径问题进行分析[63]。旅游业与外部系统的协同,主要包括旅游与城镇化[64]、旅游扶贫与生态补偿、旅游与演艺产业、旅游开发与遗产保护、旅游产业与科技创新、旅游与扶贫、交通、电子商务以及文化与环城游憩带的协同等。赵传松等基于耦合协调度等模型,研究了我国31个省区旅游产业与区域发展耦合协调度时空分异特征以及影响耦合协调变化的主要驱动力,发现旅游产业与区域发展耦合协调度呈不断上升态势,耦合协调空间格局呈现全局正自相关特征,影响耦合协调度的驱动力具有明显的地域差异[65];鲁延召和王宁以我国31个省份为研究对象,通过耦合协调度模型发现旅游产业与社会发展耦合协调度呈现出"东高西低、南高北低"的空间分布态势[66]。针对特定区域或省市内部旅游业与其他系统的耦合协调的研究已经大量存在。向丽和胡珑瑛基于2005—2014年长江经济带11个省市的面板数据,建立旅游产业与城市人居环境系统耦合发展指标体系,利用耦合协调度模型研究了两者之间的耦合发展状况,发现二者具有高度关联性[67];韦福巍等学者构建了旅游产业、社会经济与生态环境的耦合协调度评价指标体系,利用耦合协调度模型测算了广西壮族自治区不同县市的协调状态变化特征[68];王璐璐等基于动力齿轮理论和耦合协调度模型,测算了2007—2015年浙江省11个城市的旅游产业与区域经济的耦合协调发展情况,提出了未来浙江省旅游业发展的优化措施[69]。针对京津冀地区旅游业与其他系统协调发展的研究相对较少。高杨等运用主成分分析法及耦合协调度模型,发现2004—2013年京津冀地区旅游业、城市化、生态环境三系统的耦合协调度由失调逐步演化为协调,三地耦合发展类型基本以城市化超前发展型为主,少有旅游超前发展型出现[70]。

综上,区域旅游协同研究领域已经涌现出许多优秀成果,但鲜见对于城市群旅游协同网络特征、协同影响因素等方面的理论和量化研究。本章主要研究京津冀城市群旅游协同发展时空演化趋势。通过对现有协调度测算模型的比较与分析,选取隶属函数协调度模型作为旅游协同发展水平的测度方法,将"政府制度创新"指标加入旅游协同发展指标体系,对京津冀城市群的13个城市间的旅游协同发展水平进行测评,得到京津冀旅游协同发展水平在时间上的演变特征;建立空间自相关模型,对其进行全域空间自相关分析与局域空间自相关分析,得到其在空间上的相关性与异质性,即京津冀旅游协同发展水平在空间上的演变特征。

二、区域旅游协同测度模型

加快区域协同发展是我国经济社会高质量发展的重要途径,是缩小区域发展差距,推进共同富裕的关键途径。随着区域协同发展实证研究的不断深入,学者们建立或修正了各种协同度测度模型,针对不同层面、不同区域、不同领域的协同发展进行了广泛的研究[71]。梳理现有的协同度测度模型后发现,定量建模思想可以划分为两种,一种是测度协同发展产生的协同效应,即由于协同发展各种政策措施或者计划行动所带来的经济增量或者是社会福利,按照该思路进行测度所得到的结果具有直接性,可以真实客观地反映出区域协同发展引致的结果,但是尚没有成熟的测度模型;另一种是测量区域发展现状与理想状况之间的差距,或者是比较发展现状与基期状况的进步程度。在这里,理想状况或者基期状况是比较衡量的标准,因此,该类测度方法的结果具有相对性。目前,根据此思想建立的测度模型主要包括距离协同度模型[72]、隶属函数协同度模型、复合系统协同度模型、离差系数法、灰色关联度模型[73]、投入产出法等。

(一)复合系统协调度模型

协同的概念来自协同学自组织理论[74],是指各个独立的子系统由某种机制组织在一起进行资源共享和协调运作,从而实现总体目标的过程[75],表现为"1+1>2"的系统优化[76]。将复合系统内系统序参量及子系统的发展协调程度称为有序度,是系统协同度的量化基础,把系统或系统组成要素之间在发展演化过程中彼此的和谐程度称之为协同度,系统的协调作用与协同度决定了复合系统由无序走向有序的趋势,基于此构建了复合系统协同度的计算模型[77][78]。目前,复合系统协同度模型已被广泛用于社会科学各领域的实证研究[79]。

将区域协同发展系统作为复合系统[80],用 $X = \{X_1, X_2, X_3, \cdots, X_n\}$ 表示,其中 X_i 表示子系统 i,n 表示子系统的数目。设子系统 X_i 所对应的序参量为 $X_i = \{X_{i1}, X_{i2}, X_{i3}, \cdots, X_{im}\}$,其中,$m \geq 1$,表示每个子系统序参量的个数。采用 $\alpha_{ik} \leq X_{ik} \leq \beta_{ik}, k \in [1, m]$,$\alpha_{ik}, \beta_{ik}$ 分别表示在有确定的参照标准下的序参量 X_{ik} 的下限和上限,若无,可选择考察期内该序参量的最大值和最小值分别作为上限和下限。为剔除正负向指标以及量纲的影响,采用公式(5.1)对原始数据进行处理:

$$\delta_i(X_{ik}) = \begin{cases} \dfrac{X_{ik} - \alpha_{ik}}{\beta_{ik} - \alpha_{ik}}, k \in [1, l] \\[3mm] \dfrac{\beta_{ik} - X_{ik}}{\beta_{ik} - \alpha_{ik}}, k \in [l+1, m] \end{cases} \tag{5.1}$$

其中,序参量 $X_{ik}, k \in [1, l]$ 为正向指标,即 $X_{ik}, k \in [1, l]$ 指标的数值越大,表示子系统 X_i 有序度越高;相反,如果序参量 $X_{ik}, k \in [l+1, m]$ 为逆向指标,即 $X_{ik}, k \in [1, l]$ 指标的数值越小,子系统 X_i 有序度越高。$\delta_i(X_{ik}) \in [0, 1]$,数值越大,该序参量 X_{ik} 对子系统 X_i 的贡献度越大。

对于子系统序参量有序度的测量一般采用线性加权法与几何加权法两种方法。例如,采用线性加权求和法对 $\delta_i(X_{ik})$ 集成拟合子系统序参量的有序度,可以由公式(5.2)计算得到：

$$\delta_i(X_i) = \sum_{k=1}^{n} \omega_k \delta_i(X_{ik}) \qquad (5.2)$$

式中，$\delta_i(X_i) \in [0,1]$ 表示子系统 X_i 的有序度，$\delta_i(X_i)$ 数值越大，表示子系统 X_i 的有序度越高，反之，子系统 X_i 的有序度越低。$\omega_k \geq 0$，$\sum_{k=1}^{n} \omega_k = 1$ 表示序参量 X_{ik} 的指标权重，代表其在子系统 X_i 中的地位，可以由层次分析法或熵权法等方法计算得到。

进一步，建立复合系统协同度模型。假设在给定的初始时刻 t_0，各子系统的有序度为 $\delta_i^0(X_i)$，$i \in [1,n]$。整个复合系统 X 在发展演变过程中的另一时刻 t' 各个子系统 $X_1, X_2, X_3, \cdots, X_n$ 的序参量有序度为 $\delta_i'(X_i)$，$i \in [1,n]$，则整个复合系统的协同度可以由公式(5.3)计算得到：

$$D = \theta \sum_{i}^{k} \eta_i \left[\left| \delta_i'(X_i) - \delta_i^0(X_i) \right| \right] \qquad (5.3)$$

式中，D 为复合系统协同度，D 数值越大，代表该复合系统 X 的协同程度越高。$\theta = \dfrac{\min_i [\delta_i'(X_i) - \delta_i'(X_i) \neq 0]}{|\min_i [\delta_i'(X_i) - \delta_i'(X_i) \neq 0]|}$ 用于确定系统 X 协同度的稳定性，θ 值为负数时，代表系统 X 处于不稳定或者不协同状态，反之，X 处于正协同状态。η_i 代表权重系数。

（二）引力模型

20 世纪 40 年代，Zipf 将万有引力定律引入城市相互作用研究中，通过人口与城市间的距离来衡量城市经济联系，建立了测度城市间相互作用影响度大小的引力模型[81]，此模型包含了反映城市质量的变量、空间或者时间距离变量，经过公式计算可以得到区域间经济联系量。在国内，王德忠[82]在研究上海与苏锡常地区经济联系时，首次使用了引力模型。而后，引力模型被大量运用到不同领域、不同内容的区域城市间相互作用研究中[83]，并得到不断的扩展与完善[84][85]。一般地，任意两城市的引力计算公式如下：

$$F_{ij} = k \frac{M_i M_j}{D_{ij}^b} \qquad (5.4)$$

式中，F_{ij} 代表城市 i 与城市 j 之间的引力指数，k 表示引力常数，M_i、M_j 分别表示城市 i、j 的"质量"。例如，在对区域旅游经济联系强度进行计算时，M_i 表示城市 i 的旅游经济质量或效益，D_{ij} 表示两个城市 i，j 之间的距离，b 表示距离摩擦系数。

旅游经济引力模型用于衡量城市间旅游经济联系度。考虑到"任意两城市间的旅游经济联系不存在对等性"[86]，为了使得测度结果更真实地反映城市之间旅游经济联系的相互作用，引入经验参数 k 来反映因旅游经济结构因素不同导致的相互作用存在的差异，通过城市 i 旅游业总收入 V_i 占两个联系城市旅游总收入之和 $V_i + V_j$ 的比例来计算。进一步，综合王欣等[87]和梁经伟等[88]对于城市经济联系的计算方法，可以得到修正后的城市之间的旅游经济吸引力 R_{ij}，即旅游经济联系强度计算模型，由公式（5.5）表示：

$$R_{ij} = k_{ij} \frac{\sqrt{P_i V_i} \sqrt{P_j V_j}}{D_{ij}^2} \tag{5.5}$$

$$k_{ij} = \frac{V_i}{V_i + V_j} \tag{5.6}$$

式中，R_{ij} 表示城市 i 对城市 j 的旅游经济联系强度，k_{ij} 为经验参数，衡量城市 i 对城市 j 的旅游经济联系的权重，主要是考察城市 i 与城市 j 之间的旅游经济联系和纯粹的旅游经济吸引导致的差异，P_i、P_j 分别表示城市 i、城市 j 的旅游接待总人数，V_i、V_j 分别表示城市 i、城市 j 的旅游总收入水平，D_{ij} 表示城市 i 与城市 j 之间的距离，通常用城市 i 与城市 j 的最短时间距离、空间直线距离或者最短交通距离来测度。

（三）距离协同度模型

距离协同度模型的本质思想来源于向量间距离的测度，通过计算系统理想状态和现实状态之间的欧氏距离来反映子系统之间的协同发展程度。计算过程分为四步，第一步，对各个子系统指标进行无量纲化处理，消除各指标数据单位和量纲的不一致问题；第二步，对子系统内不同指标赋予权重，并求子系统的发展度；第三步，定义子系统的理想发展状态和理想发展度数值，基于实际发展度和理想发展度数值，采用距离计算方法，计算子系统的协同度；最后，基于发展度和协同度计算协同发展度,衡量系统在不同发展阶段的协同发展水平。李海东等[91]结合 TOPSIS 思想和灰色关联理论,通过引入最优规划向量与最劣方案向量计算理想发展度与协同度,对距离协同模型进行改进,对前期距离协同模型中理想度和发展度计算不科学准确的问题进行了改进。

评价指标归一化:不同的指标具有不同的属性,数值越大状态越好的指标为高优指标,数值越小状态越好的指标为低优指标;数值越接近某个固定值,状态越好的指标是中优指标。由公式(5.7)对不同类型的指标进行归一化处理:

$$
a_{ijt} = \begin{cases} (x_{ijt} - \min\limits_{t} x_{ijt})/(\max\limits_{t} x_{ijt} - \min\limits_{t} x_{ijt}), \text{当指标 } x_{ij} \text{ 为高优指标时} \\ (\max\limits_{t} x_{ijt} - x_{ijt})/(\max\limits_{t} x_{ijt} - \min\limits_{t} x_{ijt}), \text{当指标 } x_{ij} \text{ 为低优指标时} \\ (\max\limits_{t} |x_{ijt} - opt.\, x_{ijt}| - |x_{ijt} - opt.\, x_{ijt}|)/\max\limits_{t} |x_{ijt} - opt.\, x_{ijt}|, \\ \text{当指标 } x_{ij} \text{ 为中优指标时} \end{cases} \quad (5.7)
$$

其中,x_{ij} 表示子系统 i 的第 j 个指标,x_{ijt} 表示 t 时期指标 x_{ij} 的数值,a_{ijt} 表示归一化后的指标,$opt.\, x$ 表示理想规划值。

确定各子系统的正理想点和负理想点:设正理想点为 $A^+ = (a_{i1}^+, a_{i2}^+, \cdots, a_{im}^+)$,负理想点为 $A^- = (a_{i1}^-, a_{i2}^-, \cdots, a_{im}^-)$。其中,正理想点为各个指标的理想规划值,负理想点为各个指标的最劣值的集合。

计算各个子系统与正理想点和负理想点的距离,并计算发展速度。

$$
D_{it}^+ = \sqrt{\sum_j (a_{ij}^+ - a_{ijt})^2}; D_{it}^- = \sqrt{\sum_j (a_{ij}^- - a_{ijt})^2} \quad (5.8)
$$

式中,D_{it}^+ 与 D_{it}^- 分别表示 t 时期子系统 i 与正理想点 $A^+ = (a_{i1}^+, a_{i2}^+, \cdots, a_{im}^+)$ 和负理想点 $A^- = (a_{i1}^-, a_{i2}^-, \cdots, a_{im}^-)$ 的距离。则子系统 i 在 t 时期的发展度由公式(5.9)得到:

$$
d_{it} = \frac{D_{it}^-}{D_{it}^+ + D_{it}^-} \quad (5.9)
$$

式中,d_{it} 表示子系统 i 在 t 时期的发展度,$d_{it} \in [0,1]$。d_{it} 数值越大,表示子系统 i 发展度越高,反之,表示子系统 i 的发展度越低。

进一步,可以得到系统 t 的综合发展度,由公式(5.10)表示:

$$
d_t = \sum_i \omega_i d_{it} \quad (5.10)
$$

式中，d_t 表示 t 时期整个系统的发展度，ω_i 为各个子系统的权重。

计算各个子系统间的灰色综合关联度确定拉动因子。

灰色关联分析法的本质是基于不同数据序列的曲线几何形状的相似度来判断其联系是否紧密。曲线形状越相似，关联度越大，反之，关联度越小。例如，设定各个子系统 i、j 的发展度值为原始数据序列，计算子系统 i、j 之间的灰色综合关联度 α_{ij}。若子系统 j 的发展度曲线在子系统 i 的上方，说明子系统 j 的发展状态领先于子系统 i，其对子系统 i 的拉动作用小于 1，可令子系统 j 对子系统 i 的拉动因子 $\beta_{ij} = \alpha_{ij}$；若在其下方，则说明子系统 j 的发展状态滞后于子系统 i，其对子系统 i 的拉动作用大于 1，可令子系统对其自身的拉动因子 $\beta_{ij} = 1/\alpha_{ij}$；子系统 i 对其自身的拉动因子为 1。子系统间的灰色综合关联度由公式（5.11）—（5.13）计算得到。

首先计算绝对关联度，设初始行序列 $X_i = (d_{i1}, d_{i2}, \cdots, d_{it})$，计算其零化象，

$$X_i^0 = (d_{i1} - d_{i1}, d_{i2} - d_{i1}, \cdots, d_{it} - d_{i1}) = (d_{i1}^0, d_{i2}^0, \cdots, d_{it}^0) \quad (5.11)$$

令 $|s_i| = \left| \sum_{k=2}^{t-1} d_{ik}^0 + \frac{1}{2} d_{it}^0 \right|$；$|s_i - s_j| = \left| \sum_{k=2}^{t-1} (d_{ik}^0 - d_{jk}^0) + \frac{1}{2}(d_{it}^0 - d_{jt}^0) \right|$

则子系统 i 与子系统 j 之间的绝对关联度为

$$u_{ij} = \frac{1 + |s_i| + |s_j|}{1 + |s_i| + |s_j| + |s_i - s_j|} \quad (5.12)$$

式中，u_{ij} 为子系统 i 与子系统 j 之间的绝对关联度，介于 0 到 1 之间，u_{ij} 数值越大，表示子系统 i 与子系统 j 之间关联程度越高，反之，则子系统 i 与子系统 j 之间的关联程度越小。

然后，计算子系统 i 与子系统 j 之间的相对关联度。将绝对关联度中的初始序列换为 $X_i' = \left(\frac{d_{i1}}{d_{i1}}, \frac{d_{i2}}{d_{i1}}, \cdots, \frac{d_{it}}{d_{i1}} \right)$，重复上述计算，即可得到子系统 i 与子系统 j 之间的相对关联度 v_{ij}，v_{ij} 表示子系统 i 与子系统 j 之间变化速率的联系程度，$v_{ij} \in [0,1]$，v_{ij} 值越大，表示子系统 i 与子系统 j 之间的变化速率越相近。

最后，计算综合关联度 $\alpha_{ij} = \theta u_{ij} + (1 - \theta) v_{ij}$，灰色综合关联度较为全面地表征了子系统 i 与子系统 j 之间的关联程度。若令 $\theta = 0.5$，表示认为绝对量和变化速率对于两系统关联度的计算无差别。

计算各个子系统的理想发展度值 d_{it}' 及其协同度 C_t

$$d_{it}' = \sum_{j=1}^{k} \omega_j \beta_{ij} d_{jt} \tag{5.13}$$

其中，d_{it}' 表示第 i 个子系统达到理想状态时的发展度值，ω_j 为各个子系统的权重。

进一步，各个子系统的协同度由公式（5.14）计算得到：

$$C_{it} = \frac{|d_{it}|}{|d_{it}| + |d_{it} - d_{it}'|} \tag{5.14}$$

整个系统的协同度为：

$$C_t = \sqrt[k]{\prod_{i}^{k} C_{it}} \tag{5.15}$$

其中，k 为子系统的个数。

计算整个系统的综合协同发展度

$$CD_t = \sqrt{C_t d_t} \tag{5.16}$$

（四）隶属函数协调度模型

系统间的协调度是对某一系统的发展与其他系统发展状态相适应程度的量化。王维国基于模糊数学中隶属函数的思想，提出了隶属函数协调度模型来定量测度国民经济发展中的协调发展问题[89]。隶属函数协调度模型可以分为静态协调度模型和动态协调度模型两种类型，不同的是，静态协调度模型主要用来计算系统间的协调发展状态，动态协调度模型主要用来衡量系统协调发展演进的方向。

（1）一系统对另一系统的协调系数

协调系数，即两个系统协调发展的程度，可以用某一系统与另一系统实际值与协调值接近的程度来表示。协调系数是一种内涵相对明确，但外延不明确的模糊概念，为 [0,1] 闭区间上的实数，可通过模糊数学中"隶属度"的概念进行研究，即参考某一元素 X 隶属于模糊集 A "协调"程度的思想，通过隶属函数的计算来衡量隶属度的变化规律，由公式（5.17）计算得到：

$$u(i/j) = \exp\{-(x - \hat{x})^2/s^2\} \tag{5.17}$$

式中，$\hat{x}$ 为协调值，x 为系统 i 的实际观测值，协调值 $\hat{x}$ 可以根据两个系统的观测值进行预测，s^2 为实际值序列的方差。协调系数 $u(i/j)$ 越小，说明子系统 i 对 j 的协调发展程度越低；当实际值 x 等于协调值 x 时，协调系数为 1，说明子系统 i 与子系统 j 完全协调；实际值 x 与协调值 x 差距越大，协调系数 $u(i/j)$ 越小。

（2）系统间的协调系数

协调系数衡量的是某一系统对另一系统的协调程度，是一种单向的关系，例如，协调系数 $u(i/j)$ 反映的是子系统 i 对 j 的协调发展程度，而协调系数 $u(j/i)$ 反映的是子系统 j 对 i 的协调发展程度。由于协调系数不能反映各系统间的协调发展程度，所以，必须计算各系统之间的协调系数。由公式（5.18）计算得到：

$$U(i,j) = \frac{\min[u(i/j),u(j/i)]}{\max[u(i/j),u(j/i)]} \tag{5.18}$$

其中，$U(i,j)$ 表示系统 i 与系统 j 之间的相互协调程度，数值范围为 $(0,1]$。$U(i,j)$ 数值越大，表示系统 i 与系统 j 之间协调程度越高，系统之间的发展状态越合理。$u(i/j)$ 与 $u(j/i)$ 值越接近，$U(i,j)$ 的值就越大，说明系统 i 与系统 j 之间发展协调程度越高；反之，$u(i/j)$ 与 $u(j/i)$ 值相差越大，$U(i,j)$ 的值就越小，说明系统 i 与系统 j 之间发展协调程度越低；特别地，当 $u(i/j)=u(j/i)$ 时，$U(i,j)=1$，说明系统 i 与系统 j 之间发展完全协调。

（3）协调值的确定

协调值 x 的数值一般通过两种方法得到。一是通过对历史数值加权平均方法进行预测，但由于加入权重的计算使得误差相对较大，一般不建议选择此类方法。二是通过回归方程模型，基于历史数据进行拟合预测，此种方法能够反映数据间的相互联系，对现实有较为准确的刻画。

（4）动态协调度

从时间序列上，系统的协调状态是各个系统在发展过程中相互作用、不断调整、相互适应的结果。因此，如果系统间协调发展为连续性状态，静态协调度无法准确描述，就需要利用动态协调度测度模型。动态协调度模型的基本形式为：

$$C_d(t) = \frac{1}{T}\sum_{k=0}^{T-1} C_s(t-k) \tag{5.19}$$

$C_d(t)$ 表示系统间在 t 时间的动态协调指数，$C_d(t) \in [0,1]$；$C_s(t-k)$ 表示系统间在 $t-T+1$ 到 t 各个时刻的静态协调度。若 $t_1 > t_2$ 时，$C_d(t_1) \geq C_d(t_2)$，

表明系统处于不断发展的协调状态;反之,表明系统处于不断衰退的协调状态。

（五）效率模型

协同度模型和耦合协调模型等常用的区域协同测度模型,仅能测度某区域内部各系统间（如经济、生态、产业等）的协同,无法获得区域与区域之间的二维数据[90]。由于协同作用的最终落脚为系统运行效率,因此,可以从协同作用效果检验的反向视角来衡量区域间协同作用强度。效率增值模型（Value-Added Model,VAM）可以达到这样的效果,即用子系统依托协同作用整合为整个系统后,整个区域的运行效率超出各区域单独运转的效率增值部分来反映协同作用强度。协同作用强度可由公式（5.20）计算得到:

$$\begin{cases} SYN_{ij} = [\,(\theta_{ij}^{'} - \overline{\theta_{ij}^{'}}) - (\theta_i^{'} - \overline{\theta_n^{'}})\,] + [\,(\theta_{ij}^{'} - \overline{\theta_{ij}^{'}}) - (\theta_j^{'} - \overline{\theta_n^{'}})\,] \\ SYN_i = \sum_{j=1}^{n} SYN_{ij}(j = 1,2,\cdots,n, i \neq j) \end{cases} \quad (5.20)$$

式中,SYN_{ij} 表示区域 i 与区域 j 之间的区域协同作用强度;SYN_i 为区域 i 与其他区域协同作用的总强度;$\theta_i^{'}$ 和 $\theta_j^{'}$ 为协同作用下区域 i 与区域 j 的效率;$\theta_{ij}^{'}$ 为区域 i 与区域 j 的整体效率;$\overline{\theta_{ij}^{'}}$ 和 $\overline{\theta_n^{'}}$ 分别为整体效率和各区域效率的样本均值。效率可以由数据包络分析方法测度得到。

三、京津冀旅游协同评价指标体系构建

（一）指标体系构建

本章研究区域为京津冀,具体包含北京、天津以及河北省的石家庄、秦皇岛、唐山、保定、衡水、沧州、邢台、邯郸、张家口、承德和廊坊共 13 个城市。研究时期为 2014—2018 年,通过计算 2014—2018 年京津冀城市旅游协调度数值,对比习近平总书记提出京津冀协同发展战略后,京津冀城市旅游协同发展状态的差异。旅游协调发展是旅游发展要素全面协调发展的一种理想状态,通过旅游信息系统、产品系统、服务系统、交通系统、创新系统以及生态环境系统等要素的流通与协调,达到区域旅游市场的无障碍沟通,形成完善统一的区域旅游市场,有利于整个区域旅游市场吸引力、竞争力的提高,促进区域旅游经济的大发展。

制度创新与技术创新共同作用能有效发挥创新对于经济社会发展的驱动作用[91]。政府制度创新影响区域协同发展的政策、态度、参与度,对区域协同效果影响显著,现有文献忽略了政府制度创新对于旅游协同发展的影响,特别是应用量化的手段进行研究。本章引入相关指标衡量政府制度创新对于旅游协同发展的影响。在遵循科学性、独立性、动态性、可操作性、针对性等原则的基础上,参考已有的实证研究使用频率较高的指标,将产业基础、服务能力、交通支持、创新能力、生态水平设定为 5 个一级指标,为全面、充分地反映一级指标代表的设计理念,在每个一级指标下设 3 到 5 个二级指标,每个二级指标对应 1 到 2 个三级指标,组成包含 23 个三级指标的京津冀旅游协同发展指标体系。所有指标均为正向指标。

表 5.1　京津冀旅游协同发展指标体系

一级指标	二级指标	三级指标
旅游产业基础	国内旅游发展状况	国内旅游总收入
		国内旅游总人数
	入境旅游发展状况	入境旅游总人数
		入境旅游总收入
	旅游产业地位	旅游总收入占 GDP 的比重
	旅游资源丰裕度	6 * 5A 级景区数目+4 * 4A 级景区数目
旅游服务能力	餐饮和住宿业服务能力	餐饮和住宿业增加值占地区生产总值的比重
		餐饮和住宿业从业人数
	旅行社服务能力	商务服务业增加值占地区生产总值的比重
		商务服务业从业人数
	娱乐系统服务能力	文化、体育和娱乐业从业增加值占地区生产总值的比重
		文化、体育和娱乐业从业人数

续表

一级指标	二级指标	三级指标
旅游交通支持	全年公共汽车客运能力	全年公共汽车客运总量
	出租车客运能力	年末实有出租车数量
	火车客运能力	铁路客运量
	公路客运能力	公路客运量
	航空客运能力	民用航空客运量
旅游创新能力	税收制度创新	增值税与营业税之和占 GDP 的比重
	开放制度创新	实际利用外资额占 GDP 比重
	科技创新能力	专利申请量
旅游生态水平	地区生态水平	建成区绿化覆盖率
	地区空气质量状况	空气质量达到优良的天数
	公园绿地面积	公园绿地面积

注:为保证 13 个城市的数据可比性,"税收制度创新"中,税收额只统计增值税和营业税。

根据研究需要以及数据的可得性,选取的数据样本考察期为 2014 年至 2018 年,大部分数据来源于 2014—2019 年中国城市统计年鉴、京津冀各地区统计年鉴以及河北省各地市统计年鉴、各地区旅游统计公报等。需要特殊说明的是,一级指标"创新环境"中包含的三个二级指标数据样本选取自 2014—2019 年京津冀各地区统计年鉴,二级指标表征"地区空气质量状况"的"空气质量达到优良的天数"数据样本选取自京津冀生态环境部门公布的 2014—2018 年京津冀生态环境状况公报。

（1）旅游发展基础

产业基础衡量的是旅游发展水平。旅游总收入、总人数及其增长率、旅游总收入占地方国内生产总值的百分比等旅游经济指标常被用来衡量区域或城市旅游发展水平,是最基础且重要的旅游经济指标。其中,旅游总人次与总收入、入境旅游人数与收入一直被作为旅游产业发展绩效水平的衡量指标[92],而国内旅游人数和入境旅游人数分别可以直观反映旅游目的地对于国内旅游市场、国际旅游市场的吸引力和影响力,旅游人次越多,说明吸引力越大。旅游收入是反映旅游经济总体发展水平的主要指标,主要受旅游人数以及当地物价水平影响,而旅游收入占国内生产总值的百分比代表了区域旅游业在整个国民体系发展中的地位,是表征区域旅游发展效益和发展潜力的重要指标,增长率越高,说明该产业在一定时期规模扩张的速度越快。该指标越大,说明该地旅游业地位越高,对经济社会发展的贡献度越大。

由于地理位置、社会经济等种种历史原因,京津冀区域旅游产业发展存在着不均衡现象,北京、天津领先发展优势明显,在经济结构转型、居民消费升级背景下,河北省各地市紧抓京津冀协同发展战略机遇期,不断开发旅游资源、完善旅游要素条件,全省旅游业进入快速发展轨道,展现出了蓬勃发展、向上向好的趋势,全省、各地市旅游人数不断增加,旅游收入显著提高。特别是,随着旅游产品开发水平和技术的逐渐提高、成熟和完善,以及互联网对旅游推介方式的拓展和宣传效益的提升,部分旅游发展起步较晚、但拥有良好自然资源和文化积淀的地市(例如邯郸市)后发优势逐步凸显,展现出了巨大的发展潜力,将成为河北省旅游经济发展的潜在增长点。旅游资源的品质和数量是旅游目的地旅游产业发展的基础,也是旅游目的地为旅游者提供优良服务和体验的决定因素。旅游目的地吸引力和竞争力主要来自于区域特色旅游资源,包括著名的历史文化资源以及独具特色的自然风光类资源等。A级景区分类数量及等级、自然保护区数量及等级、非物质文化遗产等历史资源可以全面体现旅游目的地旅游资源的精度、品位以及竞争能力,特别是高等级的景区以及自然保护区、历史文化遗产具有的独特魅力更能体现旅游资源的稀缺性,在提高区域知名度、吸引游客等方面起着重要作用。因此,选择旅游资源丰裕度这一指标来表示旅游目的地能为旅游者提供服务的最基本的能力。

(2)旅游服务水平

旅游过程涉及"吃、住、行、游、购、娱"各个环节,因此,评价旅游服务发展水平应包括旅游过程中的住宿、餐饮、交通、娱乐、购物等内容。以往的研究,往往选取星级饭店数量、星级宾馆数量等来衡量旅游目的地可以提供旅游服务的能力,但是从旅游统计年鉴的统计数据分析中可以发现,旅游经济向前发展时,旅游经济效益提高了,旅游企业数量并没有出现大的变化,但是旅游企业的营业能力、营业指标都提高了,因此,作者认为反映旅游目的地星级饭店、旅行社等涉旅企业发展状况的经济发展指标可以在一定程度上反映旅游企业发展水平,以及为游客提供服务的能力,比单纯依靠旅游企业数量衡量旅游服务水平更具科学性、准确性更高,更能反映旅游目的地涉旅行业的发展潜力和活力。因此,京津冀协同发展指标体系"旅游服务能力"选取餐饮和住宿业增加值占地区 GDP 的百分比、商务服务业增加值占地区 GDP 的百分比、文化、体育和娱乐业增加值占地区 GDP 的比重来衡量涉旅企业的经济发展状况。另外,劳动力的投入是旅游目的地涉旅企业正常运转与持续发展的必要条件,也可以反映当地旅游业发展旺盛的程度,但是现有旅游统计数据中,没有具体到城市的旅游从业人数统计,中国旅游统计年鉴中只有河北省旅游从业人数,没有具体到地级市的旅游从业人数数据。因此,为了保证可比性,选择餐饮和住宿业从业人数、商务服务业从业人数、文化、体育和娱乐业从业人数来衡量京津冀地区 13 个城市的旅游企业的人力资源状况。旅游过程中的交通种类较为广泛,因此单独作为一个子系统来研究。

（3）旅游交通支持

将旅游交通支持单独作为一个子系统来研究,从市内交通支持能力和市外交通支持能力两个方面来衡量。其中,市内交通支持能力包含全年公共汽车客运总量、年末实有出租车数量 2 个指标,可以全面地衡量旅游目的地市内交通发展的水平及其对旅游业发展的支撑能力。市外交通支持能力从铁路、公路、航运三种交通方式出发,选取铁路客运量、公路客运量、民用航空客运量 3 个指标,综合全面地测度城市市外交通对于旅游业发展的贡献。

（4）旅游创新能力

实施创新驱动,依靠生产要素的创新推动经济社会发展,是中国深化改革、面对"新常态"的一项重要战略举措。长期以来,制度创新与技术创新对于经济社会发展的作用一直是学术界探讨和研究的热点问题。制度学派认为制度优化是经济和社会发展进步的根本缘由,新制度经济学派也认为制度环境是影响国家、区域经济增长速度与发展质量的重要因素。制度作为一种激励措施或手段,能从根本上激发创新创造的潜力和活力,制度的实施需要政府高效能的指挥与落地实施。区域协同发展的目的是解决市场资源、生产要素不均衡问题,通过市场的开放共享、资源的优化整合,充分利用区域优势进行生产要素合理优化配置,达到一体化发展的良性互动局面。这一过程顺利实现离不开政府对于经济活动的上层引领,并通过相关政策法规、制度措施的制定发挥积极的引导和规范作用。政府作为制度创新的主体,必须充分发挥和利用其在资源分配与市场调节中的重要作用,通过统筹规划,促进制度创新,在地方政府间构筑桥梁,形成良好的协调合作机制,促进区域经济社会的可持续发展。

科学技术是第一生产力,同样,旅游业高质量发展离不开现代科学技术的推动。在新一代科学技术飞速发展的背景之下,旅游业转型升级正是旅游业与科学技术融合发展的过程。旅游业不断被科学技术重塑。旅游业提高吸引力和竞争力需要新一代科学技术的介入和维系,技术创新促进了旅游业的模式拓展和场景革新,旅游行业的科技创新与应用、数字化转型升级变成了现代科技与旅游、文化协同发展的主旋律。数字科技成为满足消费者体验型需求的重要抓手。随着旅游消费升级,消费者更注重身心体验,需求由"物理场景"转化到"心理场景"。数字科技应用于博物馆、图书馆、美术馆和非物质文化遗产保护中心等文化资源,打造出的交互式、沉浸式的旅游产品越来越受到消费者青睐。数字科技在文旅行业的应用将不断拓展游客的体验内容、体验方式、体验质量,改变游客的行为与体验认知。疫情对旅游公共卫生、公共安全、应急管理体系的质量要求提出新的挑战,实名预约、分时控流等措施成为保证游客安全的有效措施。疫情倒逼旅游行业通过数字化、智慧化转型提升服务质量与效率,旅游景区智慧化、旅游服务智能化、旅游监管数字化进程不断加快,旅游数字治理能力不断提升。将技术创新、制度创新引入旅游业不仅是区域旅游协同发展、高质量发展的重要命题,而且是旅游业在新时期发展的必然选择。同时,旅游业离不开开放的制度环境,这是必然的,无需赘述。其中创新能力指标主要参考刘英基的研究[93],选取包含了表征制度创新的税收制度创新[94]和开放制度创新两个二级指标,与科技创新[95]指标共同表征区域的创新能力。

(5)旅游生态水平

旅游目的地生态环境与旅游经济发展存在着互动机制。一方面,旅游目的地生态环境水平是旅游吸引力的重要影响因素,对于旅游业发展具有重要影响。自然生态为经济发展提供丰富的自然资源和能源动力,良好的生态环境水平是旅游业赖以生存和发展的前提条件。生态环境对旅游经济发展起到支撑和促进作用,同时也会对旅游经济发展的速率与效益、市场规模等起到约束和限制作用。合理开发旅游资源是一项重要的生态环境保护工作。盲目规划、无序开发自然资源,将带来生态环境破坏问题,例如,土地资源过度开发、河流湖泊水环境的污染等问题。深刻践行"绿水青山就是金山银山"的发展理念,合理规划与开发旅游资源,将旅游环境承载力问题纳入旅游发展规划,确保旅游活动的进行必须限制在生态环境承载力范围之内,有利于旅游目的地生态环境的保护与可持续发展,进而保障旅游业持续稳定发展,实现生态环境与旅游的良性协调发展。反之,则不仅危害生态环境水平,也将会造成旅游经济衰退。另一方面,旅游经济的发展能够带动旅游目的地经济社会的进步,从而为生态环境保护与良性发展提供物质基础和技术支撑。旅游业通过产业结构优化、技术水平提升、产业效率变革等方式,拓展对于旅游目的地生态环境系统影响的宽度和深度,通过不断博弈协调、自适应、自组织等过程,促进旅游目的地生态环境系统优化升级。因而,旅游目的地旅游经济发展和生态环境系统的发展是一个协调发展、良性循环的过程,二者协调发展能促进整个系统不断向高级、有序的方向演化。因此,选择地区生态水平、空气质量、绿化水平三个二级指标来表征旅游目的地生态环境水平,由于数据可获得性较差,选择的主要评价指标有建成区绿化覆盖率、空气质量达到优良的天数以及公园绿地面积。

(二)研究模型

(1)协同度测度模型

将京津冀 13 个城市作为 13 个子系统,采用隶属协调度模型测量 13 个子系统的旅游实际发展度与发展度协调值之间的距离,得到两子系统间的协同发展水平。详细计算过程如下:

第一,计算实际发展度。首先,采用极大极小值法对各项指标 x_{ijt} 进行无量纲化处理,由公式(5.21)计算得到

$$a_{ijt} = \begin{cases} (x_{ijt} - \min\limits_{t} x_{ijt})/(\max\limits_{t} x_{ijt} - \min\limits_{t} x_{ijt}) & \text{当 } x_{ijt} \text{ 为正向指标时} \\ (\max\limits_{t} x_{ijt} - x_{ijt})/(\max\limits_{t} x_{ijt} - \min\limits_{t} x_{ijt}) & \text{当 } x_{ijt} \text{ 为逆向指标时} \end{cases} \quad (5.21)$$

其中, x_{ijt} 表示 t 时期子系统 i 的第 j 个指标, a_{ijt} 表示归一化后的指标。

其次,分别计算指标历年数值 x_{ijt} 与其正理想点 a_{ij}^{+}、负理想点 a_{ij}^{-} 的距离,进而计算子系统 i 与其正理想点 a_{ij}^{+}、负理想点 a_{ij}^{-} 的距离,得出子系统 i 的发展度。由于采用最大最小值法进行归一化,因此,设定 1 为正理想点,0 为负理想点。则子系统 i 在时期 t 的发展度 d_{it} 可由公式(5.22)计算得到:

$$d_{it} = \sqrt{\sum_{j=1} a_{ijt}^2} \Big/ \left(\sqrt{\sum_{j=1} a_{ijt}^2} + \sqrt{\sum_{j=1} (1 - a_{ijt})^2} \right) \quad (5.22)$$

其中，d_{it} 是实际发展度，表示与目前理想发展状况的相对发展程度，d_{it} 数值越大表示子系统 i 在时期 t 发展度越高，否则，子系统 i 在时期 t 发展度越低。

第二，计算理想发展度。区域旅游协同发展是区域之间在旅游经济利益上实现同向增长且旅游经济差异趋于缩小的状态。因此，理想协调状态应该是各子系统发展趋于一致的一种状态[96]。子系统间存在着较充分的博弈，为充分体现整个系统的协调是各子系统自行博弈的结果，根据系统的自适应标准，设定在子系统 i 理想中，系统 j 的发展速度应该与其一致，即子系统 i 与 j 的发展速度相等。因此，子系统 j 在子系统 i 要求下的发展度协调值（即子系统 i 要求子系统 j 达到的发展度）可以由公式（5.23）计算得到：

$$d'_{j/i,t} = d_{j,t-1} \times (1 + v_{i,t}) \qquad (5.23)$$

其中，$d'_{i/j,t}$ 表示第 t 年子系统 j 在子系统 i 要求下的发展度协调值，$v_{i,t}$ 是子系统 i 从第 $t-1$ 年到第 t 年的增长率。

第三，计算协同发展水平。首先，借鉴李海东[97]的方法，基于实际发展度 d_{it} 和发展度协调值 $d'_{i/j,t}$ 计算协调系数，由公式（5.24）计算得到：

$$u(i/j,t) = \frac{|d_{jt}|}{|d_{jt}| + |d_{jt} - d'_{i/j,t}|} \qquad (5.24)$$

其中，$u(i/j,t)$ 表示实际发展度与发展度协调值之间的距离，当实际值 d_{it} 越接近于协调值 $d'_{i/j,t}$ 时，协调系数 $u(i/j,t)$ 越大，相反，则 $u(i/j,t)$ 越小。

一般情况下，将协调系数 $u(i/j,t)$ 带入隶属函数协调度模型，公式（5.25）便可得到子系统 i 与 j 之间的协同发展水平 $C(i\&j,t)$ [98]

$$C(i\&j,t) = \min\{u(i/j,t),u(j/i,t)\} / \max\{u(i/j,t),u(j/i,t)\} \qquad (5.25)$$

为避免出现协调系数"双低"但协同发展水平高的情况发生，将两系统的发展水平加入协调度衡量的过程中，同时也可体现协调发展从低到高、从差到优逐渐提高的过程。因此，由协调发展度 $CT(i\&j,t)$ 来代替协调度 $C(i\&j,t)$，改进的隶属函数协调度模型由公式（5.26）表示：

$$CT(i\&j,t) = \rho \times C(i\&j,t) \times (d_{i,t} + d_{j,t}) \qquad (5.26)$$

其中，$CT(i\&j,,t)$ 表示第 t 年子系统 j 与子系统 i 协同发展水平，$d_{i,t}$ 表示子系统 i 的实际发展度，ρ 是线性调节系数（本文 $\rho=1$）。$CT(i\&j,t)$ 值越大表明子系统 j 与子系统 i 协同发展程度越高，反之，协同发展程度越低。

进一步，子系统 i 在 t 时期的协同发展水平 $CT_{i,t}$ 由公式（5.27）计算得到：

$$CT_{i,t} = \sqrt[n]{\prod_{j=1}^{n} CT(i\&j, t)} \qquad (5.27)$$

（2）空间相关性分析模型

地理学第一定律指出：任何事物与其他事物之间都存在着或多或少、或紧密或疏远的关系，一般情况下，与近距离的事物之间的关系强度要高于远距离事物。京津冀城市群旅游协同发展指的是城市之间旅游各类要素的优化协调、资源优化整合、发展状态从参差不齐到齐头并进、从不一致趋于一致的过程。旅游业要素协调优化、旅游业协同发展必然在地理空间上相互依赖、相互影响与关联。旅游协同发展水平作为城市的空间属性数据，是不同城市不同旅游发展特征的综合反映，必然具有空间依赖性或者相关性，空间聚集现象或许存在。由于空间依赖性或者是空间自相关性的存在，使得古典统计分析中对变量之间互相独立的基本假设不再适用，需要引入适宜的空间计量模型，专门处理与地理位置相关的空间数据，研究空间数据的特征和关系。空间计量经济学为现代计量地理学中一个迅速成长的分支，主要任务是研究空间数据的自相关性以及数据间的依赖关系，并引入空间位置精准分析空间数据的统计特征与相互关系，可视化的研究模型使得空间数据关系的立体化展现成为可能。

空间自相关方法是空间计量经济学中用于检验空间变量的数值与相邻空间上该变量数值大小是否相关的一种方法，分为空间正相关、负相关、不相关三种类型。其中，空间正相关描述的是某空间变量在某地理位置上的数值大小与其相邻空间上该变量的数值变化趋势相同的情况，如果二者趋势相反，则为空间负相关关系；如果二者没有关系，则称为空间不相关。空间自相关系数是空间自相关分析的主要检验指标，包括全局空间自相关分析和局部空间自相关分析。

空间自相关模型是研究属性值在整个区域空间上的特征的分析方法，包含对于区域总体的空间关联与空间差异程度的测度[99]。描述空间相关的指标和方法有多种，包括全局 Moran's I、全局 Geary's C 和全局 Getisord G 等。选用全局 Moran's I 统计量与 Moran 散点图进行京津冀旅游协同发展空间相关性的检验。全局 Moran's I 由公式（5.28）计算得到：

$$\text{Moran's } I = \frac{\sum_{i=1}^{n} \sum_{j=1}^{n} w_{ij}(x_i - \bar{x})(x_j - \bar{x})}{S^2 \sum_{i=1}^{n} \sum_{j=1}^{n} w_{ij}} \qquad (5.28)$$

其中, $S^2 = \dfrac{1}{n} \sum\limits_{i=1}^{n} (x_i - \bar{x})^2$, n 为研究对象总数, w_{ij} 为空间权重矩阵中的第 i 行第 j 列的数值, x_i 和 x_j 分别是研究对象 i、j 的属性数值, s^2 是属性数值的方差, 衡量数值的波动性, $\bar{x} = \dfrac{1}{n} \sum\limits_{i=1}^{n} x_i$ 是属性数值的平均值。

全局莫兰指数 Moran's I, 表示整个研究区域变量属性的相关性。Moran's I $\in [-1, 1]$, 当 $-1 \leqslant$ Moran's $I < 0$ 时, 表示变量之间存在空间负相关关系, 且 Moran's I 数值越小, 表示空间内变量数值差异性越大或分布越分散, 即在空间上高数值和低数值相邻或者低数值和高数值在空间上相邻; 当 $0 <$ Moran's $I \leqslant 1$ 时, 表示变量之间存在空间正相关关系, 且 Moran's I 数值越大表示空间内变量数值趋势变化越相似或者是关联越密切, 即在空间上高数值和高数值相邻或者低数值和低数值在空间上相邻, 存在空间聚集现象。当 Moran's I 数值接近 0 时, 则代表变量的属性数值在空间上是随机分布的, 没有明显的空间聚集或空间差异, 即不存在空间自相关性。

全局空间关联指数度量的是空间数据在整个区域空间上的自相关关系, 不可以测度局部空间位置、不同区域的空间关联范式。然而, 局部空间关联模型克服了这一不足, 它能够分析空间单元与其空间相邻单元之间特征数据的相似性和相关性, 揭示空间集聚与空间孤立现象, 分析空间差异出现的缘由。针对空间中的各个分析单元, 都可以得到其局部空间自相关统计量值, 因此, 能够采用显著性图与聚集点图把局部空间自相关的测度数值以空间位置图的形式描绘出来, 这种可视化表达是局部空间自相关分析的一大亮点和优势。

局部空间自相关模型用来分析空间数据在局部区域上的特征, 对比分析相邻空间位置数据的相似性水平。衡量局部空间自相关的指标和方法主要有局部 Moran's I、局部 Geary's C 和局部 Getisord G , 可以揭示某一空间单元与其空间位置相邻单元的观察值之间的相似性或相关性, 分析空间集聚与空间孤立现象, 解释空间异质的原因。局部空间相关性的统计量 Local Moran's I 由公式 (5.29) 计算得到:

$$I_i = \frac{(x_i - \bar{x})}{S^2} \sum_{j=1}^{n} w_{ij}(x_j - \bar{x}) \tag{5.29}$$

Local Moran's I 表示区域 i 与其空间相近的其他区域之间的空间相关性, 当

Local Moran's *I* 大于 0 时，代表该区域周围的变量取值趋势与其相似，即出现高数值或低数值空间聚集现象；当 Local Moran's *I* 小于 0 时，代表该区域周围的变量取值趋势与其相反，即出现以低值或者高值为中心的高低数值聚集现象。

莫兰散点图刻画了区域内所有研究单元变量属性的空间集聚情况，而 LISA（Local Indicators of Spatical Association）显著性集聚图上标注的单元仅仅是通过了显著性检验的单元。LISA 集聚图依据数据相关性对空间做四种类型标注，分别为高—高集聚（High – High）、低—低集聚（Low – Low）、高—低集聚（High – Low）、低—高集聚（Low – High）和不显著（Not Significant）（一般为白色）。不显著是空间上集聚效果不明显的区域。高高集聚是指高属性值的单元其相近单元依然为高属性值，即在空间上的高值集聚，低低集聚是指低属性值的单元其相近单元依然为低属性值，区域上的低值集聚；高低集聚则表现为高属性值的单元其相近单元为低属性值，低高集聚则表现为低属性值的单元其相近单元为高属性值。

四、京津冀旅游协同发展水平测度和结果说明

（一）京津冀旅游协同发展水平演变过程分析

根据式（5.21）—（5.29），对 2014—2018 年京津冀区域北京、天津、石家庄等 13 个城市的旅游协同发展水平进行测算，可以得到各年份 13 个城市之间的旅游协同发展水平，每年份有 78 对协同发展数值，受篇幅所限，仅显示 2014 年以及 2018 年两个年份 13 个城市两两之间的协同发展水平测度结果，考察京津冀旅游协同发展水平的变化趋势，测算结果见表 5.2 所列。

表 5.2　2014 年、2018 年京津冀城市之间旅游协同发展水平

	北京	天津	石家庄	唐山	秦皇岛	邯郸	邢台	保定	张家口	承德	沧州	廊坊	衡水
北京		0.88	0.421	0.335	0.605	0.357	0.284	0.406	0.622	0.591	0.353	0.414	0.253
天津	0.779		0.415	0.33	0.582	0.352	0.279	0.4	0.593	0.572	0.348	0.409	0.251
石家庄	0.327	0.362		0.351	0.446	0.368	0.308	0.398	0.441	0.449	0.366	0.405	0.287

	北京	天津	石家庄	唐山	秦皇岛	邯郸	邢台	保定	张家口	承德	沧州	廊坊	衡水
唐山	0.247	0.268	0.273		0.365	0.334	0.293	0.348	0.359	0.369	0.333	0.353	0.28
秦皇岛	0.511	0.52	0.331	0.241		0.387	0.313	0.432	0.569	0.565	0.383	0.442	0.285
邯郸	0.3	0.324	0.307	0.239	0.289		0.299	0.364	0.382	0.391	0.344	0.37	0.283
邢台	0.135	0.148	0.166	0.146	0.133	0.144		0.306	0.307	0.316	0.298	0.31	0.269
保定	0.277	0.299	0.29	0.23	0.266	0.253	0.141		0.427	0.435	0.361	0.398	0.286
张家口	0.467	0.506	0.381	0.287	0.445	0.337	0.165	0.313		0.565	0.378	0.437	0.28
承德	0.421	0.444	0.335	0.247	0.382	0.292	0.139	0.27	0.422		0.387	0.445	0.289
沧州	0.263	0.283	0.276	0.22	0.25	0.24	0.136	0.228	0.297	0.254		0.367	0.283
廊坊	0.318	0.345	0.321	0.249	0.309	0.281	0.149	0.265	0.358	0.311	0.251		0.29
衡水	0.182	0.2	0.219	0.19	0.181	0.191	0.149	0.186	0.22	0.189	0.18	0.198	

注:左下部分为 2014 年数据,右上部分为 2018 年数据。

由表 5.2 可见,总体上,与 2014 年相比,2018 年城市之间的旅游协同发展水平 CT 都有不同程度的提高。2014 年,京津冀区域旅游协同发展水平 CT 最高的地区组合是"北京—天津",其协同发展水平 CT 为 0.779,其次为"天津—秦皇岛",值为 0.520;2018 年,区域旅游协同发展水平 CT 最高的地区组合仍然是"北京—天津",协同发展水平 CT 为 0.880,其次为"北京—张家口",值为 0.622。可见,北京与天津基于良好的区位优势和资源禀赋引领区域旅游协同发展的脚步,而河北的秦皇岛、张家口、承德等主要旅游城市因在资源禀赋上明显优于本省其他城市,在协同发展中也表现出领先的态势。

2014 年,协同发展水平 CT 最低的地区组合是"秦皇岛—邢台",其值为 0.133,其次是"邢台—北京",其 CT 值为 0.135。可以发现,邢台与其他 12 个地区的协同发展水平 CT 均未超过 0.17,邢台市在旅游协同发展中处于落后的态势;2018 年,协同发展水平 CT 最小的地区组合是"天津—衡水",其值为 0.251,其次是"衡水—北京",其值为 0.253;衡水与其他 12 个地区的协同发展水平 CT 均未超过 0.3。可见,在协同发展中表现良好的城市都具有良好的资源禀赋,且城市之间地理位置临近,而协同发展处于落后状态的城市,例如,衡水、邢台这两个城市在地理位置、资源禀赋、公共服务水平等上都存在薄弱环节。这与实际的状况相吻合,旅游的协同发展应该建立在旅游产品、经济联系基础之上,对于资源禀赋不存在比较优势的城市,应首先考虑增加旅游产品供给。

对 2014 年至 2018 年 5 个年份的 78 个协同发展水平 *CT* 数值分别进行统计分析,计算得到 2014 年至 2018 年的最大值、最小值、方差等指标,结果如表 5.3 所示。2018 年协同度最大值较 2014 年增长了 13%,2014 年至 2017 年协同度最大值处于上升态势,2017 年达到考察期内最大值(0.894),2018 年数值较 2017 年有所下降。2018 年协同度最小值较 2014 年有所提升,最小值处于波动上升中,2018 年最小值是 2014 年的 1.89 倍,2014 年至 2016 年最小值逐年上升,2017 年最小值下降到 0.158,2018 年最小值达到 0.251。考察期内,中位数和均值处于稳定上升状态。可见,2014 年至 2018 年京津冀城市间的旅游协同发展水平整体上处于提升状态。从方差和标准差的变化趋势来看,2014 年至 2017 年方差和标准差轻度上升,说明城市之间的旅游协同发展水平之间的差距有所拉大,但 2018 年均值和方差均下降为 5 年间的最低水平,说明 2018 年京津冀城市之间的旅游协同发展水平之间的差距较小,城市之间的协同发展的能力都在提升。进一步,分别计算了各个年份 78 个数值的偏度和峰度,来考察数据的分布情况,由表 5.3 可见,2014 年至 2018 年所有的偏度值都是大于 0 小于 2,均表现为右偏分布,长尾拖在右边,即大部分的数据值偏小,位于均值左侧的数据较多;峰度的最小值是 6.693,最大值是 9.334,表示旅游协同数值的分布曲线是尖峰态。

表 5.3　2014—2018 年旅游协同发展水平的统计性质

	2014 年	2015 年	2016 年	2017 年	2018 年
最大值	0.779	0.855	0.879	0.894	0.88
最小值	0.133	0.156	0.188	0.158	0.251
中位数	0.267	0.297	0.335	0.35	0.365
均值	0.278	0.308	0.336	0.358	0.387
方差	0.012	0.012	0.013	0.015	0.011
标准差	0.109	0.111	0.113	0.121	0.107
偏度	1.554	1.918	1.623	1.255	1.809
峰度	7.435	9.334	8.376	6.693	7.695

依据公式(5.27)可以计算得到 2014 年至 2018 年京津冀 13 个城市的旅游

协同发展水平 CT，其中 2014 年至 2018 年计算结果见表 5.4 所列。由计算结果可知，13 个城市的旅游协同发展水平 CT 在 2014 年至 2018 年期间都处于上升态势。从均值来看，旅游协同发展水平 CT 排在前三位的城市依次是天津、张家口、秦皇岛，北京市排在第四位。但是天津和张家口市的增长率并没有排在前列，是由于这两个城市在期初已经具有了相对较高的协同发展水平。

表 5.4 2014—2018 年京津冀 13 个城市旅游协同发展水平

	2014 年	2015 年	2016 年	2017 年	2018 年	均值	增长率（%）
北京	0.318	0.338	0.377	0.396	0.432	0.3722	35.64
天津	0.341	0.358	0.389	0.414	0.424	0.3852	24.22
石家庄市	0.292	0.318	0.34	0.356	0.384	0.338	31.48
唐山市	0.233	0.258	0.273	0.302	0.336	0.2804	44.22
秦皇岛市	0.299	0.35	0.382	0.397	0.435	0.3726	45.45
邯郸市	0.26	0.294	0.322	0.332	0.351	0.3118	35.04
邢台市	0.146	0.188	0.245	0.278	0.298	0.231	104.83
保定市	0.246	0.281	0.309	0.343	0.377	0.3112	53.02
张家口市	0.335	0.34	0.375	0.407	0.433	0.378	29.45
承德市	0.293	0.328	0.37	0.405	0.436	0.3664	48.72
沧州市	0.235	0.28	0.319	0.328	0.349	0.3022	48.25
廊坊市	0.272	0.306	0.334	0.352	0.384	0.3296	40.86
衡水市	0.189	0.213	0.196	0.19	0.278	0.2132	46.56

2014 年，旅游协同发展水平 CT 排名前三名依次是天津、张家口、北京；2018 年，旅游协同发展水平 CT 排名前三名依次是承德、秦皇岛、张家口。排名变化最大的是承德市，从 2014 年的第 5 名上升为 2018 年的第 1 名，其他城市排名变动不大，沧州、唐山、衡水和邢台依然处于落后状态。从增长率来看，2018 年各城市旅游协同发展水平 CT 较 2014 年皆达到了两位数以上增长率，河北省的大部分城市都表现出了良好的协同发展态势，以邢台增长最为显著，提升比例约为 104.11%，其次是保定（53.25%）、承德（48.81%）、沧州（48.51%）。可见，环京津的主要旅游城市是区域旅游协同发展的核心区域，且区域旅游协同程度不断提高。究其原因，一方面，京津冀旅游协同发展各项政策的不断落地实施，区域

互动不断加强;另一方面,近年来,河北省紧抓政策机遇,将旅游业摆到经济社会发展的突出地位上,制定出一系列切实可行的旅游发展政策,不断完善综合配套的旅游接待服务体系,极大促进了河北省旅游业转型升级,实现跨越式发展。

(二)京津冀旅游协同发展水平的空间相关性分析

为了探究京津冀旅游协同发展的空间关联性,采用 stata 软件,运用探索性数据分析法对京津冀旅游协同发展水平 CT 进行空间关联分析,测算指标为空间全局、局部自相关性的莫兰指数。

表 5.5　京津冀旅游协同发展水平全局莫兰指数

	2014 年	2015 年	2016 年	2017 年	2018 年
全局莫兰指数	0.177	0.155	0.181	0.252	0.363
Z 值	1.43	1.307	1.472	1.967	2.369
P 值	0.153	0.191	0.141	0.049	0.018

表 5.5 全局空间自相关性分析的测算结果显示,京津冀全局莫兰指数都为正数且除 2015 年有所下降外,其余年份均呈现逐年增大趋势,用标准化统计量 Z 来检验其显著性,虽然 2014 年至 2016 年在 P=0.05 的置信水平下,Z 值都小于 1.956,全局空间正相关关系不显著,但 2018 年,莫兰指数为 0.363(p=0.018),表现为显著的正相关关系,这说明京津冀旅游协同发展在整体上存在着空间正自相关性,在空间上逐渐形成较好的集聚效应,并且随着时间的推移,空间协同状况不断改善。

全局莫兰指数测度的是 2014 年至 2018 年各年份京津冀地区旅游协同发展呈现出的离散、集聚或相互独立的空间分布状态,并不能详细表现地区内部的空间关联模式,因此,进一步采用局部空间自相关分析,测算京津冀各城市 2014—2018 年旅游协同发展的局部莫兰指数,同时绘制 2014 年、2018 年协同发展水平 Moran 散点图,具体分析局部地区的空间关联性,揭示各地区旅游协同发展水平在空间上的差异现象,2014 年和 2018 年的计算结果分别如图 5.1、图 5.2 所示。可见,京津冀旅游协同发展水平具有显著高—高型集聚和低—低集聚的空间正相关性,其中,北京、天津、秦皇岛、张家口、承德、廊坊 6 个城市一直处于第一象限内,呈现显著的高—高空间集聚特征,这些城市不仅自身具有较高的协同发展

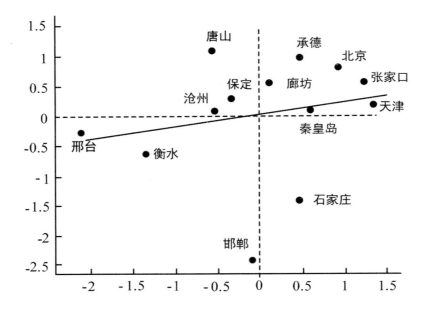

图 5.1 2014 年京津冀旅游协同发展水平 Moran 散点图

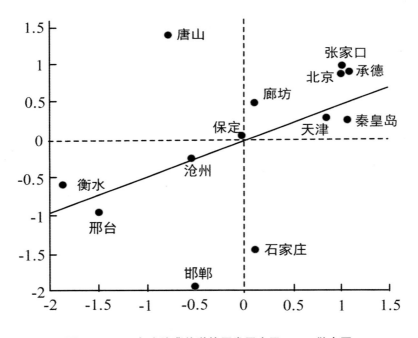

图 5.2 2018 年京津冀旅游协同发展水平 Moran 散点图

水平,其周边城市协同发展水平也较高,可以实现优势互补,互利共赢;衡水、邢台、邯郸一直处于第三象限内,呈现显著的低—低空间集聚特征,自身协同发展水平不高,周边城市协同发展水平也有待提高,代表了京津冀旅游协同发展相对落后的城市;唐山、保定等城市落在第二象限,呈现显著的低—高集聚特征,这些城市受自身产业结构等条件限制,与其他城市旅游协同发展水平相对较低,但其周边城市协同发展能力较强,有待于充分借鉴和吸收相邻城市的旅游优势,提高协同发展水平;石家庄市属于高—低空间集聚型,虽然自身协同发展能力较强,但其周边城市协同能力相对较弱,有待于发挥自身优势,带动周边城市发展。通过对比 2014 年与 2018 年莫兰散点图可知,随着时间推移,除沧州从第二象限变到第三象限,京津冀旅游局部空间关联模式未发生较大变化,落入第一、三象限的城市个数相差不大,协同发展在空间上呈现出一定程度的两极分化现象,即北部城市协同能力较强,甚至已经形成了多中心的网络结构,南部城市协同水平仍有广阔的提升空间。

由全局空间自相关性检验结果可知,2014 年不存在空间聚集现象,但是这不表示局部区域上不存在空间聚集现象。计算得到 2014—2018 年京津冀 13 个城市的局部莫兰指数计算结果,受篇幅所限,仅显示 2014 年、2016 年、2018 年三年的局部莫兰指数,测算结果见表 5.6。2014 年,京津冀 13 个城市的局部莫兰指数测算结果显示,北京、天津等 9 个城市的局部莫兰指数数值大于 0,石家庄、唐山、秦皇岛、保定 4 个城市的局部莫兰指数小于 0,但是,仅有衡水市局部莫兰指数为 0.947,p 值为 0.011,Z 值为 2.542,通过了显著性检验,结合衡水市较低的旅游协同发展水平,说明衡水市周围出现了低—低聚集现象。2016 年,石家庄、唐山、秦皇岛 3 个城市局部莫兰指数数值为负值,其他 10 个城市局部莫兰指数为正值;通过显著性检验的城市有邢台和衡水两个城市,这两个城市的旅游协同发展水平较低,因此,在这两个城市周围出现了低—低空间聚集现象。2018年,局部莫兰指数检验出现了较大变化。局部莫兰指数为负值的城市仅有石家庄和唐山两个城市,其他 11 个城市数值全部为正值,通过显著性检验的城市增加到 4 个城市,分别是北京市、邢台市、承德市、衡水市。2018 年,北京市局部莫兰指数数值为 0.66,显著性水平(p 值)为 0.033,说明北京市与其周围城市旅游协同发展水平变化趋势相似,北京市具有较高的旅游协同发展水平,其周围城市也具有了较高的旅游协同发展水平;承德市局部莫兰指数数值为 0.736,显著性水平(p 值)为 0.019,说明承德市与其周围城市旅游协同发展水平变化趋势也相似,具有较高的旅游协同发展水平,其周围城市也具有了较高的旅游协同发展水平。邢台市和衡水市依然是低—低空间聚集区域。综合来看,局部莫兰指数为负的城市数量在减少,通过显著性检验的城市的数量在增加,说明京津冀城市群旅游协同发展水平发展趋势越来越相似,北京、承德这两个京津冀旅游发展领先城市出现了明显的局部空间自相关表现,与其周围城市协同发展状态相似,对于京津冀城市群旅游协同发展来说,是一个好的现象。

表 5.6 京津冀各地区局部莫兰指数

城市	2014 年			2016 年			2018 年		
	局部莫兰指数	Z 值	p 值	局部莫兰指数	Z 值	p 值	局部莫兰指数	Z 值	p 值
北京	0.55	1.84	0.066	0.49	1.671	0.095	0.66	2.134	0.033
天津	0.104	0.545	0.585	0.184	0.78	0.435	0.158	0.693	0.488
石家庄	−0.635	−1.125	0.261	−0.349	−0.544	0.586	−0.132	−0.096	0.923
唐山	−0.503	−0.855	0.393	−0.914	−1.707	0.088	−0.851	−1.53	0.126
秦皇岛	−0.034	0.078	0.938	−0.071	0.02	0.984	0.166	0.388	0.698
邯郸	0.247	0.358	0.72	0.088	0.188	0.851	0.824	0.955	0.34
邢台	0.775	1.75	0.08	1.009	2.242	0.025	1.227	2.612	0.009
保定	−0.05	0.111	0.912	0.01	0.316	0.752	0.001	0.282	0.778
张家口	0.457	1.101	0.271	0.418	1.029	0.304	0.759	1.679	0.093
承德	0.356	1.277	0.202	0.477	1.634	0.102	0.736	2.35	0.019
沧州	0.043	0.311	0.756	0.038	0.301	0.764	0.138	0.535	0.592
廊坊	0.038	0.299	0.765	0.062	0.362	0.718	0.038	0.293	0.77
衡水	0.947	2.542	0.011	0.913	2.473	0.013	0.991	2.604	0.009

五、本章小结

本章在对旅游协同发展文献进行梳理总结、对现有旅游协同发展水平测度模型进行介绍比较的基础上，建立了京津冀旅游协同发展指标体系，并选择隶属函数协调度模型对 2014 年至 2018 年京津冀城市旅游协调状态进行测度，采用空间相关性分析方法对协同发展水平的时空变化特征进行了分析，研究了京津冀协同发展以来城市旅游协同发展状态的改变状况。主要结论如下：

根据 2014—2018 年京津冀区域北京、天津、石家庄等 13 城市之间的旅游协同发展水平，城市之间的旅游协同发展水平 *CT* 都有不同程度的提高。2014 年，京津冀区域旅游协同发展水平 *CT* 最高的地区组合是"北京—天津"，其次为"天津—秦皇岛"；2018 年，区域旅游协同发展水平 *CT* 最高的地区组合仍然是"北京—天津"，其次为"北京—张家口"。北京与天津、河北的秦皇岛、张家口、承德等主要旅游城市因在资源禀赋上明显优于本省其他城市，在协同发展中也表现出领先的态势。

运用探索性数据分析法对京津冀旅游协同发展水平进行空间关联分析，测算结果显示，京津冀全局莫兰指数都为正数且除 2015 年有所下降外，其余年份均呈现逐年增大趋势，京津冀旅游协同发展在整体上存在着空间正自相关性，在空间上逐渐形成较好的集聚效应，并且随着时间的推移，空间协同状况不断改善。

京津冀旅游协同发展水平具有显著高—高型集聚和低—低型集聚的空间正相关性，其中，北京、天津、秦皇岛、张家口、承德、廊坊 6 个城市呈现显著的高—高空间集聚特征，这些城市不仅自身具有较高的协同发展水平，其周边城市协同发展水平也较高，可以实现优势互补，互利共赢；衡水、邢台、邯郸呈现显著的低—低空间集聚特征，自身协同发展水平不高，周边城市协同发展水平也有待提高，代表了京津冀旅游协同发展相对落后的城市。2014 年至 2018 年，京津冀旅游局部空间关联模式未发生较大变化，但协同发展在空间上呈现出一定程度的两极分化现象，北部城市协同能力较强，甚至已经形成了多中心的网络结构，南部城市协同水平仍有广阔的提升空间。

第六章　京津冀旅游协同网络特征演化与影响因素

在一个社会网络中,不同的节点发挥着不同的作用,枢纽型节点连接起整个网络,对于信息传输等资源流动起到重要的桥梁作用。同理,城市在协同发展中的角色或者地位对于区域旅游协同发展具有重要作用。本章基于京津冀旅游协同发展水平测算结果,建立京津冀城市群旅游协同发展网络模型,通过社会网络分析中的中心性、特征路径长度、聚类系数、凝聚子群分析以及核心边缘分析等指标和测量方法,对京津冀旅游发展网络的时空演化特征进行研究,包括对旅游协同网络的整体结构特征以及城市在网络中的角色和地位的变化进行分析,有助于从整体上把握区域协同发展的状况。

一、社会网络理论及方法概述

(一)社会网络分析基本理论

社会网络分析(SNA,social network analysis)是研究行动者之间相互关系和相互作用的方法,已经成为新经济社会学领域中的重要研究方法[100]。这一方法认为社会关系结构影响个体即行动者的决策、信念和行为。将行动者视为社会网络中的节点,将节点的属性以及节点之间的关系视为目标对象,引入图论、矩阵等数学模型及方法,探究已经事实存在的关系对网络结构中的整体及个体的影响作用。其多角度、多方面、崭新的量化分析方法和手段,超越了传统的社会科学定量研究方法,基于一个全新的理论视角,通过直观、清晰的网络结构呈现复杂的关系结构,结合诸多网络指标对网络节点地位、作用的描述与刻画,不仅成为社会科学领域重要的研究方法,而且已经被广泛运用到经济、地理等其他学科领域。

(二)社会网络分析测度指标

(1)整体网络特征指标

整体网络结构特征分析用来测度和衡量网络结构整体层面上的紧密性、稳健性以及核心或边缘位置等,常用的测量指标主要包括网络密度、核心—边缘模型、凝聚子群等,这些指标可以从整体层面揭示旅游经济空间关联网络的结构特征。

网络密度是对网络整体结构最基本的测度指标,用来衡量整个网络关系的紧密程度。由网络中节点之间实际的关联数与最大理论关联数的比值表示,其计算公式为:

$$D = \sum_{i=1}^{l} r_{ij}/n(n-1) \tag{6.1}$$

式中,n 为城市个数,r_{ij} 为节点 i 与节点 j 之间实际存在的关系数目。网络密度测度的数值取值在 0 到 1 之间,数值越大,代表京津冀旅游节点城市之间的连线越多,旅游协同发展关系越紧密,整个旅游协同发展网络的紧密度越高,区域旅游一体化程度也就越高。

核心—边缘模型用来衡量和辨别网络中每个节点的地位。由于网络中每个节点与其他节点之间的联系紧密程度各不相同,因而不同的节点具有不同的角色和地位。一般来说,与其他节点具有较强、较多关联关系的节点在网络中发挥着核心作用,在网络中拥有更多的信息等资源,其信息共享和流通的能力在网络中处于相对优势地位,对网络中其他节点的影响作用较大;相反,与其他节点关联强度较小或者较少的城市,处于网络的边缘区,较多地接受其他城市的作用力,处于相对劣势地位。核心—边缘模型不仅可以判定哪些城市是网络的核心或者边缘,也能度量核心群体之间、边缘群体之间、核心群体与边缘群体之间联系的紧密程度,表示核心群体和边缘群体的相互作用关系。处于核心区的城市在网络中拥有较大的权力,处于边缘区的城市往往由于地理位置较偏或旅游资源优势不突出而处于被动位置。在旅游协同发展网络的研究中,因旅游发展历史、文化、地理位置等因素,使得两两城市之间的旅游协同发展程度存在着差异,这种差异导致旅游节点城市在网络中表现出不同的地位和作用,使得旅游节点城市也存在着协同发展的核心城市、边缘城市,核心城市在旅游协同发展过程中占据优势地位,拥有着较多的资源和能力,边缘城市在旅游协同发展中处于落后和劣势地位,尚未与其他城市建立有效的协同发展关系。

凝聚子群分析是社会网络分析的重要内容之一。通过对网络进行凝聚子群分析,可以发现和解释群体内部的子结构,即发现网络中可能存在的"小团体"。所谓"小团体",是指由彼此之间存在着稳定、直接、强烈、频繁以及正向联系的行动者组成的群体。在社会网络分析发展和完善的过程中,演化出了多种凝聚子群分析的量化测度模型。一般地,可以从子群成员之间关系的互惠性、子群成员之间的接近性或可达性、子群内部成员之间关系的频次(点的度数)、子群内部成员之间的关系密度相对于内、外部成员之间的关系的密度四个角度考察凝聚子群的性质,这四个角度是网络分析者对网络进行凝聚子群分析形式化处理的体现。其中,最早的"派系"方法是一种属于"基于互惠性"寻找凝聚子群的方法,在一个网络中,"派系"指至少包含三个节点的最大完备子图。但是这种凝聚子群的探寻方法常常被学者们批评,原因是这种派系的概念太过严格,只要去掉一个关系,派系就无法被称为派系了,派系的规模也受到节点度数的限制。因此,按照这种方式对现实网络进行分析,往往派系规模太小却具有较多的重叠,对于实践的指导意义较弱。鉴于此种派系的概念太过严格,学者们在此基础上定义和开发了一系列推广的凝聚子群概念和分析模型,使之具有较强的理论和应用价值。

"块模型"属于上述第四个角度"子群内部成员之间的关系密度相对于内、外部成员之间的关系的密度"下的方法,关注子群内部成员之间的关系密度,比较子群内部成员之间的关系频次相对于子群内、外部成员之间的关系的频次大小。在京津冀旅游协同发展网络结构中,通过凝聚子群分析,将有助于刻画各个子群城市内部的组成结构,从整体上将旅游发展协同网络内部相关性形式化表现和刻画出来,充分展现旅游协同发展网络形态发展演变的过程。

(2)个体网络特征指标

个体网络结构特征用来衡量和分析个体节点在网络中的角色和地位,常用的测度指标主要包含中心度指标和结构洞指标等。

中心度指标用来衡量节点或者个体在网络中的权利,是社会网络分析中最常用的指标之一,包括点度中心度(Degree centrality)、接近中心度(Close centrality)、中间中心度(Betweenness centrality)三个主要测度指标。

点度中心度用网络中某个节点与其他节点实际建立起来的连接关系数与理论关系数量的比值来测度,由公式(6.2)计算得到:

$$C_{RD}(i) = \frac{C_{AD}(i)}{n-1} \qquad (6.2)$$

式中,$C_{AD}(i)$ 代表节点 i 的绝对度数中心度,衡量的是网络中与节点 i 连接的其他节点的个数。$C_{RD}(i)$ 表示节点 i 的相对度数中心度。点度中心度 $C_{RD}(i)$ 数值越大,表示节点 i 与其他节点建立的连接关系越多,节点 i 在整体网络结构中处于核心地位,对其他城市具有重要的控制作用。

接近中心度是衡量网络中节点权利的指标,表示某个节点与其他所有节点在联系距离上的远近,反映节点在整体网络中"不受其他节点控制"的程度,或者是与其他节点联系的"畅通程度"。特别地,如果某个节点虽然与网络中的其他节点没有发生直接或间接的联系,但却与其他节点具有较短的"关系距离",这样的节点在整个网络结构中同样拥有着较高的接近中心度,在网络中处于优势地位。标准化的接近中心度由公式(6.3)计算得到:

$$C_{RP}(n_i)^{-1} = \frac{\sum d(n_i, n_j)}{n-1} \qquad (6.3)$$

式中,$C_{RP}(n_i)$ 为节点 i 的相对接近中心度,$d(n_i, n_j)$ 表示节点 i 和节点 j 之间的捷径距离。接近中心度 $C_{RP}(n_i)$ 数值越大,说明节点 i 与其他节点联系越紧密,就越不容易受其他节点的控制。

中间中心度指的是一个节点位于其他网络节点联系的最短路径连线上的次数的多少,反映某一节点对其他节点的控制能力。若某个节点处于多个节点联系的最短路径上,则表明该节点在网络中处于关键位置,对其他城市的控制力较强,中间中心度数值就越高。标准化的中间中心度由公式(6.4)计算得到:

$$C_{RBi} = \frac{2C_{ABi}}{n^2 - 3n + 2} = \frac{2\sum_{j}^{n}\sum_{k}^{n} b_{jk}(i)}{n^2 - 3n + 2} \qquad (6.4)$$

式中，C_{RBi} 为节点 i 的相对中心度，C_{ABi} 为节点 i 的绝对中心度。

对京津冀旅游协同发展网络中城市个体网络结构特征的研究，可以反映节点城市在协同发展网络中是否具备掌控能力、桥梁作用、枢纽地位，即节点城市与其他城市存在协同关系越多、数值越大，代表该城市在旅游协同发展中越能发挥辐射和带动作用，在旅游协同发展网络中处于核心地位，一个城市如果与其他城市协同发展关系较少，则认为该城市在旅游协同发展中尚未建立有效的互动关系。也存在着虽然某个城市与其他城市节点没有发生直接的关联或者协同，但是其他城市节点之间建立协同发展关系必须经过该城市节点的情况，必须经过的这个城市节点在协同发展中充当了不可替代和缺少的桥梁作用，也被认定为旅游协同发展网络结构组成的重要城市节点。

结构洞理论是由美国社会学家罗纳德·伯特（Ronald S. Butt）提出的，研究网络结构中的位置对于资源优势的影响，以及网络中整体结构冗余度高低等方面的问题，即如果两个节点必须经过另一个节点的"中转"才可以建立联系，则称处于"中转站"上的节点具有结构洞优势。伯特认为，虽然结构洞中没有或者较少具有信息和资源的流动，但处于结构洞位置的节点能够将另外两个没有直接关联的节点联系起来，不仅可以从其他节点多渠道获取非冗余信息，也可以为其他节点增加获得新信息和资源的可能，对其他节点在信息和地位上具有控制优势。虽然在结构洞中较少甚至不会产生信息和资源的流动，但它为其他节点提供了得到新信息和资源的可能。

具有结构洞优势的节点对于整个网络发挥着重要的、不可替代的位置优势作用。衡量结构洞的指标主要包括有效规模、效率和限制度。有效规模和效率的数值代表了节点城市在网络中冗余关系的程度，数值越大，说明节点城市在网络中的冗余关系越小，越具有结构洞优势，在网络中区位优势越大。限制度的数值越大，说明节点城市在网络中的冗余关系越大，容易受其他节点城市的影响。结构洞中的"效率"指的是节点城市在网络中的有效规模与节点城市在网络中的实际规模的比值。

"有效规模"反映的是网络中节点之间联系的紧密程度，指的是节点城市的个体网络规模减去整体网络的冗余度，由公式（6.5）计算得到：

$$ES_i = \sum_j \left(1 - \sum_q P_{iq} m_{jq}\right), q \neq i, j \tag{6.5}$$

式中，ES_i 指节点 i 的有效规模，j 指的是与节点 i 具有联系的所有节点，$P_{iq}m_{jq}$ 代表冗余度。

"限制度"反映的是节点城市对其他城市的依赖程度。由公式（6.6）计算得到：

$$C_{ij} = (p_{ij} + \sum_q p_{iq}m_{qj}), q \neq i, j \qquad (6.6)$$

其中，P_{ij} 为直接投入，$\sum_q p_{iq}m_{qj}$ 为间接投入。

结构洞描述的是网络中的非冗余的关系。在旅游协同发展网络中，并非所有的节点城市之间都建立了旅游协同发展关系，寻找旅游协同发展过程中，处于结构洞位置的节点城市，对于更好了解旅游节点城市在协同发展中的作用，理解区域旅游网络结构，把握旅游发展趋势具有重要意义。

（三）社会网络分析中的二次指派程序

社会网络分析中的二次指派程序（Quadratic Assignment Procedure，QAP）方法通常用来研究关系之间的关系，即对两个或多个方阵进行非参数估计，研究两个或多个方阵的相关性和回归性。QAP 是一种对两个方阵中各个元素的相似性进行比较的方法，即对方阵的各个元素进行比较，给出两个矩阵之间的相关系数，同时对系数进行分参数检验。常规的统计分析方法一般都是建立在变量之间互相独立的假设之上，对于多重共线性的问题在前期的统计分析中进行预处理，以减小参数估计和统计检验的不稳定问题，使得统计分析具有意义。但是，社会网络分析研究的开展是基于关系型数据，变量之间不是相互独立的，因此，无法使用普通最小二乘法等传统的统计分析方法对变量进行参数检验。为了解决这个问题，学者们利用一种随机化检验（randomization test）方法来检验，QAP 方法属于这种方法之一。QAP 是一种以重新抽样为基础的方法，用来研究关系型数据的非参数检验方法，它不需要假设变量之间相互独立，适用于对关系变量进行检验。QAP 分析分为 QAP 相关分析和 QAP 回归分析两种方法，已经在社会网络研究中得到了广泛应用[101]。其中，QAP 相关分析用来研究两个变量之间的相关性，QAP 回归分析用来研究多个变量与一个变量之间的回归关系[102]，同时计算回归系数与可决系数，考察变量系数的显著性。一般情况下，将显著性检验水平设置为 5%、1%、0.1%，即在不同显著性水平下通过检验，分别是两组关系之间差异显著、非常显著和极其显著。

目前,已有旅游研究领域的学者采用 QAP 方法对各种旅游网络展开研究,但是数量还较少。赵明煜和刘建国[103]在分析北京市旅游流网络结构特征的基础上,采用 QAP 方法研究了北京旅游流网络的影响因素,发现景区位置关系、景区交通便利程度、景区周围的酒店数量、景区质量都会对旅游流网络结构产生影响,提出应促进景区间优势互补、打造精品旅游线路、推进智慧旅游平台建设等政策建议。刘志峰和于洪雁[104]利用 QAP 分析法检验黑龙江省城市旅游经济流动的影响因素,发现交通通达度、地理空间距离与旅游经济流动的空间结构呈显著负相关。旅游资源禀赋和旅游热度呈显著正相关。王俊和夏杰长[105]指出新时代背景下,旅游业进入高质量发展轨道,构建并解析中国省域旅游经济发展的空间网络结构,并对各个省份在网络结构中的地位和角色进行辨析,对省份之间旅游经济关联关系的影响因素进行研究,发现目的地旅游资源差异、经济基础、交通建设、旅游发展潜力以及空间邻近与否等因素对我国省域旅游经济空间关联网络具有显著的影响。马丽君和敖烨[106]使用 QAP 方法对旅游发展差异的影响因素进行实证分析,发现旅游发展差距的影响因素包括经济发展水平、旅游交通基础设施、旅游资源、产业结构、对外开放程度、客源市场等,各因素的边际效应存在时空异质性。马凤巧[107]首先对京津冀地区旅游经济的空间关联网络的整体、局部及个体网络特征进行研究和探讨,然后应用 QAP 相关分析和回归分析,发现人均可支配收入、旅游资源和交通可达性会影响旅游经济空间关联结构,并呈现一定的变化趋势。

综上,学者们在对旅游信息流、旅游流、旅游经济等网络结构进行关键指标分析的基础上,运用 QAP 进行了网络结构的影响因素分析。选取的影响因素出现频率较高的有旅游资源、交通可达性、空间地理位置邻近性、旅游服务设施(旅游酒店等)等,其中,旅游资源、交通可达性、旅游服务设施水平是影响旅游发展的重要条件和必备条件,而空间地理位置上的邻近性、行政隶属关系、时间距离等不仅影响着两个地区之间的政府互动与合作,也影响着旅游客流的流动。为了探究京津冀旅游协同发展的影响因素,本章在对以往学者研究进行分析和归纳总结的基础上,综合各种旅游业协同发展的外在和内在的驱动因素,利用 QAP 方法探讨各种因素对于京津冀旅游协同发展网络结构的影响。

二、基于社会网络分析的国内外旅游研究述评

随着物质生活水平的提高,丰富的精神生活成为广大人民群众的热切追求。旅游是满足人民群众美好生活追求的重要方式。大众旅游的兴起促进了旅游业的极大发展,全域旅游、数字文旅等模式发展迅速。在此背景下,旅游经济的发展不再仅是单个景点、城市的独立发展和兴盛,区域之间的旅游合作越来越频繁、密切。旅游经济空间模式不再是点状、线性模式,而是呈现出区域性、复杂的、多元化的网络形态。社会网络分析能够探索旅游发展网络中各个节点之间的集聚和扩散关系,从整体上反映旅游发展的空间结构特征与时空演变规律,从个体上刻画节点在旅游网络中的角色和地位,是探究旅游发展空间模式的有效方式。20 世纪 80 年代,Allen 首次将社会网络分析方法引入到旅游研究领域,分析了美国大都市儿童出游同伴的选择问题,开启了社会网络分析在旅游领域应用的先河[108],之后这种研究范式在旅游利益相关者网络、旅游经济空间结构、旅游流网络、旅游产业集群等研究方面发挥了重要的作用,并取得丰硕的研究成果。

(一) 关于旅游目的地空间结构的研究

Yeong—hyeon hwang[109]等以美国境内各大城市为研究区域,基于社会网络分析方法展开研究,发现旅游者对客源地和对目的地的熟悉度是旅游行为模式差异的主要原因。Noel Scott[110]采用社会网络分析方法,基于网络密度、网络中心性等测度指标,研究了澳大利亚不同发展阶段的旅游目的地内部网络,研究表明产业规模越大,产业链越完备、产品越多元化的旅游目的地结构越完备。中国学者从不同的视角、层面采用社会网络分析方法对旅游目的地空间结构展开研究。例如,刘宁等[111]从中国层面展开量化分析,基于 2006—2018 年省域旅游产业数据样本,揭示了中国旅游产业结构变迁过程中存在阶段性特征较为显著的空间关联性和空间依赖性,发现旅游产业结构空间关联网络区域差异明显,东部地区影响力水平高于其他地区。唐小惠和李智慧[112]从中国入境旅游视角基于

引力模型和SNA探究了中国入境旅游空间网络结构特征及其影响因素,发现我国入境旅游空间网络结构的个体特征与整体特征显著,且"核心—边缘"结构逐渐成形。郝金连等[113]以大连市为例,基于旅游产业经济活动的空间分布与空间相互作用关系,提取旅游节点与旅游通道,提出旅游产业发展基本要素优化调控的政策措施,优化旅游产业发展空间格局,助推旅游产业高质量发展。冯晓兵[114]则从更加细致的景区这一角度和层面,基于引力模型测算了乐山市旅游景区的经济联系强度,以此分析了该地旅游景区的空间关联特征,并提出景区协调发展的政策建议。

(二)关于旅游产业集群的研究

Braun. P[115]研究了澳大利亚维多利亚州旅游电子商务产业网络结构与该产业创新扩散过程的相互关系,研究认为企业在产业网络中的地位和作用,对于其在创新扩散过程中发挥的角色具有重要影响。Mackellar. J[116]利用社会网络分析理论,研究了澳大利亚利斯莫尔地区节事活动与当地旅游业发展之间的互动关系,提出有效开展和利用节事活动能够推动当地旅游产业集群的发展壮大。冯卫红和邵秀英[117]在对制造业集群与旅游产业集群属性和特征对比分析的基础上,将旅游产业集群企业网络分为四种类型,研究了平遥古城的旅游企业网络特征。进一步,冯卫红等[118]以平遥古城为例,构建了旅游产业集群企业网络的结构指标,通过分析旅游产业集群企业网络结构和企业绩效之间的关系,发现网络联结强度和网络密度对于企业绩效具有正向促进作用。田晓霞等[119]采用调查问卷的方法,对喀什旅游产业集群进行社会网络分析,揭示了当地旅游企业整体网络和个体网络特征。周振[120]对旅游产业集群展开了更为细致深入的研究,以理论分析和内涵界定为基础,阐述了旅游产业集群网络的内涵、运行和效应,并提出了培育和壮大旅游产业集群的良性循环机制及政策措施。

(三)关于旅游目的地相关利益群体关系的研究

王素洁[121]认为旅游目的地各利益相关者群体形成了复杂的关系网络,其网络结构直接影响着目的地管理机构(DMO)对其利益相关者的管理战略。王德刚[122]指出在发展旅游的过程中要综合旅游利益相关者各方的利益诉求,建立均衡的利益分配机制,使旅游系统中的各个利益群体能够真正实现成本共担与利益共享,促进旅游业的和谐和可持续发展。Kathryn Pavlovich[123]采用社会网络分析方法研究了1887年至2000年新西兰某洞穴旅游地利益相关者网络结构的演化特征,基于政府、原住民、企业、旅游管理部门等相关利益群体在网络结构中的角色和地位的变化研判旅游发展的阶段。Seldjan Timur[124]基于社会网络理论分析了旅游目的地相关利益群体之间的关系模式和不同利益群体的作用,助力可持续旅游政策的制定和实施。在国内,时少华[125][126][127][128]以特定区域为案例,利用社会网络分析方法对旅游利益相关群体之间的关系进行了大量的研究,取得了丰硕成果。在对云南大鱼塘村和普高老寨利益相关者关系数据研究中[129],对网络凝聚性、网络互惠性、网络核心边缘、网络传递性、网络经纪人等五个方面进行量化分析,得到利益相关群体的特征并据此提出相关发展建议。

(四)关于旅游流的研究

Hsin-Yu Shin[130]以中国台湾南投地区为研究对象,研究了自驾车旅游流的16个旅游目的地所形成的旅游目的地网络的相关网络特征,进一步依据不同旅游节点城市的网络地位和等级提出了旅游发展建议。刘大均和陈君子[131]以成渝城市群为研究对象,基于网络游记攻略数据挖掘,综合SNA与空间探索性分析方法,对成渝城市群旅游流网络的空间特征和区域差异进行了分析,研究显示该区域旅游流网络具有显著的小世界特性,形成了以重庆、成都为核心的“双核主导层级结构”特征和“二大三小”的集聚格局。阮文奇[132]对区域旅游信息流从理论到实证进行了详尽的阐述和研究,以长三角旅游信息流为例,对信息流的动态格局和空间网络的结构、演化特征,旅游信息流空间网络结构的影响因素以及动力机制进行了实证分析,研究发现区域旅游信息流具有明显的时空差异和集散特征,网络结构特征和效应明显,旅游信息流演化受到了经济发展水平、人口、交通、公共服务设施、休假等多重因素的影响,进一步提出了针对性的政策组合建议和策略。随着互联网的发展和信息技术在旅游行业中的广泛应用,大量的旅游信息留存于网络或者旅游信息平台中,被称为“数字足迹”[133],学者们基于数字足迹,对旅游流展开大量研究,丰富和拓展了旅游流研究的内容[134]。蔚海燕等[135]利用数字足迹研究旅游流内容,基于驴妈妈平台上海高星景区游客购票点评等数字足迹,采用社会网络分析方法进行分析,对迪士尼开业前后的上海旅游流网络客流变化进行分析,结果显示上海迪士尼带动了浦东新区其他景区的客流,具有较强的区域带动效应,但对其他市辖区景点的辐射能力还较弱。王娟等[136]基于网络游记中时空信息的提取、整理和挖掘,通过社会网络分析方法,归纳武汉自助游流动网络结构特征和流动方式特征,发现武汉自助游流动网络空间集聚特征、客流季节变化明显,网络转移和扩散的通畅程度差异明显。吴睿怡等[137]基于百度指数平台的旅游数据,对长三角旅游信息流的网络结构特征和影响因素进行深入分析,发现网络结构节点功能完善,内部联系紧密,结构优势明显;并通过 QAP 相关分析和回归分析对影响旅游信息流网络结构构成的因素进行量化分析。周慧玲和许春晓[138]基于百度指数从"点""线""面"三个层次,分析了中国城市旅游信息流空间网络结构特征,发现中国城市旅游信息流空间网络主要是由我国东南半壁有关城市所编织,连接上具有空间跳跃性、多中心极核、层级明显、结构相对稳定等特征。

(五)关于旅游经济网络的研究

王俊等[139]基于 2000—2015 年中国省域旅游经济发展数据,结合修正的万有引力模型和社会网络分析方法(SNA),实证分析了中国省际间旅游经济发展的空间关联网络结构特征及其效应,结果发现中国旅游经济发展空间网络结构特征明显,省际间关联关系数总体在波动中呈上升趋势;中国省域旅游经济关联网络等级度较高,整体网络优化空间大,提出了未来省域旅游产业发展的相关建议。郑伯铭等[140]对云南省 2011 年、2014 年、2017 年的旅游经济网络进行对比,发现该地区旅游经济网络结构具有"增长极(昆明)—最弱极(怒江)"、网络结构趋向成熟、网络中心性差异性较大、自组织性呈"优化→劣化"等空间网络结构的时空演化特征,提出通过推进"三极六轴五片区"发展模式,进一步实现云南省旅游经济空间一体化发展。吴志才等[141]比较了三个不同时间截面的粤港澳大湾区 11 个城市旅游经济联系的空间结构及网络特征,基于"分层网络协同发展"思路,提出"旅游中心城市—旅游城市合作圈—全域旅游目的地网络"的路径,以实现粤港澳大湾区旅游空间的合作升级。王凯[142]将行政隶属关系作为影响旅游经济网络联系的重要因素,采用社会网络分析法和空间分析方法,研究发现长江中游城市群旅游经济网络呈明显的"核心—边缘"结构与"行政派系"结构,呈多核心模式,各城市间的"旅游经济距离"日趋捷径化,行政隶属关系、空间近邻关系、时间距离和旅游投资等因素对长江中游城市群旅游经济网络结构的影响显著。学者们对不同区域的旅游经济空间结构[143][144]进行了大量的研究,对我国各区域旅游经济空间特征进行了详细分析,并提出对策建议,对我国旅游经济发展具有重要的理论和现实意义。

可见,学者们利用社会网络分析对旅游目的地网络、产业集群网络、利益相关者网络、旅游流网络、经济结构网络等网络类型,从国家、区域、城市、景区等层面,对网络基本特征、时空演化特征、影响因素等方面,进行了大量深入的详实的研究,得到了丰硕的成果。社会网络分析理论也已经成为国内旅游学领域的重要工具,但是现有的研究中,基于社会网络分析工具探究旅游协同发展状况的研究比较少见。目前的理论成果和应用实践证明,社会网络分析理论在描述和分析旅游产业及旅游目的地发展现状及态势方面具有较高价值,并且其可视化的展现方式对于发现和解决问题大有裨益,因此,本章利用社会网络分析工具揭示区域旅游协同发展的时空演变特征。

三、京津冀旅游协同发展网络测度结果分析

(一)京津冀旅游协同发展网络构建与指标选择

社会网络分析理论是旅游研究领域重要且有效的工具,其包含的诸多网络特性评价指标为量化研究提供了有力的工具。社会网络分析软件 UCINET,PAJEK,GRADAP 和 STRUCTURE 等的开发和应用,为该理论化方法的应用者和操作者带来了极大的便捷,加速了该方法在学术研究中的广泛应用。对京津冀旅游协同发展网络中各个城市的角色和地位进行时空演变分析,构建京津冀旅游协同发展网络,从诸多网络测度指标中选择京津冀旅游协同网络的评价指标,是首要且重要的环节,决定了下一步工作的科学性和有效性。

网络是由线状要素和点状要素相互联系组成的复杂系统,可抽象表征复杂的节点之间的联系,并且如果能与区位要素相结合的话,可以有效地映射区域空间结构。网络分析试图描述给定的实体(用点表示)之间的关系(用线表示)结构。相同的节点集合,不同的联结方式和联结程度,将形成不同功能的网络结构[145]。

旅游协同发展网络是以旅游目的地(城市)为网络节点,通过旅游目的地之间的协同发展产生互动联系而形成的网络,表示和象征了区域旅游协同发展的空间关联。京津冀城市群13个城市通过城市之间的旅游协同发展作用建立联系,并随着各城市旅游协同关系演变,形成动态的旅游协同空间网络。基于社会网络分析方法探究京津冀旅游协同发展网络结构特征以及演化规律主要包括以下几个步骤:第一步,依据某种测度模型测算旅游目的地(城市)两两之间的旅游协同发展强度(本书第五章详细阐述了京津冀13个城市之间旅游协同发展水平的计算方法);第二步,将旅游协同发展强度矩阵转化成二分矩阵。首先需要确定断点值,即如果两个城市之间的旅游协同发展水平大于断点值,则将这两个城市之间的旅游协同发展水平赋值为1,反之赋值为0。在第五章,基于隶属函数协调度模型计算得到2014—2018年京津冀13个城市两两之间的旅游协同发展水平数值,本章选取2014年与2018年两个年份的旅游协同发展水平做比较,得到2个13行13列的协同发展矩阵,并选取2018年京津冀13个城市之间旅游协同发展水平的均值作为断点值,建立2014年、2018年两个年份的京津冀旅游协同发展水平的二分矩阵。最后,根据2014年、2018年的二分矩阵,借助网络分析软件Ucinet6.0,进行网络结构的可视化表达,选取代表整体网络特征的网络密度、网络关联度、网络等级度、网络效率、"核心—边缘"分析和代表个体网络特征的度数中心度、接近中心度、中间中心度来反映京津冀旅游协同发展网络结构情况,针对输出结果进行详细分析与解释,探究京津冀旅游协同发展网络特征的时空演进规律,在量化分析的基础上,为京津冀旅游协同发展提供针对性较强的政策建议。

(二)京津冀城市群旅游协同网络结构可视化分析

旅游协同空间网络图可以直观地反映节点城市之间的旅游协同发展的复杂

关联性。将 2014 年、2018 年两个年份的旅游协同发展网络的数字进行二值化处理,代入 Ucinet6.0 软件的可视化工具 Netdraw 中,建立由京津冀城市群 13 个城市作为节点,城市间的二值化协同发展水平作为权值的旅游协同发展网络,结果如图 6.1 与图 6.2 所示。

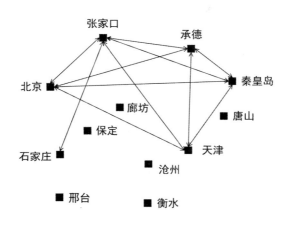

图 6.1　2014 年京津冀旅游协同发展网络

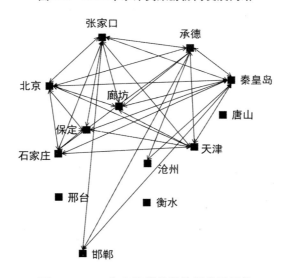

图 6.2　2018 年京津冀旅游协同发展网络

对比图 6.1 和图 6.2 可知,京津冀城市群旅游协同发展网络处于动态变化中,并向着复杂的方向演化。城市之间旅游协同发展的联系逐渐增多,网络结构越来越复杂紧密。总体上来看,京津冀城市群旅游协同发展网络呈现出以下特征:

第一,2014—2018 年,京津冀旅游协同发展网络由松散、简单向紧密、复杂演化。城市之间的箭头数量逐渐增加,说明建立协同发展关系的城市数量在增多。2014 年,网络结构呈现明显的北部城市协同关系相对紧密,南部城市没有进入协同网络的特征,协同关系主要分布于京津冀区域北部的 5 个重点旅游城市(北京、天津、秦皇岛、承德、张家口),河北省的唐山、廊坊、沧州、邯郸、衡水、邢台 6 个城市成为协同发展的"孤岛",网络结构非常松散。原因主要在于这些城市的旅游公共服务系统、旅游产品发展缓慢,使得旅游吸引力相对较弱。随着京津冀旅游协同发展各项政策的深入贯彻落实,2018 年,京津冀旅游协同发展网络中的协同网络结构变得比较紧密和复杂,城市之间协同联系增多,虽然依然存在着唐山、邢台、衡水三个孤立点,但是旅游协同发展网络已初步形成。

第二,张家口、秦皇岛、北京、天津、承德等历史著名旅游城市始终处于旅游协同发展的领先位置,特别是北京、天津作为京津冀旅游发展的枢纽城市,通过对周边城市的旅游辐射和扩散影响,带动周边城市旅游经济的进步和发展,使周边城市进一步发挥空间集聚和扩散作用,带动旅游经济落后城市的旅游公共服务系统的完善以及旅游产品开发与设计。截至 2018 年,已经形成了以北京、天津、承德等著名旅游城市为中心的"多中心"并存的、与旅游协同边缘城市共同组成的动态的、复杂的旅游协同发展系统。

第三,京津冀旅游协同发展网络日趋合理化。2014 年,旅游协同发展网络相对松散,河北省的唐山、廊坊、沧州、邯郸、衡水、邢台 6 个城市被孤立出来,整个京津冀区域旅游协同发展极不平衡,区域旅游协同发展良好的城市集中在京津冀区域的北部城市;2018 年,京津冀区域旅游协同网络变得合理,但是唐山、邢台、衡水仍然是协同发展的"孤岛",虽然邢台、衡水的协同发展水平增长率很高,但其绝对值相对较小,二值化处理后仍然不能进入旅游协同网络,呈现北部相对紧密,南部相对稀疏的格局。

（三）京津冀城市群旅游协同个体网络结构分析

（1）中心度分析

节点中心度测算的是个体节点在整个网络中的影响力和支配地位。基于京津冀城市之间的旅游协同发展水平,通过 UCINET6.0 软件测算京津冀城市在2014 年、2018 年两个时间截面上的点度中心度、接近中心度和中间中心度,结果见表 6.1。

表 6.1　2014 年、2018 年京津冀旅游协同发展网络节点中心度

节点	2014 年			2018 年		
	点度中心度	接近中心度	中间中心度	点度中心度	接近中心度	中间中心度
北京	33.333	12.371		58.333	24	
天津	33.333	12.371		58.333	24	
石家庄	8.333	12		58.333	24	
唐山						
秦皇岛	33.333	12.371		75	25	7.828
邯郸				25	22.222	
邢台						
保定				58.333	24	
张家口	41.667	12.5	6.061	66.667	24.49	2.525
承德	33.333	12.371		75	25	7.828
沧州				16.667	21.818	
廊坊				58.333	24	
衡水						
均值	14.102	5.691	0.466	42.308	18.348	1.399

由表 6.1 可知,2014 年,京津冀城市群 13 个节点城市的点度中心度均值为14.102,节点的点度中心度较低,节点城市之间的旅游协同发展联系较少。其中,张家口市的点度中心度为 41.667,名列 13 个城市首位,说明张家口市在2014 年的京津冀旅游协同网络中占据绝对中心地位,与其他节点联系最为密切。北京、天津、秦皇岛、承德并列第二(33.333),这 4 个城市点度中心度较高,

117

与其他城市协同发展较好,对周边城市的极化效应和扩散效应较强。这些城市的点度中心度在 13 个城市中排在前列主要是丰富的旅游资源、良好的旅游吸引力所致。河北省的 7 个城市均被孤立在旅游协同发展网络之外,几乎没有受到旅游中心城市的带动作用。

2018 年,京津冀城市群 13 个节点城市的点度中心度均值增长到 42.308,说明建立旅游协同发展关系的城市数量逐渐增多,城市之间的协同关系越来越紧密。不同的是,秦皇岛和承德点度中心度超过张家口市,数值为 75,处于网络中最核心的地位,在京津冀旅游协同发展中扮演重要角色。其次是张家口,点度中心度排名第二;随后是北京、天津、石家庄、保定和廊坊,这些城市的点度中心度达到 58.333,与其他城市建立起良好的协同发展关系。同时,除唐山、衡水和邢台外,其他 10 个城市的旅游协同发展点度中心度都在增加,这说明,随着近年来河北省旅游发展各项政策的落地实施,旅游产品供给不断优化和丰富,河北省旅游吸引力不断增强,旅游经济发展迅速,使得河北与京津之间、河北内部城市之间互动越来越多,旅游协同发展状态不断强化。北京、天津、张家口、承德、秦皇岛在协同发展中一直发挥着重要枢纽作用,保定、廊坊等城市在协同发展过程中也逐渐开始与其他城市建立良好的互动发展关系。但是邢台、衡水这些城市可能因为本身旅游资源匮乏或者距离旅游中心城市较远,导致其与其他城市旅游协同发展的步伐相对落后。

由表 6.1 可见,2014—2018 年,京津冀城市群节点城市的接近中心度均值由 5.691 上升至 18.348,说明京津冀城市群节点城市之间的旅游协同越来越顺畅,越来越多的城市可以自由支配旅游协同发展关系。依据时间节点进行纵向对比,可以发现网络中各节点城市的接近中心度数值相差不大,区域旅游合作与交流增强,城市之间的旅游协同发展愈加通畅,整个区域旅游协同发展逐渐由不均衡性向均质化的态势演进,旅游一体化程度稳步上升。2014 年,张家口市的接近中心度名列 13 个城市的首位,说明张家口市以绝对优势充当了网络的中间人角色,控制着京津冀旅游协同网络中城市间的互动,在 2014 年的京津冀旅游协同网络中不受其他城市控制,旅游协同的关联最好。其次是北京、天津、秦皇岛、承德这 4 个城市与其他城市协同发展较好,也在网络中扮演着中心行动者的角色,可以直接融入协同发展网络。但是有一半的城市处于孤立状态,节点城市的接近中心度呈现出两极分化趋势,张家口、北京、天津、承德、秦皇岛等城市拥有较高的接近中心度,处于网络核心地位,与其他城市之间的旅游协同发展相对顺利,而被孤立的保定、廊坊、邢台、衡水等7个城市的接近中心度为0,说明这7个节点城市与其他节点城市的旅游协同发展关系尚未有效建立。

2018年,秦皇岛和承德的接近中心度超过张家口市,数值为25,成为旅游协同网络绝对中心行动者,在网络中可以与任意的城市发生旅游协同关系而不需要通过其他城市进行关联,在京津冀旅游协同发展中扮演重要角色。其次是张家口,接近中心度排名第二;随后是北京、天津、石家庄、保定和廊坊等城市,同样具有相对较高的自由度,唐山、邢台、衡水三个城市的接近中心度依然为0,由于自身旅游资源禀赋不高、经济规模相对较小以及地理位置限制等原因,与其他城市的旅游协同发展联系需要靠其他节点城市的中转来实现,在网络中往往扮演边缘行动者角色。

2014年,除张家口市的中间中心度为6.061外,其他12个城市的中间中心度数值皆为0,说明张家口市充当京津冀旅游经济联系的中间者,在协同网络中充当桥梁作用,对其他城市旅游协同发展的控制能力最强。其他城市暂时没有充当旅游协同发展的中介角色。2018年,京津冀城市群的中间中心度状态发生显著变化,承德市与秦皇岛市的中间中心度数值达到7.828,超过张家口市(2.525),这三个城市在京津冀旅游协同发展网络中承担着中介角色,成为其他城市建立旅游协同发展的枢纽城市,中间人数量的增多进一步说明京津冀旅游协同发展网络中城市协同能力不断增强。特别是承德市与秦皇岛市从孤立状态转变为网络中介人的角色,在整个旅游协同发展网络中的地位上升明显。其余10个城市中间中心度数值依然为0,说明这些城市暂时未在旅游协同网络中发挥中介桥梁的作用,对其他城市间的旅游协同发展的影响力较弱。

(2)结构洞分析

结构洞理论阐释了城市间协同发展的交互特征,可以进一步揭示不同城市在协同发展中所发挥的中介作用。由表6.2可见,2014年,张家口市有效规模最大,限制度相对较小,说明该城市结构洞优势突出,在京津冀旅游协同发展网络中处于核心位置,发挥桥梁作用;北京、天津、承德、秦皇岛市限制度较小,而有效规模和效率性相对较大,在旅游协同网络中也发挥着重要传导作用;石家庄市有效规模和效率性相对较高,但是限制度数值最高,说明该城市与其他城市联系不够紧密;其他城市尚未进入协同发展网络,处于孤立状态和劣势地位。2018

年,秦皇岛、承德市、张家口市具有相对较高的有效规模。与 2014 年相比,秦皇岛、承德的限制度都上升了,效率性下降,说明虽然这两个城市在网络中发挥着很强的桥梁作用,但是结构洞优势减弱,控制和影响其他城市旅游协同发展的能力在降低。但是,同时也可以发现,北京、天津、石家庄以及新进入协同发展网络的保定、廊坊拥有较低的限制度,效率性高于秦皇岛、承德市和张家口市,沧州和邯郸的效率性数值名列 2018 年该指标排名的前两位,说明这些城市的结构洞水平在提高,越来越多的城市在协同发展中发挥能量和作用。2014—2018 年结构洞指标的变化表明,虽然之前拥有良好结构洞优势的城市的结构洞优势相对减弱,但是其他城市的结构洞优势出现增强态势,旅游协同发展网络结构在朝着合理化、均衡化的方向发展中,旅游协同发展的水平不断提升。

表 6.2 2014 年、2018 年京津冀城市结构洞指标测度结果

节点	2014 年			2018 年		
	有效规模	限制度	效率性	有效规模	限制度	效率性
北京	1	0.25	0.733	1	0.143	0.456
天津	1	0.25	0.733	1	0.143	0.456
石家庄	1	1	1	1	0.143	0.456
唐山						
秦皇岛	1	0.25	0.733	3.667	0.407	0.382
邯郸				1	0.333	0.506
邢台						
保定				1	0.143	0.456
张家口	2.6	0.52	0.53	2.25	0.281	0.42
承德	1	0.25	0.733	3.667	0.407	0.382
沧州				1	0.5	0.617
廊坊				1	0.143	0.456
衡水						
均值	0.585	0.194	0.343	1.276	0.203	0.353

（四）京津冀城市群旅游协同整体网络结构分析

（1）网络密度分析

节点城市之间的联系数量越多，协同发展网络的密度值就越高，城市之间的协同发展关系越密切，所形成的城市群网络对各节点城市的影响力便越大。通过 2014 年、2018 年京津冀旅游协同发展网络的网络密度的计算结果可以发现，京津冀城市群旅游经济整体网络密度不断增大，从 2014 年的 0.141 上升到 2018 年的 0.423，增长幅度达到 200%，说明京津冀城市之间的旅游协同整体网络的紧密度显著增高，协同发展趋势明显向好。这与各项文旅政策措施的推进实施、旅游基础设施的完善、中心城市的带动、交通条件的改善以及旅游旺盛需求等因素紧密有关。城市间协同关系数量也在增长，2014 年京津冀旅游协同发展网络中存在 11 种城市组合，到了 2018 年，网络中关系总数上升为 33 种，是 2014 年关系总数的 3 倍，说明京津冀城市群城市之间旅游协同关系增加，旅游互动更加频繁。

（2）凝聚子群分析

观察一个区域所具有的空间结构特征，不仅要从宏观上观察其现状演变，而且要从更细微的视角来观察其组成构造。凝聚子群分析就是这样一种能够从更细微的角度来发现城市群网络内部结构，识别许多关联密切的小型组团集聚状态的手段。

凝聚子群分析用来研究团体内部的子结构，划分网络中联系紧密的小团体，主要包含成分、派系、n—派系、k—宗派、k—核、块模型等分析方法[146]。"块模型"关注子群内部成员之间的关系密度，比较子群内部成员之间的关系频次相对于子群内、外部成员之间的关系的频次大小。"CONCOR"是一种迭代相关收敛法，是常用的块模型构建方法。通过多次迭代计算，由树形图显示各个位置之间结构对等性程度，并且标记出各个位置拥有的网络成员。本章采用块模型方法探究京津冀旅游协同发展网络中的小团体特征，解析京津冀区域旅游发展过程中的小团体集聚现象。图 6.3 和图 6.4 是利用"CONCOR"绘制的树状图，可以直观地看出 2014 年和 2018 年每个成员（城市）聚为一个子群的程度。

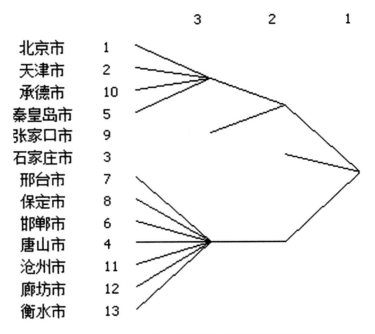

图 6.3 2014 年京津冀旅游协同发展凝聚子群计算结果

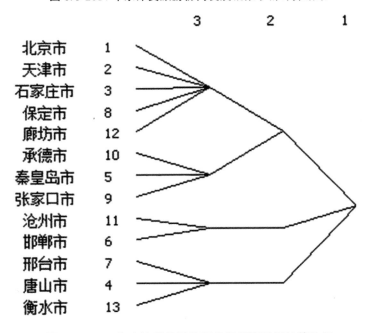

图 6.4 2018 年京津冀旅游协同发展凝聚子群计算结果

由图6.3可知,2014年,京津冀13个城市可分为4个子群,分别是张家口组成的子群1,石家庄组成的子群2,北京、天津、秦皇岛、承德4个城市组成的子群3,由保定、唐山、邯郸、邢台、沧州、廊坊、衡水7个城市组成的子群4。其中,子群1中只包含张家口市,这是因为张家口是2014年中心度最高的城市,其与子群3中的4个城市存在紧密的关系,与子群2(石家庄市)也存在联系。子群2仅包含石家庄市,仅与张家口市建立了协同关系,与京津冀其余的11个城市尚未建立联系。子群3内部的4个城市两两之间都已经建立了协同发展关系,成为一个紧密的团体。子群4中包含的7个城市内部成员之间没有联系,也尚未与其他子群的6个城市建立协同发展关系。

由图6.4可知,2018年京津冀13个城市可分为4个子群,分别是由北京、天津、石家庄、保定、廊坊5个城市组成的子群1,由秦皇岛、张家口、承德3个城市组成的子群2,由沧州、邯郸2个城市组成的子群3,由唐山、衡水、邢台3个城市组成的子群4。子群1、子群2、子群3之间并不是相互独立的,而是通过某些城市之间已经建立的协同关系联系起来。例如,子群1中的北京、天津等城市与子群2的城市存在紧密联系,子群3中的邯郸与子群2中的秦皇岛也存在着协同发展关系。但子群4的三个城市依然未与其他城市建立协同发展关系。

可见,截至2018年,京津冀13个城市的旅游协同发展网络表现出的团体特性越来越显著,越来越多的城市进入协同发展小团体中,区域旅游协同发展态势向好向上。特别地,北京、天津以及河北的秦皇岛、承德等6个主要旅游城市,作为京津冀旅游协同发展的主力城市都已经建立起紧密的协同发展联系,京津冀旅游协同发展效果显著,并且邯郸和沧州也在逐渐融入协同发展大潮中,唐山、邢台和衡水是协同发展的边缘地区,为旅游协同发展的重点关注区域。

通过对比2014年与2018年凝聚子群分类可以发现:京津冀城市群旅游协同发展的小团体划分,2014年,以地理场所空间位置布局为主,成片分布的特征明显。但是2018年出现了在地理场所空间上并不相邻,但却形成了密集凝聚子群的城市,比如北京、天津与保定,这说明现代通信技术的快速发展,使得地区之间的旅游经济联系不再受制于地理位置以及空间距离的限制。从年际变化上来看,2018年派系1中的节点城市包含了2014年派系1中的所有节点城市,只是增加了保定、廊坊、石家庄3个城市,虽然小团体在往南部扩展,但是仍然还在地理位置上存在邻近现象,这说明地理位置对于旅游协同发展交流壁垒问题依然存在。

（3）核心—边缘分析

通过核心—边缘分析模型,可以测度得到京津冀旅游协同发展网络中的核心角色,明确各个城市在旅游协同发展网络中所处的地位和角色。采用"假设—验证"方法,假设 2014 年和 2018 年的京津冀旅游协同网络模型皆为"核心—边缘"结构,分别测度两个时间节点的"核心—边缘关联缺失模型"的拟合度。其中,2014 年,"核心—边缘关联缺失模型"的拟合度为 0.957,2018 年,"核心—边缘关联缺失模型"的拟合度为 0.910,拟合度均较高,这说明两个年份的网络都存在明显的"核心—边缘"结构,京津冀旅游协同网络"核心—边缘"结构的假设成立。

核心边缘分析的结果显示,2014 年京津冀旅游协同网络中,共界定出北京市、天津市、石家庄市、秦皇岛市、张家口市、承德市 6 个核心成员,其他城市均为边缘城市。核心区内部的网络密度为 0.733,边缘区内部的网络密度为 0,核心区与边缘区之间城市节点的密度为 0。2018 年,旅游协同网络核心成员数量明显增多,京津冀区域越来越多的城市在旅游协同发展中显露头角,发挥越来越重要的作用。核心区内部的网络密度为 0.5,边缘区内部的网络密度为 0,核心区与边缘区之间城市节点的密度为 0。核心区网络密度下降,这是由于进入核心区的城市数量增多,但是城市之间并未全部建立两两之间的协同发展关系,使得网络密度相对 2014 年有所下降。可见,在京津冀旅游协同发展网络结构中,核心区内部的节点城市间旅游经济联系十分紧密,而边缘区显得相对孤立,与其他城市节点的联系较少。

表 6.3　2014 年、2018 年京津冀城市网络核心度

城市	2014 年	排名	2018 年	排名	名次变化
北京市	0.439	2	0.335	3	−1
天津市	0.438	3	0.335	3	0
石家庄市	0.095	4	0.335	3	+1
唐山市	0.001	5	0.017	6	−1
秦皇岛市	0.438	3	0.374	1	+2
邯郸市	0.001	5	0.147	4	+1

城市	2014 年	排名	2018 年	排名	名次变化
邢台市	0.001	5	0.017	6	−1
保定市	0.001	5	0.335	3	+2
张家口市	0.471	1	0.357	2	−1
承德市	0.439	2	0.374	1	+1
沧州市	0.001	5	0.104	5	0
廊坊市	0.001	5	0.335	3	+2
衡水市	0.001	5	0.017	6	−1

为了进一步明确各个城市在网络中发挥核心作用的区别,分别计算了2014年和2018年两个年份的网络核心度,结果如表6.3所示。由表6.3可见,2014年,张家口市核心度最高,北京、承德与天津、秦皇岛市四个城市的核心度基本相同,这五个城市成为2014年京津冀旅游发展的领先城市,具有各自的特征,旅游发展历史相对长久。其他城市核心度较低,这是由于这些城市在2014年旅游丰度、交通可达性等方面发展还相对较缓慢,协同能力尚未有效释放。2018年,承德市、秦皇岛市成为核心度(0.374)最高的城市,是京津冀旅游协同发展的绝对核心城市;其次是张家口市,其核心度为0.357;北京、天津、石家庄等5个城市,其核心度皆为0.335;其他城市核心度相对较小。可以发现,成为京津冀旅游核心的城市,都是旅游资源相对丰富、公共基础设施相对完善、交通发展迅速的城市,而且这些城市在近年来对旅游业的发展格外重视,深入开发和完善旅游产品,加强旅游产品的宣传和推广力度,使得旅游市场活力十足,旅游经济发展步伐稳健有力。

四、京津冀旅游协同发展网络影响因素分析

京津冀城市之间的旅游协同发展关系是旅游空间结构要素相互联系、相互作用的过程,旅游协同发展网络的形成、演变是各种影响因素叠加作用的综合结果。探究分析京津冀旅游协同发展网络结构的影响因素有利于对京津冀旅游协

同发展网络的演变、发展趋势有更加深刻的认识,有利于为京津冀旅游协同发展网络优化完善提供启示。京津冀城市群旅游协同发展网络的形成、发展是多种因素共同影响的结果,在对以往学者研究成果进行分析和总结的基础上,本章探讨空间位置邻近性、交通可达性、资源丰裕度、政府制度创新、信息技术要素投入、旅游服务水平、经济发展水平等 7 个因素对京津冀旅游协同发展网络形成和演变的影响,采用社会网络分析中的 QAP 分析方法进行定量研究。

(一)理论假设

(1)空间位置邻近与旅游协同发展

随着国家基础设施建设的发展,我国安全、便捷、高效、绿色、经济的现代化综合交通体系越来越完善,特别是高速公路的建设发展尤其迅速,对旅游发展起到了显著的推动作用。虽然人们在旅游过程中所花费的交通时间成本越来越小,但是城市之间的空间地理距离依然是影响游客旅游目的地选择的重要因素,这一是由于城市之间空间上的距离会增加游客的时间成本,较长的旅游过程也会增加旅游过程中的风险和不确定性,进而影响游客的出行体验。特别是,随着自驾游成为游客出行的一种重要方式,游客往往会选择在一定的区域范围内活动。二是空间地理位置上的邻近性为两个城市的旅游资源的整合开发、宣传推介带来了便利,为两个城市提供了众多的旅游发展合作机会,有利于旅游协同发展。因此,在目前的状况下,两城市之间的旅游协同发展关系仍有可能会随着距离的增加而减弱,即旅游协同发展关系可能具有"随距离衰减"的特征,相邻城市之间的协同发展关系可能会比远距离的城市之间的协同发展更加紧密。城市间距离越远,游客空间位置转移花费的成本越高,越不容易产生旅游经济联系,两个城市之间旅游合作的驱动力和意愿相对较小。本章以各城市在地理区位上是否相邻为指标,相邻赋值为 1,不相邻赋值为 0,以此建立距离矩阵,来考察空间位置邻近性对于旅游协同发展网络的影响。

(2)交通可达性与旅游协同发展

旅游目的地之间的相互作用不仅取决于旅游城市的旅游产品和空间距离,交通的可达程度也极大影响着城市之间旅游协同发展的趋势。交通可达性是旅游发展的必要条件,是连接旅游客源地和旅游目的地之间的桥梁,是游客、资金、信息等旅游要素流动的重要载体。城市之间交通的便捷程度越高,或者是交通的可达性程度越高,旅游资源要素的流通成本越低,城市之间的旅游交流和合作机会越多,可以改变因区位条件不利导致旅游发展滞后的状况。随着我国交通网络体系的建立和完善,城市之间的通行时间大大缩短,对我国大众旅游的兴起发挥了重要作用。例如,高铁的开通极大带动了高铁沿线旅游城市的旅游经济的发展,偏远山区的美丽自然风景和人文资源也因为交通条件的改善渐渐进入大众视野。不少学者针对高铁对旅游的影响进行了研究,研究表明区域旅游流空间结构的高铁效应表现为马太效应、过滤效应、扩散效应和叠加效应等特征,高铁强化了扩散源旅游流集聚作用,然后向边缘旅游地扩散,呈现为"集聚—扩散"模式;高铁使大尺度空间的不同客源地居民出游空间范围出现叠加现象[147]。许多城市将高铁资源要素与旅游服务产品相融合,设计推出系列高铁旅游新产品,有效带动区域旅游经济发展和产业优化升级[148]。

陈永林等[149]提出用交通通达性指数替代距离的概念。根据中国交通官方网站的列车时刻表和长途汽车时刻表,搜集整理城市间的最短交通时间,来确定两个城市之间的交通通达性指数。其提出的交通通达性指数反映了城市之间的交通可达性以及交通的便利状况,由公式 $D_{ij} = \dfrac{1}{2}\left(\dfrac{T_{ij}}{\sum T_i/n} + \dfrac{T_{ij}}{\sum T_j/n}\right)$ 计算得到。其中, D_{ij} 表示城市 i 和城市 j 之间的交通通达性指数, n 为区域内所有城市的个数, T_{ij} 为城市 i 到区域内任意一个城市 j 的平均最短交通时间, $\sum T_i/n$ 为城市 i 到区域内其他 n 个城市的平均最短交通时间。当 $i=j$ 时,不做赋值。 $D_{ij} < 1$ 说明两个城市之间的通达性强于区域平均水平;且 D_{ij} 越小,代表城市 i 和城市 j 之间的交通通达性相对于区域平均通达性水平越高,建立协同发展关系的交通条件越有利; $D_{ij} > 1$,说明两个城市之间的通达性弱于区域平均水平。

（3）资源丰裕度与旅游协同发展

旅游资源和旅游产品是旅游目的地发展最根本的物质保证和基础支撑。游客往往偏向于选择知名度高、口碑好的旅游景区、景点,旅游资源的种类、数量以及质量是影响游客出行决策制定的首要因素。合理整合和开发旅游资源,提高旅游产品数量和质量,有助于提高旅游目的地吸引力和竞争力,进而扩大旅游产业的规模,提高旅游产业的经济效益。我国对于旅游景区的划分实行的是 A 级景区评价体系,该评价体系的建立具有重要作用,不仅可以为游客选择出行目的地提供参考标准,更是激励我国景区不断创新发展、优化景区环境、提高服务质量、推出新产品和新服务的重要工具。

旅游资源是城市之间旅游协同发展的重要条件,诸多的跨城市、跨区域的旅游线路的开发和完善都是基于城市旅游资源的整合。一方面,区域内两个拥有显著竞争力和优势的旅游城市,更容易成为人们旅游的选择。游客的这种选择促进了这两个城市在旅游协同发展中"强强联合"。另一方面,区域内旅游发展相对落后或者旅游处于起步阶段的城市,可以通过与周边旅游发达的城市共同开发旅游线路等途径,达到拓展旅游市场、提高旅游知名度的目的,从而促进当地旅游产业的发展。旅游资源的整合开发是旅游协同发展的重要途径,对于区域整体旅游产业可持续发展具有重要意义,将极大促进区域旅游经济的发展壮大。借鉴孙根年[150]对 A 级景区赋值求和的方法计算各城市旅游资源禀赋得分,公式是:$Z = 5R1 + 2.5R2 + 1.5R3 + 0.75R4$,其中,$Z$ 为旅游资源禀赋得分,R1、R2、R3、R4 分别为 5A、4A、3A、2A 级旅游景区数,5、2.5、1.5、0.75 分别是对 5A、4A、3A、2A 级旅游景区赋予的权数。

(4)政府制度与旅游协同发展

旅游业作为国民经济发展的重要组成部分,已经成为众多城市的支柱型产业。旅游业的发展需要政府制度的规划、指导与约束。一方面,旅游产业作为一种经济现象,如果一直遵循市场化的发展步骤和规律,不可避免地会出现旅游资源的过度开发利用,造成优秀自然人文资源的退化和浪费,不利于旅游业的可持续发展,因此,需要政府制度加以规划和约束。另一方面,对于旅游业的协同发展来说,更需要制度的推进和指导。旅游协同发展政策的制定可以弱化城市间的壁垒,促进城市间旅游资源的共同开发与整合完善,对扩大区域市场容量、均衡区域发展具有重要意义。为促进区域协同发展,我国政府从国家、省、市等不同层面都颁布了一系列政策措施。例如,2015 年颁布了《京津冀协同发展规划纲要》,将京津冀协同发展上升为国家的重大发展战略,核心是有序疏解北京非首都功能,要在京津冀交通一体化、生态环境保护、产业升级转移等重点领域率先取得突破,除了明确京津冀区域整体定位及三省市定位以外,确定了京津冀协同发展的近期、中期、远期目标。此外,政府政策的扶持力度越大、措施越多,越能有效地促进区域旅游协同发展的步伐和旅游基础设施建设的优化和完善,提高区域旅游整体竞争力和吸引力。为了衡量城市之间政策制度对于旅游协同的影响,本章参考以往研究者的意见,从城市的开放程度、创新程度来考察城市之间政府制度对于旅游协同发展的影响。采用实际利用外资比例表示城市的开放程度,该指标不仅可以反映城市对于国外资本的开放程度,也可以反映一个城市对于其他城市和事物的开放、接受的态度,表示一个城市经济政策的开放性程度。选取专利申请状况来衡量城市技术创新能力。

(5)信息技术要素与旅游协同发展

在信息技术日新月异的时代,旅游产业中的技术要素的投入极大推动了旅游业的发展,带来了旅游产业的变革。智慧旅游、数字旅游的兴起正是信息技术作用于旅游业的产物,是产业数字化的结果。旅游景点景区、餐饮住宿行业不断加强信息技术的应用,引入新设备、开发新场景,丰富了旅游产品供给体系,提高了旅游服务水平,不仅满足了游客高质量旅行体验的需求,也促进了旅游目的地的高质量发展。一方面,技术创新改变了传统旅游业发展的模式,提高了旅游生产要素的流动效率和范围,改变了旅游业管理、营销及运作模式,重塑旅游发展模式和场景,优化旅游产业结构,突破了区域空间限制,使得信息流、资金流通过线上网络流通,加快地区经济运转速度,拓宽经济市场范围。另一方面,信息技术极大推动了旅游基础服务设施建设和完善,提高了旅游服务的质量和效率,为游客获取景区信息和反馈旅游感受提供了便利。我国大多数省份已经开发了专门服务于旅游的手机软件,游客可以通过专门的平台和软件进行旅游信息搜索,互联网成为旅游目的地与客源地、旅游企业与游客、游客与游客之间旅游信息流动的桥梁和媒介,改变了旅游信息参差错落、不对称的状况。特别是在突发事件背景下,信息技术在旅游业中的应用,极大保证了游客安全,使得旅游业的持续运转成为可能。邮电业务总量涵盖了互联网、移动电话、固定电话、函件等内容,在已有研究中被较多的作为信息技术的代理变量。本章以各城市邮电业务总量为指标构建差值矩阵。

(6)服务水平与旅游协同发展

旅游目的地的服务水平对游客旅行体验具有重要影响,是旅游目的地吸引力的重要影响因素。旅游酒店、餐饮、住宿行业的接待能力是旅游接待能力的体现,在一定程度上代表了旅游目的地的服务质量和水平。旅游目的地的服务质量越高,接待能力越强,游客的旅行体验越好,越容易吸引来游客。旅游的过程涉及"吃住行游购娱"各个环节,因此,旅游服务发展水平应包括旅游过程中的住宿、餐饮、交通、娱乐、购物等内容。以往的研究,往往选取星级饭店数量、星级宾馆数量等来衡量旅游目的地可以提供旅游服务的能力,本研究认为星级饭店、旅行社等旅游企业的经济发展状况代表了旅游企业发展水平,以及为游客提供服务的能力,比旅游企业数量更能反映旅游业发展潜力和活力。因此,选取餐饮和住宿业增加值占地区生产总值的比重、商务服务业增加值占地区生产总值的比重、文化、体育和娱乐业增加值占地区生产总值的比重来表征这些旅游企业的发展状况。而且,旅游业的正常运转与持续发展离不开人力资源的投入。因此,选择餐饮和住宿业从业人数、商务服务业从业人数、文化、体育和娱乐业从业人数来衡量旅游企业的人力资源状况。进一步,将各个指标归一化处理并加权合成,得到表征城市旅游服务水平的指标,基于此构建差值矩阵。

(7)经济水平与旅游协同发展

党的十九大报告指出,我国社会主要矛盾已经转化为人民日益增长的美好生活需要和不平衡不充分的发展之间的矛盾。旅游作为一种重要的生活和精神需求,是满足人民美好生活愿望的重要途径。旅游目的地经济发展水平越高,人们的可支配收入往往越多,物质水平越高,旅游需求也会越来越旺盛。同时,地区经济发展水平是旅游目的地基础设施建设、环境治理和优化的基础,区域经济发展水平高的城市建设中投入也会较高,旅游基础设施建设和旅游资源的开发力度越大,旅游发展要素越完善,旅游服务水平就越高,进而影响到城市居民出游意愿和旅游消费能力释放,旅游经济收益越高。旅游业在城市经济发展中的地位,反映了旅游业发展的潜力和拓展的空间。旅游产业地位的上升有助于旅游业发展外部环境的提高,影响着旅游资源的开发、旅游业投资、交通基础设施投资等多方面,影响着旅游业发展的速度、质量、效率。旅游目的地经济发展水平影响区域旅游协同发展的整体环境,影响旅游经济空间相互作用程度以及网络结构的发育水平。综合以上,选择城市 GDP 和旅游产业增加值占 GDP 的比例来衡量城市经济发展水平。GDP 是在一定时期内一个国家或者城市生产的最终产品的价值,可以衡量国家或城市的经济能力和生产力水平。从生产角度来说,GDP 高的国家或者城市生产能力更强,人们在满足基本物质生活需求之后,会积极提高精神文化生活水平,增加对旅游产品的购买。

(二)模型构建

基于上述旅游协同发展的影响因素的理论分析,作出以下假设:京津冀城市群旅游协同发展空间网络主要受城市间空间位置邻近性、交通可达性、资源丰裕度、政府制度创新、信息技术要素投入、城市服务水平、地区经济水平这七个因素的影响。由于京津冀城市群旅游协同发展空间网络这一被解释变量是关系矩阵,因此,首先必须将解释变量转换为相应的 1-Mode 的对称关系矩阵,才可以利用社会网络分析中的 QAP 方法对解释变量和被解释变量之间的关系进行验证,并开展参数估计和统计检验。上述影响因素中,根据其计算方法可以知道,交通通达度和地理空间矩阵本身就是关系型矩阵的形式,不需再进行转换。资源丰裕度、政府制度创新、信息技术要素投入、城市旅游服务水平等因素需要转换为相应的差异矩阵,方可进行下一步研究。为了消除变量间量纲和单位的影响,首先需要对所有的解释变量矩阵进行标准化处理,本章选择最大最小值法进行数据处理,并以 2018 年京津冀城市群旅游发展网络中城市间协同发展水平矩阵为被解释变量,进行相关分析和回归分析。最终建立的 QAP 回归方程的计量模型如下:

$$Y = \beta_0 + \beta_1 X_1 + \beta_2 X_2 + \beta_3 X_3 + \beta_4 X_4 + \beta_5 X_5 + \beta_6 X_6 + \beta_7 X_7 + \mu \quad (6.7)$$

其中,Y 为被解释变量,即 2018 年京津冀城市群旅游协同发展水平的空间关联矩阵;X_1 表示空间位置邻近矩阵,当城市 i 和城市 j 具有共同边界时,X_{ij} 值为 1,没有共同边界时,值为 0,X_{ij} 为 0—1 矩阵;X_2 表示交通可达性矩阵,由上文两城市交通可达性指数计算得到;X_3 表示资源丰裕度矩阵,以各城市旅游资源禀赋得分为指标,构建计算绝对差异矩阵;X_4 表示政府制度创新差异矩阵;X_5 表示信息技术要素投入的绝对差异矩阵;X_6 表示城市旅游服务水平的空间差异矩阵;X_7 表示城市经济水平的绝对差异矩阵。上述 7 个差异矩阵的计算方法在上文都已详细阐述,这里不再赘述。

(三)QAP 回归结果分析

运用 QAP 模型对 2014 年、2018 年京津冀旅游协同发展网络关系矩阵与地理位置邻近性、旅游资源禀赋、交通可达性、政府制度创新、信息要素投入、旅游服务水平、城市经济发展水平关系矩阵进行 QAP 回归分析。在 QAP 相关分析模块,依次输入京津冀城市群旅游协同发展网络二值关系矩阵(被解释变量)和其他影响因素(解释变量)关系矩阵,并选择 5000 次随机置换次数,得到京津冀城市群旅游经济空间网络与影响因素的相关性分析结果,见表 6.4。

表 6.4　京津冀旅游协同发展水平矩阵与影响因素的回归相关性分析

	2014 年		2018 年	
	回归系数	显著性	回归系数	显著性
空间位置邻近	0.09992	0.103	0.1301	0.001
交通可达性	−0.1254	0.002	−0.0923	0.001
旅游资源禀赋	−0.1098	0.034	0.062	0.176
政府制度创新	0.076	0.163	−0.277	0.025
信息要素投入	0.213	0.119	0.301	0.000
旅游服务水平	0.004	0.206	0.071	0.138
城市经济发展水平	−0.169	0.317	−0.431	0.001

(1)空间位置邻近

由测算结果可知,2014 年,表示城市之间空间位置邻近的变量系数为正,但是并不显著,这表示两个城市之间的空间位置越远越不容易建立旅游协同发展关系,协同关系发展在距离较远的城市,不仅会增加时间和资金的成本,也会带来各种未知风险,对旅游协同网络的形成产生阻碍作用。2018 年,表示城市之间空间位置邻近的变量系数变大,且通过了 0.01 的显著水平检验,说明该变量对于旅游协同发展网络结构的影响变大,空间位置相邻的城市更倾向于进行旅游合作和交往,建立协同发展关系,符合区域经济研究中的"近水楼台先得月"的特征。2014 年,京津冀旅游协同发展网络中,北京、天津两个城市建立的协同发展关系不仅仅是在于空间位置上具有邻近性,在旅游发展历史、旅游资源、旅游竞争力等旅游发展状况上也领先于其他城市,其本身良好的经济社会发展条件也是建立旅游协同发展关系的决定条件。河北省 11 个城市中,秦皇岛、承德市等旅游发展较早的城市因其良好的旅游资源与其他城市建立起旅游协同发展关系,但是空间位置的邻近性关系不大。2014 年至 2018 年,京津冀地区积极落实京津冀协同发展国家战略,区域信息化基础设施建设、城市建设和环境保护、交通体系建设都有了巨大的进步,为旅游协同发展提供了良好的发展环境。且在全域旅游发展理念的指引下,各城市旅游发展水平都有很大提高,推出了独具特色的旅游产品。因此,前期旅游发展相对落后的城市开始慢慢与其周边旅游城市建立联系,提出整合发展旅游业的具体措施,共同开发并联合推出系列旅游产品和服务,空间相邻为城市间人员、资金和信息要素的合作互动提供了极大便利,所以,地理位置上的相近对于旅游协同发展具有显著影响。

（2）交通可达性

不论是在 2014 年,还是在 2018 年,交通可达性都对京津冀旅游协同发展网络产生了显著的正向影响。旅游交通的便利程度不仅影响旅游者的决策制定,也是旅游协同发展联系的重要影响因素。京津冀协同发展战略提出以来,区域交通体系建设日趋完善,便利的交通条件带来的"时空压缩效应"对旅游协同发展网络的完善和拓展具有促进作用。公路、铁路、飞机等交通设施的完善,交通便利性程度不断提高,降低了旅游者的交通成本,降低了其他旅游发展要素通达的空间和时间成本,推进了城市之间旅游协同发展关系的建立。但是 2018 年,正向关系减弱,这可能是由于在交通网络建立完善后,互联网信息技术等新一代科技革命的发展、政府的推动作用等其他外部动力因素对于旅游协同发展的影响逐渐加深,使得交通对于旅游协同发展的影响程度相对减弱。总之,区域城市间的交通可达性程度对于旅游协同发展具有显著的推动作用,通过促进城市间游客及旅游要素的充分流动,影响着旅游协同发展网络的演进,改变着各节点城市间旅游经济网络的关系强度。

（3）旅游资源禀赋

2014 年,表示旅游资源禀赋的变量符号为负,且 P 值小于 0.05,表明旅游资源禀赋的差距对于京津冀区域旅游协同发展关系产生了负向影响,即该时期城市之间旅游资源禀赋之间的差异性越小,城市之间越容易建立旅游协同发展关系。这一测度结果与 2014 年京津冀城市旅游协同发展网络表现一致。2014年,京津冀旅游协同发展网络中的城市主要是旅游资源较为丰富的城市,旅游协同联系也是在这些城市之间产生。旅游发展落后的城市,例如,邢台、衡水等城市并未进入协同网络。但是,2018 年,旅游资源禀赋的符号发生变化,变为0.062,且 P 值不显著,这说明该时期旅游资源禀赋与旅游协同发展网络的相关性不显著了,城市间旅游资源之间的差距对城市之间旅游联系的影响不显著。

这可能是由于近年来,京津冀各城市重视旅游业发展,大力推进旅游资源开发和旅游产品创新,旅游供给体系逐渐壮大,旅游资源禀赋差异缩小,不再对旅游协同发展关系的建立发挥决定性作用。同时,各城市旅游资源的差异也具有一定的空间互补性,在国家政策的指引下,对于京津冀区域旅游资源进行整合开发,推进区域旅游合作,有利于区域整体旅游网络的形成和旅游竞争力的提高。可见,旅游资源禀赋虽然是旅游经济发展的基础条件但不是旅游协同发展的决定因素,旅游资源禀赋合理开发利用、城市旅游协同网络的建立以及旅游资源效益的发挥还需要旅游目的社会经济水平等其他因素的共同作用。

(4)政府制度创新

2014年,政府制度创新的回归系数为正,但是不显著,政府制度创新对于京津冀旅游协同发展的影响不显著,说明在该时期,城市间政府制度差异与旅游协同发展没有直接关系。2018年,代表政府制度创新的指标回归系数为负,表示城市之间政府制度创新越接近,城市之间旅游经济联系越紧密。其原因在于,政府制定的政策、措施为旅游协同发展提供了方向和指引,某一城市在选择建立旅游协同发展关系的城市时,会选择与本城市制度、政策、规则等方面相近的城市,这样建立的旅游协同发展关系将比较顺畅和牢固。旅游城市的协同发展的意愿越强烈,市场开放程度越高,城市间旅游合作的渠道越容易建立,城市之间的壁垒越容易被打破。同时,制度创新也代表了城市发展的方向,表达了城市发展的需求和意愿,城市之间主动的、自发的旅游协同发展关系的建立,正是旅游目的地城市对于其他城市需求的关注和呼应,同时也是对自身发展要求的满足。因此,区域旅游协同发展网络、协同发展关系容易在制度创新程度较为接近的城市之间产生。

我国长三角、珠三角地区分别依托上海浦东、深圳等开放窗口对外开放的带动,经济外向型活力十足,城市之间旅游协同内部联系密切。但京津冀城市群中,北京和天津开放程度较高,制度创新相对活跃,河北省部分城市发展相对落后、开放程度相对较低,城市群旅游协同发展联系仅围绕着对外开放程度相对更高的京津和河北省秦皇岛、承德等部分城市展开。因此,京津冀城市群加强旅游协同发展联系,亟须重点推进河北省城市的制度创新强度和经济开放程度,特别是利用好沿海省份和邻近首都这两大区位优势,利用好自身自然资源和文化资源优势,紧抓雄安千年大计及冬奥时代机遇,提高经济开放活力。

（5）信息要素投入

采用包含了互联网、移动电话、固定电话、函件等方面的邮电业务总量构建了衡量信息要素投入的差值矩阵,可以反映城市信息化基础设施建设和使用情况。2014年,信息要素投入对旅游协同发展网络回归结果显著,信息要素投入对于旅游协同发展网络具有正向影响。2018年,信息要素投入指标回归系数变大且通过了0.01的显著性水平检验,说明信息要素投入对旅游协同发展网络的成长和完善起到了显著的促进作用,且与2014年相比,这种推动力量在增强。以互联网为代表的新一代信息技术的运用极大地缩短了空间距离,提高了时效性,重塑了区域旅游互动互联模式和场景。京津冀区域信息化基础设施建设不断完善,旅游产业与信息科技持续快速发展、深度融合。一方面,随着新一代科学技术在住宿、餐饮、交通、购物等旅游要素中的应用不断拓展和深化,旅游产业结构得到了持续优化,旅游产业链不断延伸和扩展;另一方面,北京、天津、秦皇岛等著名旅游城市智慧旅游城市建设不断推进,利用物联网、云计算、智能数据挖掘等新一代信息技术整合和激活旅游资源的能力不断提高。

（6）旅游服务水平

2014年、2018年,综合餐饮、住宿等旅游行业营业水平以及人力资源投入建立的衡量旅游服务水平的指标与旅游协同发展网络具有一定的相关性但是回归结果并不显著。这可能是受以下几方面影响:一是,近些年信息要素投入、政府制度创新等这些外部推动性因素不仅对旅游业发展,甚至对整个社会都产生了巨大的影响,生产和生活方式发生了巨大变革,旅游服务水平对城市旅游协同发展的作用相对减弱;二是,近些年来星级酒店数量减少,很多高级酒店主动摘星,变星级导向为品牌导向。因此,采用营业水平、人力资源合成的表示综合性指标,不能对城市间旅游协同发展关系的建立、协同发展网络的形成和演进起到显著影响。

（7）城市经济发展水平

2014年的QAP回归结果显示,城市经济发展水平对于京津冀旅游协同发展网络没有显著影响,这可能是由于该时期京津冀旅游发展还处于各自发展的状态,协同发展概念刚刚提出,旅游发展网络尚未建立,城市间旅游协同发展联系较少。2018年,城市经济发展水平差异对京津冀旅游协同发展网络产生了显著的负向影响,通过了显著性水平检验。这表明城市经济水平的差距越大,越不利于建立旅游协同发展关系,即旅游协同发展关系更加倾向于在两个经济实力差距较小的城市之间发生,旅游产业发展的经济环境相差越大,旅游协同发展网络空间关联关系越弱。城市经济发展水平对于旅游协同发展网络的建立具有重要作用,因为城市经济发展水平能够反映一个城市对于旅游产品的开发和供给能力,以及城市基础设施建设、环境保护、信息技术基础设施建设等方面的能力。经济水平强大的城市依靠自身强大的旅游产品创新和供给能力对外进行宣传推介和交流发展,更容易提高自身旅游竞争力。另一方面,旅游产品并不属于生活必需品,其开发和供给水平与旅游目的地城市的经济发展水平密切相关,经济水平高的城市往往选择与经济水平高的城市进行旅游产品线路的合作开发和协同营销,这体现了"强强联合"的现象。因此,两个城市之间经济发展水平差异程度越小,旅游协同发展联系越多,表现为旅游协同发展与城市生产总值差距的负相关关系。

(四)基于灰色关联分析的京津冀城市旅游协同发展影响因素研究

在"构建以国内大循环为主体、国内国际双循环相互促进的新发展格局"发展背景下,建立京津冀旅游良性协同发展机制,对于有效激活京津冀地区文化和旅游市场消费活力,促进京津冀地区协同发展具有重要的推动作用。基于目前京津冀区域旅游协同发展南北差异较大的状况,理清旅游协同发展影响因素,对于提升旅游协同发展水平具有重要意义。

灰色关联分析方法不受样本量多少和样本有无规律的限制,其基本思想是根据序列曲线几何形状的相似程度来判断其联系是否紧密。曲线越接近,相应序列之间的关联度就越大,反之就越小。本文采用灰色关联分析法,基于 2014 年至 2018 年的时间序列数据,分别以 13 个城市为考察对象,对各城市旅游协同发展水平与产业基础、创新环境、交通支持、服务能力、生态水平 5 个因素的关联程度进行计算,分析各指标对区域旅游协同发展的影响程度,结果见表 6.5 所列。

表 6.5　京津冀 13 个城市的旅游协同发展水平与一级指标的灰色关联分析

	北京	天津	石家庄	唐山	秦皇岛	邯郸	邢台	保定	张家口	承德	沧州	廊坊	衡水	均值
服务能力	0.846	0.780	0.920	0.762	0.759	0.847	0.782	0.731	0.906	0.852	0.762	0.818	0.805	0.813
交通支持	0.834	0.831	0.802	0.830	0.748	0.744	0.796	0.760	0.818	0.651	0.680	0.757	0.796	0.773
生态水平	0.887	0.781	0.861	0.881	0.801	0.817	0.881	0.770	0.911	0.876	0.818	0.901	0.731	0.840
创新环境	0.799	0.707	0.844	0.855	0.717	0.794	0.822	0.774	0.885	0.764	0.683	0.813	0.733	0.784
产业基础	0.882	0.853	0.845	0.844	0.761	0.785	0.918	0.709	0.811	0.802	0.834	0.775	0.721	0.811

　　根据表 6.5 中灰色关联度可以看出,京津冀旅游协同发展水平与产业基础、创新环境、交通支持、服务能力、生态水平的关联关系各不相同。总体来看,依据 13 个城市灰色关联分析均值测度结果可知,考察期内,影响京津冀旅游协同发展水平的因素由强到弱依次是生态水平、服务能力、产业基础、创新环境、交通支持。生态水平的灰色关联度普遍较高,最高值出现在张家口市,为 0.911。统计分析发现,"生态水平"指标与协同发展水平的灰色关联度数值在北京、秦皇岛、张家口等 6 个城市中位列第一,5 个城市中位列第二,是影响区域旅游协同发展的第一大因素。"服务能力"是影响旅游协同发展水平的第二大因素,石家庄、张家口等 6 个城市旅游协同发展水平与该指标的灰色关联度数值排名前二。"创新环境"与旅游协同发展水平的灰色关联度数值有 10 个城市都大于 0.75,最高值出现在张家口市(0.885),最低值出现在沧州市(0.683),由此可见该指标对旅游协同发展同样具有重要作用,验证了将"创新环境"这一指标加入京津冀协同发展指标体系的合理性。"产业基础"灰色关联平均值名列五个因素排名的第三位,对区域旅游协同发展水平影响较大。具体到城市,"产业基础"是影响天津旅游协同发展的首要因素,是影响北京、秦皇岛的第二大因素,是影响承德的第三大因素,而这几个城市正是京津冀区域旅游发展较早和较成熟的城市,也是在旅游协同发展中发挥核心引领和带动作用的城市,可见,产业基础对于旅游协同发展具有重要的支撑作用。"交通支持"相对于其他因素对于旅游

协同发展的影响最低,均值为 0.773,这可能是受大众旅游时代"自驾游"等新兴旅游出行方式的影响,交通这一"硬实力"发展到一定程度,不再成为影响旅游发展的重要因素,影响游客主观感受、心理感受以及健康的生态环境因素、服务水平等"软实力"因素以及既有产业基础所代表的旅游影响力、吸引力成为影响旅游协同发展的关键因素。

五、本章小结

社会网络分析方法中诸多网络指标对于网络结构、网络节点地位与作用的描述与刻画,使得这种方法不仅为社会学领域提供了坚实的理论和实证支撑,也为经济学、管理学、地理学等非社会学领域的研究增加了有效的研究方法。本章在构建京津冀旅游协同发展网络的基础上,采用社会网络分析方法,从整体上研究了京津冀旅游协同发展网络形态的演变过程,对城市在网络中的角色进行了具体描述与分析,对区域旅游协同网络结构特征发展与变化形成了直观的、系统的认识。主要结论如下:

第一,城市之间协同联系增多,旅游协同发展网络更加完善。张家口、秦皇岛、北京、天津、承德等历史著名旅游城市始终处于旅游协同发展的领先位置,特别是北京、天津作为京津冀旅游发展的枢纽城市,对周边城市的旅游辐射和扩散影响较强。2018 年,京津冀区域旅游协同网络变得合理,但是唐山、邢台、衡水仍然是协同发展的"孤岛",虽然邢台、衡水的协同发展水平增长率很高,但其绝对值相对较小,二值化处理后仍然不能进入旅游协同网络。京津冀旅游协同发展网络呈现北部相对紧密,南部相对稀疏的格局。

第二,北京、天津、张家口、承德、秦皇岛在协同发展中一直发挥着重要的枢纽作用,保定、廊坊等城市在协同发展过程中也逐渐开始与其他城市建立良好的互动发展关系。但是邢台、衡水这些城市可能因为本身旅游资源匮乏或者距离旅游中心城市较远,所以与其他城市旅游协同发展的步伐相对落后。2014—2018 年结构洞指标的变化表明,旅游协同发展网络结构在朝着合理化、均衡化的方向发展中。

第三,2014 年与 2018 年凝聚子群分类结果显示,现代通信技术的快速发展,使得地区之间的旅游经济联系不再受地理位置以及空间距离的限制,2018年出现了在地理场所空间上并不相邻,但却形成了密集凝聚子群的城市组合,比如北京、天津与保定。

第四,本章研究京津冀区域城市旅游协同发展各个因素对协同发展网络的影响。以整体京津冀旅游协同发展网络为研究对象,采用 UCNIET6.0 软件自带的 QAP 相关性分析方法和回归分析方法,量化京津冀旅游协同发展网络规模扩大、密度增加、带动落后城市发展等演进特征背后的影响因素。运用 QAP 模型对 2014 年、2018 年京津冀旅游协同发展网络关系矩阵与地理位置邻近性、旅游资源禀赋、交通可达性、政府制度创新、信息要素投入、旅游服务水平、城市经济发展水平关系矩阵进行 QAP 回归分析。由测算结果可知,空间位置对于旅游协同发展网络结构的影响变大,空间位置相邻的城市更倾向于进行旅游合作和交往,建立协同发展关系,符合区域经济研究中的"近水楼台先得月"的特征。交通可达性对旅游协同发展网络都具有显著的正向影响。旅游交通的便利程度不仅影响旅游者的决策制定,也是旅游协同发展联系的重要影响因素。由于近年来,京津冀大力推进旅游资源开发和旅游产品创新,旅游供给体系逐渐壮大,旅游资源禀赋差异不再对旅游协同发展关系的建立发挥关键作用,旅游资源禀赋与旅游协同发展网络的相关性减弱。2014 年,城市间政府制度差异与旅游协同发展没有直接关系,但到 2018 年,城市之间政府制度创新越接近,城市之间旅游经济联系越紧密。信息要素投入对旅游协同发展网络具有正向影响,且正向作用提升了,这说明信息要素投入对旅游协同发展网络的成长和完善起到了显著的促进作用。旅游服务水平与旅游协同发展网络具有一定的相关性但是回归结果并不显著。城市经济发展水平差异对京津冀旅游协同发展网络产生了显著的负向影响,通过了显著性水平检验,表明城市经济水平的差距越大越不利于建立旅游协同发展关系,即旅游协同发展关系更加倾向于在两个经济实力差距较小的城市之间发生。

第七章 京津冀协同发展背景下天津市旅游业发展对策研究

一、推进京津冀协同发展的天津实践

京津冀协同发展战略是习近平总书记亲自谋划、亲自部署、亲自推动的重大国家战略。近年来,天津市委市政府深入学习贯彻习近平总书记关于京津冀协同发展重要讲话和重要指示批示精神,坚持把推动京津冀协同发展作为重大政治任务和重大历史机遇,牢固树立"一盘棋"思想,立足"一基地三区"功能定位,紧抓北京非首都功能疏解"牛鼻子",加快把天津特色战略资源和比较优势转化为发展动能,大力推动原始创新和科技创新,促进产业结构优化升级,推动北方国际航运枢纽建设,统筹推进交通、生态、公共服务等重点领域持续突破。《中共天津市委关于制定天津市国民经济和社会发展第十四个五年规划和二〇三五年远景目标的建议》提出,基本实现"一基地三区"功能定位是"十四五"时期天津经济社会发展主要目标之一,围绕深度融入京津冀世界级城市群建设,优化空间布局和城镇体系,加快建设全国先进制造研发基地、北方国际航运核心区、金融创新运营示范区、改革开放先行区,打造"津城""滨城"双城发展格局,在落实重大国家战略中展现天津作为、贡献天津力量。

(一)全力服务北京非首都功能疏解和雄安新区建设

持续推进承接平台载体建设及布局优化。建立健全疏解承接机制,持续深化部市、院市、校市、企市合作,结合天津发展特色与功能定位,推进错位承接、精准承接。2017—2021 年,引进京企投资项目 4149 个,投资到位额 6056 亿元,占全市引进内资的 42%。国家电网、麒麟软件、中海油、中石化、华能集团、奇虎360 等一大批央企和高科技民企在津投资布局。加快推进"1+16"载体平台体系建设,全面提升滨海—中关村科技园、宝坻京津中关村科技城等载体平台的承载能力,截至 2021 年底,滨海—中关村科技园累计注册企业超 3000 家,京津中关村科技城配套服务设施加快完善,累计注册企业 600 余家,标志性承接平台的影响力、竞争力不断提升。出台"天津市重点承接平台发展评价指标体系(试行)"强化对载体平台建设的全面评估与动态调整优化,推进升级版承接平台体系建设。

积极推进河北雄安新区建设发展战略合作,依托天津港交通枢纽、职业教育发展优势、规划设计等资源,全力支持雄安新区全面深化改革和扩大开放。协同构建快捷高效的交通一体化体系,天津至雄安新区的津雄高铁纳入规划,天津市第一中学与河北省雄县中学签署对口支援协议,天津一中雄安校区建设顺利推进。天津港集团主动对接雄安新区服务需求,2019 年 8 月,成立雄安新区服务中心,并与保定、胜芳、白沟等网络服务节点形成联动,构建起"一中心三节点"的前端服务体系,通过智慧化手段促进物流服务水平持续提升,落实雄安新区出海口的重要定位,为雄安新区企业的进出口业务开展装上"助推器"。2021 年,天津港服务雄安新区绿色通道操作量完成超 1.1 万标准箱,保持快速增长势头。充分发挥国家现代职业教育改革创新示范区优势,由天津职业大学牵头组团,围绕雄安新区现代产业体系需求,助推雄安新区建立完善的高素质技术技能人才培养培训体系,加强天津市职业院校与雄安新区三县职教中心的合作办学,开展终身职业技能培训深度合作,提升雄安新区职业教育质量,助力雄安新区高端高新产业发展。

(二)高水平推进"一基地三区"功能定位落实

一是加快建设全国先进制造研发基地。制定《天津市建设全国先进制造研发基地实施方案(2015—2020 年)》,实施制造业立市战略,制定实施《天津市制造强市建设三年行动计划(2021—2023 年)》《天津市产业链高质量发展三年行动方案(2021—2023年)》《天津市促进智能制造发展条例》等计划方案,加快构建以智能科技产业为引领,以生物医药、新能源、新材料等战略性新兴产业为重点,以装备制造、汽车、石油化工和航空航天等优势产业为支撑的"1+3+4"现代工业产业体系。天津明确产业路径、调整产业结构,着眼提升产业链整体竞争力,打造了信息技术应用创新、高端装备、集成电路、新材料等12条产业链,集中攻坚精准推进产业链高质量发展,以链提质、以链强业。2021年,天津12条重点产业链总产值达到1.26万亿元。2023年举办了第七届世界智能大会,加大制造业领域的招商引资。加快推进人工智能、工业互联网、物联网建设,23个工业App入选工信部优秀解决方案,位列全国第一。《天津市制造业高质量发展"十四五"规划》明确提出,到2025年,制造业增加值占地区生产总值比重达到25%,工业战略性新兴产业增加值占规模以上工业增加值比重达到40%,高技术产业(制造业)增加值占规模以上工业增加值比重达到30%以上,基本建成研发制造能力强大、产业价值链高端、辐射带动作用显著的全国先进制造研发基地。

二是高水平打造京津冀"海上门户"枢纽。全面落实《关于加快天津北方国际航运枢纽建设的意见》,高质量推进世界一流智慧港口、绿色港口建设,天津港集装箱传统码头无人自动化改造全球领先,北疆港区C段智能化集装箱码头正式投产运营。持续优化天津港运输结构,海铁联运加快发展,"公转铁""散改集"运输有序推进,实施集疏运专用货运通道、北航道相关水域浚深等一批重点工程。实施《加快推进中国国际航空物流中心建设实施方案》,加快推动区域枢纽机场和国际航空物流中心建设。2021年,新华·波罗的海全球航运中心评价指数排名由全球第24位上升至第20位,开创天津港蓬勃兴盛新局面。持续深化津冀港口群合作。全面推进津冀《世界一流津冀港口全面战略合作框架协议》,按照"一个目标、两个港口、四个升级"的工作思路,构建世界一流津冀港口群。打造以天津港为核心的环渤海支线运输网络,加快建立全覆盖、多业态、多层次物流营销网络,渤海津冀港口公司、津唐国际集装箱码头公司吞吐量实现稳步增长。深化津冀港口干支联动,联合环渤海10余家港口,做强环渤海"天天班""两点一航"服务,大力推动组建环渤海港口联盟,推进两地港口企业起草完成"1+4"合作协议。高质量打造共建"一带一路"开放平台,海向辐射能力不断增强;陆向畅通能力持续完善,打造海铁联运物流解决方案,跨境陆桥运量继续领跑全国沿海港口。坚持以提升服务效率为关键,持续优化口岸营商环境。持续深入实施降费提效优化环境专项行动,实施"一站式阳光价格""一次缴费、全港通行"等一系列举措,优化流程,提高效率,助力压缩通关时间,港口综合成本进一步降低,2021 年天津口岸进、出整体通关时间降至 36.63 小时、0.47 小时,"阳光服务""智慧港口""津港效率""一流口岸"品牌影响力持续扩大。在全国率先推出"船边直抵"和"抵港直装"改革,推动关港"集疏港智慧平台"建设,促进了口岸跨境贸易便利化水平提升。与北京市联动实施促进跨境贸易便利化举措。制定出台《天津市推进北方国际航运枢纽建设条例》,为推动天津北方国际航运枢纽建设提供法治保障。

三是加快建设金融创新运营示范区。深入落实《关于进一步加快建设金融创新运营示范区的实施意见》,截至 2022 年 10 月,已累计发布 100 个金融创新案例。天津自由贸易账户体系成功落地,成为继上海、海南之后,第三个上线自由贸易账户体系的地区。截至 2022 年,累计结算量超 5700 亿元。农业银行全球反洗钱中心(天津)、亚投行全球首个总部外功能中心——亚投行数据与综合业务基地、深圳证券交易所天津基地、德意志(中国)银行总行运营及支持共享中心等项目落地运营,形成了一批立足地方、服务全国、兼具特色的中后台金融运营新业态。京津冀协同发展产业投资基金进入投资运行阶段。将租赁业发展作为金融创新运营示范区建设的重中之重,持续打造天津金融租赁行业新高地。制定《打造国际一流国家租赁创新示范区的工作措施》,建立法律、监管、外汇、海关、财税等全方位配套制度,推进保税租赁、离岸租赁、绿色租赁等新业务模式。在政策创新与优化营商环境上不断突破,推出进口租赁飞机跨关区联动监管、委托异地海关监管等创新政策,探索出"租赁+买卖""租赁+维修""租赁+改装"等资产交易新模式,探索出口租赁和离岸租赁的新模式,设立全国首家融资租赁专业法庭,创新设立融资租赁多元化纠纷共治中心。截至 2022 年 8 月,共有融资(金融)租赁法人机构 1360 家,资产总额超过 2 万亿元,均居全国前列。飞机、国际航运船舶、海工平台租赁和处置业务规模占全国总量的 80% 以上,保持全国领先水平,成为全球第二大飞机租赁聚集地和全国最大的租赁飞机资产交易中心。

四是加快建设改革开放先行区。加快推进滨海新区高质量发展,出台了《加快推进新时代滨海新区高质量发展的意见》等一系列支持文件,率先建立现代化经济体系,智慧港口、绿色港口建设达到世界一流水平,进一步发挥改革开放排头兵、"尖刀团"和制度创新"试验田"的作用,打造新时代高质量发展的示范标杆,成为服务京津冀协同发展和共建"一带一路"的战略支点。持续推进优化营商环境,先后出台《天津市优化营商环境条例》《天津市优化营商环境三年行动计划》等法规和政策文件,2021年、2022年连续发布《天津市优化营商环境责任清单》《天津市对标国务院营商环境创新试点工作持续优化营商环境若干措施》等一系列政策措施,深化营商环境相关重点领域和关键环节改革,加快市场化法治化国际化一流营商环境建设。天津自贸试验区充分发挥自贸试验区先行先试的制度优势,开展金融产品和服务创新。推进跨境贸易投融资便利化,建设商业保理创新发展基地,落地数字人民币保理业务,探索数字人民币应用领域,大力发展绿色金融,37项创新经验在全国复制推广。获批培育建设国际消费中心城市,区域商贸中心城市加快建设,完善内外贸一体化制度体系,创新内外贸融合发展模式,打造内外贸一体化发展平台,打造内外贸融合发展制度高地、扩大消费挖掘内需潜力、优化内外联通物流通道,畅通国内国际市场。服务业扩大开放综合试点方案获国务院批复同意,通过放宽市场准入、改革监管模式、优化市场环境,努力塑造服务业扩大开放新格局,致力于打造生产性服务业发展先行区,为国家全方位开放和服务业创新发展发挥示范带动作用。天津意大利中小企业产业园、中日(天津)健康产业发展合作示范区建设加快推进。

(三)加强协同创新生态体系建设

一是深度推进联合原始创新能力提升和科技成果转移转化。加强科技创新前瞻布局,重点开展新一代信息技术、新材料、节能环保、生物医药、高端装备制造等领域科技创新联合攻关,构建开放、协同、高效的共性技术研发平台,集中突破一批"卡脖子"核心关键技术,打造全国原始创新策源地。建立京津冀科技创新券合作机制,加快科技资源共享服务平台优化升级,推动重大科研基础设施、大型科研仪器、科技文献、科学数据等科技资源合理流动与开放共享。聚焦重点发展领域对接北京创新资源,建立与北京全国科创中心联动机制,依托北京中关村优质创新资源,共建滨海—中关村科技园和滨海中关村(天津自创区)创新中心,建设京津协同创新微生态。推进清华大学天津电子信息研究院二期建设,推进中国科学院天津工业生物技术研究所和天津科技大学共建学院。充分发挥京津冀科技成果转化联盟作用,推动京津冀科技成果转移转化服务体系互联互通,加强原始创新成果转化。积极搭建创新应用场景,加强与中国科学院、中国工程院、清华大学、北京大学等知名高校院所合作,促进高校院所成果在新区转化,构建北京龙头企业产业化基地和重点科研成果产业化转移基地。建立健全与河北京南国家科技成果转移转化示范区的协同联动机制,实施科技成果应用示范和科技惠民工程,共建科技成果转移转化高地。

二是高水平共建产业创新大平台。强化京津冀创新链、产业链的优势互补和生态建设,推动滨海—中关村科技园、中欧先进制造产业园、未来科技城京津合作示范区、北方航空物流基地、南港化工新材料基地等重点载体平台创新发展,持续推动承接非首都功能的标志性项目落地。精准对接北京非首都功能疏解清单,在疏解央企离京和推动央企重组的工作中,积极争取向各区疏解或布局符合功能定位的央企,推动央企和龙头企业区域性、功能性总部及新兴业态项目向天津集聚。加强与北京新赛道领域高成长企业对接,引导在天津成立第二总部或事业部,推动京津在研发、转化、产业化方面有效衔接。加强对接优质金融资源要素,深入推进金融改革创新,瞄准京津冀协同发展过程中产业协同、交通一体化和生态环保三大重点领域,在融资、投资、风险管理等方面加强金融产品和服务创新,推动金融业高端发展。加强与北京、河北创新高地对接,聚焦智能科技、装备制造等三地代表性产业,推动共同培育扶持区域龙头企业和配套产业链,联手打造世界级先进制造业集群。推动全产业链优化升级,联动京津冀城市构建全产业链创新提升区,促进产业链配套区域化、供应链多元化,提升稳定性和竞争力。继续加强与沧州、唐山等地合作,强化联合招商机制,推动区域产业链互补关联,加快滨沧、滨唐产业园区建设。加强与雄安新区创新联动,推进在创新创业、产业协同等方面深度合作,实现创新要素优化配置。结合京津冀燃料电池汽车示范城市群工作,推动建设氢能示范产业园,打造氢能产业技术创新平台,大力推进北方氢能应用先行区和京津冀氢能供给集散枢纽建设。高标准建设京津冀特色细胞谷试验区,推进"一核、两区、多园"的产业空间布局进程。

三是打造京津冀数字经济"新引擎"。聚焦京津冀大数据综合实验区建设任务,构建完善的大数据发展和产业支撑体系,推进滨海新区依托北方大数据交易中心建设,构建全国领先的跨行业、跨区域的"数据汇津"流通交易生态系统,推进京津冀数据节点建设。依托天津超算中心等,开展"存储+云计算"的数字基础服务。打造国际数字服务贸易创新发展示范区,带动京津冀数字贸易,打造数字出口境内关外特殊监管区。加快引育竞争力强的平台企业,推动"天河工业云"向工业互联网平台演进升级,发展国内领先的工业互联网,率先打造京津冀地区工业互联网一体化发展示范区。搭建京津冀港口智慧物流协同平台,在全国率先实现区域通关一体化,天津港"一港六区"实现统一运营管理。以国家数字服务出口基地规划建设为契机,深入推进京津冀数字贸易创新发展示范区建设,强化和提升京津冀和华北地区整体数字经济出口辐射和带动作用。搭建智慧文旅产业发展与监督管理平台,建立京津冀区域动态文旅项目库和重点文旅投资企业库,加强地区、企业之间的旅游交流合作,促进旅游项目招商引进、消费提升和产业发展。发展专业化互联网物流配送体系,推进区域物流信息服务平台建设,建设覆盖京津冀的物流信息服务网络。

(四)打造高品质京津冀现代服务经济体系

一是打造高效便捷的京津冀"出海口"和世界级机场群。健全与京冀交通体系,加强海、铁、路、空联动,深化区域港口群、机场群协作,打通跨区域"断头路""瓶颈路",完善便捷通畅的城际铁路、公路网络,打造"轨道上的京津冀"。完善天津港集疏运体系,加快建设集疏运专用货运通道,优化提升京津高速、京津塘高速、津晋—荣乌高速及秦滨高速 3 横 1 纵主干网络,构建连接北京、"三北"的大通道。深化京津冀港口协同发展,推动组建津冀组合港联合管理机构,构建功能完善、分工合理、错位发展、高效协同的津冀世界级港口群。发挥天津港核心战略资源优势,全力提升港口运营效率,建立服务京津冀和雄安新区专属服务体系、政策体系。2019 年 8 月,雄安新区设立了天津港集团雄安服务中心,以天津港为依托,以保定、胜芳、白沟为支撑,打造海运物流公共服务平台,为雄安新区的外贸进出口企业提供"一站式"港口物流服务,开通了天津港服务雄安新区绿色通道,2021 年,天津港服务雄安新区绿色通道服务量比上一年增长40%以上。推动南港 LNG、京津输油管道等重点项目投产运营,加快建设北方大宗商品交易中心、国际冷链物流基地,保障北京油气能源和生活物资供应安全。共建京津冀世界级机场群。加快建设滨海机场 T3 航站楼综合交通换乘中心,实现滨海新区与国际、国内主要城市间的快速连接。与首都机场、北京新机场实现合理分工、错位发展,积极发展国内航线和公务航班,大力发展"经津飞"。构建三大机场之间便捷的轨道交通网络,结合京滨城际、环北京城际、滨雄城际铁路建设,打造轨道上的京津冀机场群,实现空铁联运,区域机场设施共享。优化机场周边物流功能布局,建设航空物流园,提高滨海机场货运服务水平。补齐航运服务短板,发展高端航运服务。积极承接非首都航运功能转移,主动承接北京航运服务总部机构,优化航运服务区功能布局。

二是打造优质京津冀生活服务圈。构建京津冀通勤圈,布局完善城际铁路及高速铁路,积极推进滨雄城际规划建设工作,布局环渤海市郊铁路交通网络,建设环渤海区域 1 小时城市通勤圈,规划滨海新区直达雄安新区的区间快速路,实现与雄安新区的快速联系。围绕服务京津大都市,培育都市型休闲农业和乡村旅游康养等新经济新业态,构建"科技+健康+旅游"立体农业发展模式,建成服务京津城市居民的农业科普基地、休闲养生基地、乡村旅游目的地。突出亲海品海旅游特色,以国家海洋博物馆、北塘古镇等为载体,成功打造滨海文旅新地标,优化碧水金滩海港游等精品旅游线路,建设一批历史与现代交融的特色旅游景点,构建"海上+陆上""线上+线下""四季+全天候"旅游场景和服务体系,形成全域滨海旅游特色,打造海洋旅游文化品牌。坚持业态多元、服务大众、智慧赋能,打造一批特色品质街区,提升京津冀游客购物体验,打造一批高端购物中心,满足京津冀区域消费需求。持续深化教育、医疗等社会事业协同发展,吸引北京及国内外优质教育机构到滨海新区设立分校或合作办学,建立覆盖京津冀的新时代教育共同体,共享"互联网+教育"优质内容,探索终身学习型社会的京津冀示范,提高人口平均受教育年限和综合能力素质。在京医院通过整体搬迁、办分院、联合办医等方式向滨海新区转移,借助与北大医学部、天津大学、北京协和医学院、天津中医药大学等京津医学院校合作,推动院士工作站(室)、名老中医工作室、博士后工作站建设。促进北京优质文化艺术资源向滨海新区疏解。

三是推进服务京津冀的现代农业体系建设。借鉴"飞地经济"模式,建设承接非首都功能农业产业转移示范区,承接北京农业高新技术产业转移和成果转化,建立一批成果转化中心,培育农业高新技术产业集群。发挥京津冀农业产业龙头企业联盟作用,加快京津冀农产品加工业区域一体化发展,推动三地农业产业深度融合,以龙头企业协会为载体,创建龙头企业联盟平台,加强京津冀三地企业间衔接往来、上下游企业对接合作、跨产业企业间对接合作。发挥好服务京津冀地区农产品加工基地和农产品集散枢纽地作用,建设农产品物流中心区,发挥天津陆海空物流和自贸区优势,主动承接北京市农产品流通功能,加快建设"一带双核多点"的立体网络化农产品物流中心区,促进天津成为服务京津冀、面向三北地区的国内外优质名牌农产品物流集散中心、农产品电子商务中心、农产品直供直销配送中心。打造高端京津冀农产品供应地,以"津菜进京"工程为引领,积极推进新区高端农产品进入北京等地市场,加强与唐山、沧州等地产业链上下游融合,打造具有滨海特色的京津冀绿色中央厨房。打造中国北方国际冷链物流基地,推动水果、肉类、水产品进口基地以及环渤海国际冻品交易中心建设,加快推进天津港首农、东疆港大冷链、华锐全日冷链、国际清真产业园、中心渔港冷链产业园等环首都"一小时鲜活农产品"冷链流通圈建设。强化区域农产品产销合作和保障协同,打造京津冀农产品粮食保障安全共同体,强化绿色导向、标准引领和质量安全监管。

(五)创新协同发展体制机制和政策体系

一是推动京津冀要素市场一体化步伐。深入融入京津冀大数据综合试验区建设,着力扩展智慧应用新场景,着力拓展京津冀数据要素深层次联动发展新局面。率先推进政务数据资源有序开放,引导鼓励教育、交通、医疗、电力、燃气、通信等领域公共服务机构数据开放。加强京津冀知识产权联合保护,依托国家知识产权运营公共服务平台、知识产权出版社、中国(滨海新区)知识产权保护中心等,发挥知识产权大数据、人才、资金等方面的资源优势,成立京津冀知识产权运营服务联盟,推进"集成服务"和"高效服务"。充分发挥京津两市共建京津冀协同创新共同体的优势,推进建立京津冀创新收益共享机制和产业转移合作利益分享机制,推动京津冀率先开展滨海—中关村科技园税收收入分享试点。构建京津冀自贸区联动创新生态圈,以制度集成创新推动产业协同创新。推进自贸区政策互通互鉴互动、优势叠加、联动发展和双向溢出,强化改革创新经验复制推广交流,共同推出一批创新型、引领型自贸区改革成果。建立京津冀人才自由流动和城市人才入乡激励机制。与京冀联动,建立健全京津冀联网互通的就业服务和信息共享机制,促进城乡劳动力双向流动。共建京津冀科技人才信息共享平台,加强科技人才联合培养与交流合作,加强三地职称、人事档案管理、社会保障等科技人才制度衔接,健全跨区域人才多向流动机制。与雄安新区构建高效顺畅的政府对接机制,推动多领域、多层次协同合作,与雄安新区共建产业合作园,实现两地产业链错位协同。

二是深化京津冀社会治理一体化合作机制。完善市场一体化监管机制,加快推进标准互认,在食品安全监管、农产品冷链物流、环境联防联治、生态补偿、基本公共服务、信用体系等领域,力争先行开展区域统一标准试点。推进京津冀"一网通办"试点工作,围绕公安、税务、住建等关系企业发展和群众生活的高频事项,加快实现"跨省通办""跨市通办"。积极参与京津冀环境质量监测、预报、预警一体化合作机制建设,加快污染源信息共享和联防联控。建立健全与河北唐山、黄骅的海域治理协同合作机制。积极参与京津冀区域信用合作工作机制建设,在信用制度标准、信用信息共享、信用服务市场、奖惩机制等方面开展创新示范,稳步推进京津冀守信联合奖励试点,促进相关行业(领域)依托行政机关联合监管系统依法依规实施联合奖惩。强化京津冀毗邻区域应急联动合作机制,推进大中型综合应急避难场所建设。加强京津冀法治协同。推动京津冀交通、物流、人社、灾害应急等智慧应用协同,建立服务京津冀发展专属服务体系与政策体系。

二、天津旅游发展基础与现状

(一)天津旅游发展的经济社会基础

近年来,天津市强化新型基础设施建设,扎实推进新动能引育,积极谋划智能科技产业布局,深入聚焦消费提质增效推进国际消费中心城市和区域商贸中心城市建设及外向型经济发展,打造国内大循环的重要节点和国内国际双循环的战略支点,经济运行持续稳中加固、稳中有进,高质量发展态势进一步显现。

(1)新形势下天津经济运行总体稳中向好

2001—2016 年,天津经济增速明显高于全国经济增速,2017 年开始,天津通过多种方式挤掉经济增长"水分",经济进入高质量发展阶段,2017—2020 年,天津经济持续稳中向好。2020 年来,经济增速受新冠肺炎疫情影响出现波动。在常态化疫情防控背景下,天津市打出政策组合拳,确保政策细化落实,加速释放政策的组合效应,以政策的确定性来应对诸多不确定性因素。提出了扎实稳住经济的一揽子政策措施,促进内外贸一体化发展,加快建设国际消费中心城市和区域商贸中心城市,打造国内大循环的重要节点、国内国际双循环的战略支点;增强经济发展内生动力,出台了《天津市智能制造发展"十四五"规划》《天津市关于促进消费恢复提振的若干措施》《关于促进生活性服务业发展的若干措施》《天津市构建高标准市场体系若干措施》等一系列政策措施,推进产业发展新动能集聚,构建现代化经济体系,促进消费恢复和潜力释放,畅通市场循环、疏通政策堵点、推进市场提质增效。2023 年,根据地区生产总值统一核算结果,2023 年我市地区生产总值为 16737.30 亿元,按不变价格计算,比上年增长 4.3%,增速比上年加快 3.3 个百分点。分产业看,第一产业增加值 268.53 亿元,增长1.2%;第二产业增加值 5982.62 亿元,增长 3.2%;第三产业增加值 10486.15 亿元,增长 4.9%,经济运行实现量质齐升。

（2）新动能引育扎实推进,新经济发展提质加速

2020 年以来,天津市先后出台《天津市战略性新兴产业提升发展行动计划》《关于强化串链补链强链进一步壮大新动能的工作方案》《天津市关于进一步支持发展智能制造的政策措施》《天津市建设国家新一代人工智能创新发展试验区行动计划》《天津市制造强市建设三年行动计划（2021—2023 年)》等一系列政策文件,持续优化引资结构,加大高端装备制造、新材料、新能源等战略性新兴产业项目招商力度,加快构建"1+3+4"的现代工业产业体系,推进全国领先智能科技产业高地、智能科技创新中心、人工智能创新发展试验区建设。天津市智能科技产业已形成大数据云计算、智能软件、信息安全、智能网联汽车、工业机器人等 9 大特色优势领域。助推全市制造业高质量发展。2023 年,12 条重点产业链在链规上工业企业增加值增长 3.6%,上拉全市规上工业 2.9 个百分点,占规上工业增加值的比重达到 79.8%,继续保持对全市规上工业的带动作用。中医药、高端装备、航空航天、车联网、集成电路等 5 条产业链增加值增速达到两位数。汽车产业、航空航天产业达到两位数增长,装备制造产业增速快于全市平均水平2.5 个百分点。战略性新兴产业增加值占规模以上工业的比重达到 24.5%,比2022 年提高 0.1 个百分点。服务业新经济增势较好,2023 年 1—11 月高技术服

务业、战略性新兴服务业、科技服务业营业收入分别增长 10.2%、14.4% 和 14.2%，均快于规模以上服务业平均水平。

加快推动落实《天津市促进数字经济发展行动方案（2019—2023 年）》《天津市服务业扩大开放综合试点总体方案》《天津市商务发展"十四五"规划》《天津市商业服务质量提升行动方案（2021—2023 年）》等政策文件，推动物流运输服务、科技服务、会展服务等九大服务业重点行业领域深化改革、扩大开放，持续推进国际消费中心城市和区域商贸中心城市建设，现代服务业重点集聚区加速建成。推进先进制造业和现代服务业深度融合发展，引育布局了一批涵盖芯片、操作系统、应用软件等全产业体系的上下游创新创业企业。高技术服务业为高质量发展蓄势赋能。2023 年，全市服务业增加值增长 4.9%，增速快于全市 0.6 个百分点，占全市地区生产总值的比重为 62.7%。经济结构逐步优化，现代服务业较快发展，信息传输、软件和信息技术服务业增加值增长 5.5%，快于全市 1.2 个百分点，租赁和商务服务业增加值增长 8.5%，快于全市 4.2 个百分点。

（3）消费场景不断拓展，消费市场提级增能

多角度激活消费市场、补齐消费短板、打造消费新平台。加快推动夜间经济发展，推出"海河国际消费季"系列活动，利用美团、支付宝、微信等平台陆续投放消费券，激发消费需求。大力开展汽车促销宣传，新能源汽车市场不断扩张，2023 年，新能源汽车零售额同比增长 41.3%。数字化时代消费需求引领带动智能终端需求不断提升，智能手机零售额同比增长 31.5%。强化文旅产品供给，助力文旅市场强力复苏。针对亲子游、短途和周边游等疫后旅游新趋势，推出红色旅游、踏青休闲旅游、研学游等特色文旅活动和时尚文化赛事。持续打造新的消费场景和新的商业综合体，引入国内外一线品牌，加快释放老字号影响力和号召力，有效推动消费市场复苏转好。网络消费增速和规模的不断提升，2023 年，全市限额以上单位通过公共网络实现的零售额同比增长 13.9%，拉动全市限额以上社会消费品零售总额增长 4.2 个百分点；占限额以上社会消费品零售总额比重达到 33.0%，较 2022 年提升 1.6 个百分点。全市限额以上住宿和餐饮业单位通过公共网络实现的客房收入和餐费收入分别增长 1.9 倍和 78.8%。

（4）新基建投资增长较快，投资结构持续优化

深入落实《天津市新型基础设施建设三年行动方案（2021—2023 年）》，持续加大对 5G 网络、人工智能、工业互联网、特高压等新型基础设施建设的投资力

度,加快建设泛在互联、全域感知、数据融合、创新协同、安全可靠的新型基础设施体系。截至 2023 年底,全市累计建成 5G 基站 7.2 万个,提前两年完成"十四五"5G 网络建设目标。全市固定和移动宽带用户下载速率持续快速提升,分别保持全国第二、第三,通信基础设施建设总体水平继续保持全国领先。同时,不断拓展应用赋能产业,强化面向行业的自贸区、工业园区、企业厂区、交通枢纽等重点区域的 5G 有效覆盖,深化工业互联网创新发展与应用,加快"5G+工业互联网"融合发展。

围绕产业科技创新、农林生态、社会民生等五大重点领域,加大项目投资和推进力度,不断优化投资结构,促进经济社会协调发展。高技术产业投资平稳较快增长,2023 年,全市高技术产业投资增长 5.9%,占全市投资的 9.2%。其中,高技术服务业投资增长 19.3%,主要投向信息服务、专业技术服务业的高技术服务。社会领域投资保持较快增长,2023 年,全市教育、卫生和社会工作、文化体育和娱乐业等社会领域投资增长 16.0%,拉动全市投资 0.5 个百分点,占全市的4.1%。其中,教育投资增长 33.5%,卫生和社会工作投资增长 6.5%。

(5)持续升级港口服务能级,推进外向型经济发展

港口服务辐射能级提升,自贸区联动发展提速换挡。加快推进世界一流智慧绿色港口建设,持续发挥以港口为枢纽的物流保通保畅作用,依托内陆物流网络资源优势,建立港口、海关、铁路多方联动机制;推进"关港集疏港智慧平台"功能迭代升级和范围覆盖,打造便捷高效的现代智慧港口物流体系。优化调整外贸集装箱航线资源配置,贯通升级南北海上大通道,深化津冀港口干支联动,促进内贸大循环向纵深发展。推进中蒙物流通道建设,开创双向多式联运模式。2023 年,天津港完成货物吞吐量 5.58 亿吨,同比增长 1.8%,集装箱吞吐量2218.7 万标准箱,同比增长 5.5%,持续位居全球十大港口之列,服务京津冀协同发展和共建"一带一路"的能力持续增强。修订并发布实施的《中国(天津)自由贸易试验区条例》,提出鼓励支持创新体制机制、建立联动创新机制、营造自主改革、积极进取的环境,大力推进联动创新示范基地、联动创新区建设。持续扩大自贸政策外溢性,在滨海新区 6 个街镇园区设立自贸试验区创新实践基地,持续释放自贸创新红利。天津海关出台了一系列提升贸易便利化、助力企业复工复产的措施,集中释放一批促进贸易便利化举措,推动外贸持续向好。

天津市贸易结构持续优化,区域市场多元共进。2022 年以来,天津市民营

企业进出口总额保持正增长,占外贸进出口总额比重持续上升,在稳定就业市场、激发市场活力方面发挥着关键作用。外贸新业态、新模式不断壮大,保税物流增长迅速,保税区跨境电商产业保持跨越式发展态势,离岸贸易"滨海模式"已形成三种业务模式,王兰庄国际商贸城获批第六批市场采购贸易方式试点,有效联通国内国际两个市场。主要贸易伙伴关系紧密,积极拓展新兴市场,RCEP正式实施带动了区域经贸合作的发展,对 RCEP 主要成员国进出口总额同比实现正增长。

（6）持续优化创新和营商环境,释放企业发展活力

持续优化创新发展环境。深入实施创新驱动发展战略,出台实施《天津国家自主创新示范区"十四五"发展规划》《"科创中国"天津市三年行动计划（2021—2023 年）》等政策,完善以国家重大科技设施和创新平台为引领的战略科技力量体系,加快推进天津现代中医药、物质绿色创造与制造、先进计算与关键软件（信创）等 5 个海河实验室建设,打造我国自主创新的重要源头和原始创新的主要策源地;深入推进京津冀协同创新共同体建设,统筹推进"中国信创谷""生物制造谷""细胞谷""北方声谷"等创新集聚区、标志区建设,为先进制造业创新发展点燃新引擎。不断强化企业创新主体地位,以提升企业研发能力为核心,多方位降低企业研发成本,加快企业关键核心技术攻关,健全完善科技成果评价机制,推动科技成果转化为经济发展的现实动力。《中国区域科技创新评价报告 2021》显示,天津市综合科技创新水平居全国第一梯队,科技创新环境指数连续 5 年居全国榜首。持续优化人才创新创业生态,在全国率先组建高端装备和智能制造等十大产业人才创新创业联盟,截至 2022 年 3 月,链接高校院所 80 家,联系领军企业 1600 个,达成"揭榜挂帅"合作意向 330 余项,攻克关键核心技术 460 余项,新落地项目近 400 个,总投资额 300 多亿元。

深化落实《天津市优化营商环境条例》,构建营商环境建设评价指标体系,狠抓保护中小投资者、执行合同、知识产权创造保护与运用等评价指标的落实与监督。强化营商环境顶层设计,印发《天津市对标国务院营商环境创新试点工作持续优化营商环境若干措施》《天津市关于加快推进政务服务标准化规范化便利化的实施方案》《关于助企纾困和支持市场主体发展的若干措施》,围绕破除区域分割和地方保护等不合理限制、市场主体准入与退出机制等相关重点领域和关键环节进行改革,推进简政放权、放管结合、优化服务等全方位改革,做好

中小企业税费减免、稳岗用工、金融支持等政策帮扶。为帮助企业纾困解难,出台了《优化政务服务助企纾困八项措施》,提出了深化涉企"一件事"集成服务、设立"助企纾困"服务窗口等助企纾困的八项具体措施,助企帮扶效果持续显现,民营企业和中小微企业等市场主体保持活跃。

(7)文化事业与文化产业协调共进

一是政策环境持续优化,激发文化事业活力。《天津市国民经济和社会发展第十四个五年规划和二〇三五年远景目标纲要》明确指出,繁荣发展文化事业和文化产业,促进满足人民文化需求和增强人民精神力量相统一,建设文化强市,为天津市文化建设指明方向。《天津市文化和旅游融合发展"十四五"规划》阐释了天津市"十四五"文化和旅游发展的指导思想、主题定位、发展目标和战略,明确了空间布局和功能分区,提出深化国有文艺院团改革、以文旅融合为依托保护传承文化遗产、以重点文旅项目建设带动文旅产业发展等七大重点任务及相关保障措施。此外,为加快非物质文化遗产保护体系建设,印发《天津市市级非物质文化遗产代表性传承人认定与管理办法》,规范代表性传承人的管理,增强非物质文化遗产的存续力;印发《关于文化文物单位文化创意产品开发激励奖励实施细则(试行)》,完善文物单位文化创意产品激励机制,推动文化创意产品开发;起草并审议了《天津市红色资源保护与传承条例(草案)》,加强红色资源保护与传承。

二是推进公共文化设施功能完善与数字化提升。首先,加快推进公共服务设施建设与功能完善。完成平津战役纪念馆、周恩来邓颖超纪念馆、天津自然博物馆、中共天津历史纪念馆等文化场馆基本陈列改陈及配套提升项目,"新海门"号船舶落户周恩来邓颖超纪念馆;滨海新区积极探索公共文化服务体系建设新路径,上榜第四批国家公共文化服务体系示范区。推进有线电视网络整合工作,为加快广电5G发展和智慧广电建设奠定良好基础。其次,博物馆事业取得新进展。天津市博物馆公共服务平台上线。天津博物馆文物数字化保护项目再上新台阶,智慧保护、智慧管理、智慧服务水平显著提升;推动馆校共建,成立了国家海洋博物馆馆校共建联盟和国家海洋博物馆馆校共建工作委员会。积极挖掘馆藏文物津味元素,打造文创产品。天津博物馆"玉壶春瓶系列"文创产品获2020中国特色旅游商品大赛金奖。开展杨柳青木版年画博物馆、北疆博物院、元明清天妃宫遗址博物馆等馆藏文物的预防性保护性工作;天津博物馆"红色记忆——天津革命文物展"，周恩来邓颖超纪念馆"周恩来邓颖超纪念馆基本陈列"，平津战役纪念馆"平津战役基本陈列"三项展览入选庆祝中国共产党成立100周年精品展。

三是深入实施文化惠民工程，不断增加公共文化供给。首先，推进文惠卡持续发行且效能提升。坚持以文惠卡发行激发市场活力，扩展文惠卡使用范围至"方寸直播"平台，打造系列高品质低票价的文化惠民演出活动，带动票房持续增长，实现了"百姓叫好、院团发展、市场繁荣"的多赢局面。其次，线上线下相结合，丰富基层文化供给。举办天津市名家经典惠民演出季，推出观众见面会、剧目导赏、后台探班等系列文化艺术深度体验活动；开展音乐党课、红色经典音乐会、"民乐季"等内容丰富、形式多样的演出活动，丰富群众文化生活；充分发挥"红色文艺轻骑兵"作用，将党史学习教育与舞台艺术相融合，深入乡村、社区、企业、校园、军营等基层一线，举办文艺演出，提供文化服务；推出云端音乐讲堂，通过公众平台持续推送经典讲座、音乐赏析等优秀文化艺术资源；深入开展全民阅读活动，持续推进"书香天津"建设。

四是加强文化遗产保护和管理，注重文化传承。首先，贯彻落实《关于实施革命文物保护利用工程（2018—2022年）的意见》和天津市委、市政府相关工作部署，组织开展革命文物名录公布和调查工作，形成了天津市革命文物名录（第一批）；推进非物质文化遗产申报工作，无极拳等14个非遗项目入选第五批国家级非遗代表性项目名录。不断完善提升《天津市大运河国家文化公园建设保护规划》，推进大运河国家文化公园项目建设；落实《长城国家文化公园（天津段）建设保护规划》及导则，持续跟进长城国家文化公园保护传承、研究发掘、环境配套等五大类工程建设。其次，按照《关于进一步加强非物质文化遗产保护工作的意见》要求，加强非遗专职人员的专业能力建设，提高非遗传承人抢救性记录工作的质量和水平；着力构建非物质文化遗产课程体系，将非物质文化遗产内容融入国民教育。

五是不断扩大对外交流合作。以艺术为纽带，深化津青甘文化交流合作，助力脱贫攻坚。推进文化艺术扶贫交流常态化，多次向新疆和田、西藏昌都、河北承德等七个对口支援合作地区推送免费"天津文博云资源"；持续开展"春雨工程"，派出优秀文化志愿者队伍赴甘肃天水、新疆和田等地区开展文化交流和演出活动。不断创新文化交流载体，通过多种形式的艺术合作实现了资源互补、科学协作、人才交流。例如,京津冀甘黔湘六地文旅部门联合举办非物质文化遗产创新创意大联展,天津博物馆与河南博物院联合主办夏商周文物展,天津交响乐团与深圳交响乐团、四川交响乐团、青岛交响乐团、哈尔滨交响乐团以及武汉爱乐乐团共同打造了大型主题交响曲《灯塔》。

(二)天津旅游发展状况分析

天津市旅游业随着城市经济、社会以及城市环境的改善得到了长足发展,使文旅产业成为经济发展的重要引擎和人民幸福感提升的有效途径。第十个五年计划期间,天津市致力于建设"一带五区"旅游骨干产品体系,推出"近代中国看天津"文化旅游品牌,打造"渤海明珠、近代缩影"的崭新旅游形象。第十一个五年计划期间,加快推进旅游产业与文化产业深入融合,整合提升"近代中国看天津"文化旅游核心品牌和都市博览游、海河风光游、滨海新区游、山野名胜游五大旅游品牌;重点建设和提升12个文化旅游板块,建成了国际邮轮母港和一批五星级饭店,文化旅游核心竞争力日益提高。在此阶段,天津市旅游业发展主要工作重心放在了集中开发整合旅游资源上。第十二个五年计划期间,天津市基本实现了"33641"旅游业发展预定目标,2015年旅游业总收入2794.25亿元,加快建设天津欢乐谷、航母主题公园、方特欢乐世界、天山海世界·米立方等重大项目,持续培育完善6大旅游品牌,滨海旅游、蓟州旅游、西青旅游等重点区域拉动作用不断凸显,酒店、景区、旅行社数量不断增加,产业发展要素日趋完善。在此阶段,天津市在大力推进旅游资源创新开发与完善的同时,积极开展旅游景区、酒店、旅行社建设开发和质量管理,不断推进旅游公共服务体系建设,提高旅游要素发展质量。"十三五"时期,天津市以提供优秀文化产品、优质旅游产品为中心任务,着力开发都市风情、民俗技艺、乡村田园、滨海休闲等特色文旅资源,打造了一批高质量文旅景区和旅游线路。天津市接待中外游客数量年均增长9.15%,旅游总收入年均增长11.5%,均高于预定目标,文化和旅游综合实力显著提升。步入"十四五",天津市提出要充分发挥天津市的文化和旅游资源优势,打造国内外知名的文化旅游目的地和集散地、旅游装备制造基地、国际消费中心城市。

第一,强化顶层设计,促进旅游业高质量发展。印发《天津市人民政府办公厅关于加快推进夜间经济发展的实施意见》,打造"夜津城",建设6个市级和一批区级夜间经济示范街区;印发《天津市振兴老字号工作方案(2018—2020年)》《天津市邮轮旅游发展三年行动方案(2018—2020年)》《天津市智能文化创意产业专项行动计划》《天津市智慧城市专项行动计划》等一系列规划措施,促进我市旅游业与其他产业的融合发展;印发《天津市人民政府办公厅关于促进全域旅游发展的实施意见》,促进全域旅游纵深发展;印发《天津市文化和旅游融合发展"十四五"规划》《天津市"十四五"时期推进旅游业高质量发展行动方案》,进一步推进天津市"十四五"时期旅游业高质量发展。

第二,旅游空间规划布局持续完善和拓展。不断完善和拓展"一带三区九组团"的旅游发展空间格局,一带的"海河风光"已成为天津旅游的靓丽名片和旅游品牌。推进都市文化休闲旅游区建设,依托历史街区打造独具天津特色的"近代中国看天津"历史文化旅游集聚区,塑造古文化街、鼓楼步行街、估衣街、五大道文化旅游区、意式风情区等"一街区一特色"的旅游消费形态,打造天津"休闲之都"。持续打造滨海休闲度假旅游区,大力发展邮轮游艇旅游、通用航空旅游、海洋文化旅游、现代工业游等新兴业态,依托东疆湾沙滩、方特欢乐世界、龙达生态园等发展休闲娱乐旅游产品,展现港口城市特色。依托盘山景区、黄崖关长城、独乐寺、八仙山、梨木台等生态文化旅游资源,推进蓟州生态休闲旅游区建设,大力发展乡村旅游,完善旅游公共服务体系和标准化建设。三区形成的旅游产业集群已经成为天津市旅游目的地的三大核心支撑。随着一系列重大项目建设完成,九个组团初步形成且范围不断调整。随着"一带三区九组团"之间交通瓶颈不断突破和旅游线路的优化组合,"一带三区九组团"新格局正加速形成。

第三,旅游新业态新项目不断涌现。全面推进"文旅+"发展战略,加快文化和旅游产业与其他产业的深度融合发展,创新发展模式,拓展旅游载体,丰富旅游产品,培育全域旅游发展新业态。以保护文化资源为底线,以发扬传承文化资源为目的,着力传承天津城市的历史文脉。持续提高非物质文化遗产保护、利用与传承水平,完善非遗代表性项目名录体系和保护评估机制,探索非物质文化遗产旅游开发模式创新,持续推动"非遗进校园""非遗进社区"等系列活动。支持"老字号"文化企业的发展。深入贯彻落实《大运河文化和旅游融合发展规划》,着力打造天津大运河文化博物馆、杨柳青大运河国家文化公园、北运河文化旅游观光休闲带、大运河核心监控区绿廊公园、运河亲子田园体验园、三岔河口文化体验片区等重点项目。制定《长城国家文化公园(天津段)建设保护规划》,实施黄崖关长城保护展示提升工程,打造边塞京畿重镇主题展示博物馆、前甘涧段古长城本体保护与展示利用工程、长城本体及周边生态环境监测预警工程等保护传承项目,发挥长城的文化育人和旅游休闲功能。

大力发展"旅游+"。推进乡村旅游提质增效。深入实施乡村振兴战略,制定《天津市乡村振兴战略规划》,深入挖掘蓟州区、宝坻区、西青区、滨海新区等各区特色乡村旅游资源,打造一批"一村一品"旅游特色村和休闲农业示范园区,形成一批特色鲜明的乡村旅游聚集区。强化乡村旅游基础设施建设,提高乡村旅游标准化水平,提高乡村旅游服务水平。深入挖掘天津工业旅游资源,持续打造航空、船舶、汽车、电子、纺织、手表、酿酒、医药等天津特色工业旅游产品,进一步发展壮大海鸥手表厂、天津天士力集团等天津市工业旅游示范基地,高效利用工业园区、工业展示区等发展工业旅游,丰富产品内涵,提升品牌效应,推出工业旅游精品线路。以弘扬社会主义核心价值观为主线,整合开发红色旅游资源,打造精品红色旅游线路,"平津战役·走向胜利""生态蓟州·田园如诗"精品线路,入选"建党百年红色旅游百条精品线路"。依托周恩来邓颖超纪念馆、平津战役纪念馆、中共天津历史纪念馆、天津滨海航母主题公园等爱国主义教育基地开展爱国主义和革命传统教育活动,发挥教育功能,发布《红色旅游景区(点)评定规范》,进一步扩大红色旅游载体规模,全面提升红色旅游服务水平,开展天津市红色旅游区(点)评定工作,于方舟故居等15家单位为首批天津市红色旅游景区(点),红色旅游成为假日旅游的新亮点。做强做大夜间经济,在古文化街、津湾广场、鼓楼步行街、文化中心、五大道、意式风情区等区域,丰富夜间旅游项目,大力培育晚间旅游消费市场。除此之外,康养旅游、会展旅游、低空飞行、自驾车房车露营、海洋旅游等新业态也在不断成长。

第四,打造旅游营销矩阵,品牌影响力不断扩大。持续丰富和拓展六大旅游品牌的内涵和影响力,"近代中国看天津"文旅核心品牌更加巩固,深挖丰富"天天乐道,津津有味"品牌内涵,精准提炼"天天乐道,津津有味"品牌统领下的"四乐天津,五味津门"具体内涵,夯实提升城市旅游品牌市场影响力。"天天乐道,津津有味"被评为中国十佳旅游口号之一。在津举办的中国旅游产业博览会搭建了旅游装备制造业展示交易的平台,行业影响力持续扩大。连续举办五大道国际文化旅游节、海河文化旅游节、黄崖关长城国际马拉松旅游活动、妈祖文化旅游节等特色旅游节庆活动,加大文化和旅游宣传,带动旅游市场繁荣兴旺。紧抓世界智能大会、夏季达沃斯论坛等重大国际会议活动的聚集和扩散效应,加大城市旅游国际化营销。依托海外文化中心、驻外旅游机构等平台,强化与"一带一路"合作伙伴的交流合作,创新对外文化交流模式,推进文化"走出去"和"引进来"。持续强化与外省市及港澳台同胞的交流合作。创新传统媒体旅游宣传推介方式,广泛利用新媒体进行范围广、程度深的碎片化营销,加强节庆活动、重大赛事、焦点新闻、影视作品等公共营销的力度,实施目标市场精准营销策略。打造传统媒体与新媒体宣传矩阵。推进智慧旅游平台开发,为游客提供多种出行方式选择及出行导航服务。

第五,旅游发展环境优化,公共服务不断完善。一是加强旅游法制化建设,不断完善管理机制,促进行业运行规范有序。全面贯彻落实《中华人民共和国旅游法》,完善地方法律法规体系,修订《天津市旅游条例》,制定《关于加强我市旅游市场综合监管的意见》《天津"一日游"服务规范》等旅游法配套制度,整顿规范旅游市场秩序,出台《旅行社等级的划分与评定》《乡村旅游区(点)服务评定规范》《天津市全域旅游示范区、示范镇(街)验收细则》等文件,推进旅游公共服务体系量化评定与质量提升。出台《天津市公共文化服务保障与促进条例》《天津市非物质文化遗产保护条例》等文件,使得公共文化建设以及非遗保护工作进入"有法可依"的新阶段。在全国率先开展文化产业示范园区和示范基地的评估考核,强化对演出机构、网络文化单位以及网络表演从业人员的监督管理,整合组建文化市场综合执法队伍,提升执法效能。二是系统提升天津旅游产业要素。依据《天津市旅行社质量等级划分与评定标准》开展旅行社的评定工作,印发《天津市旅游服务质量提升计划实施方案》,加强对旅行社的监督管理,规范旅行社经营行为。强化对景区的行业管理,大力推进景区的标准化建设,完善旅游景区流量监控系统,加强景区内部服务配套设施建设,持续做好 A 级旅游景区评定工作与全面督促检查,不断优化提升景区服务质量。大力建设多元化旅游住宿接待设施,组织开展星级饭店的分级分类评定、复核检查与质量监督,加强对在线旅游经营商的监管力度,打造等级清晰、结构合理、服务优良的星级饭店体系。实施"旅游+互联网"战略,制定了智慧旅游"1369"工程,印发《关于深化"互联网+旅游"推动旅游业高质量发展的意见》,大力推进旅游资讯服务设施建设,构建智慧旅游城市。建立三级集散体系,形成覆盖全市、方便游客的旅游公共服务体系。加大投资建设力度,提高旅游厕所数量和质量,完善旅游厕所的建设和管理。完善道路旅游交通标识引导系统,满足自驾游、散客游的需求。持续完善旅游观光车、直通车等交通服务,连通景点景区。三是强化旅游教育培训力度,开展"旅游大讲堂"活动,开展星级饭店服务技能大赛等活动,促进旅游从业人员队伍综合素质明显提升。编制印发《天津旅游咨询中心管理办法》和《天津市旅游咨询中心服务规范》,开展旅游咨询中心服务人员培训工作;举办星级饭店管理人员培训班、旅游政务信息培训班、出境旅行社监管服务平台培训、导游员大赛、乡村旅游培训班、旅游行业普法培训班、旅游景区服务人员素质提升培训班、乡村旅游一线服务人员培训班、旅游景区标准化培训班等,全面提升旅游资源管理人员管理水平和综合素质。

第六,全域旅游纵深发展,主题活动丰富多彩。和平区围绕"品质和平"建设目标,不断完善5A级景区设施建设和智慧旅游建设;深度挖掘五大道文化旅游资源,努力创建国家5A级景区,积极推动全域旅游示范区建设,荣获"《中国国家旅游》最佳全域旅游目的地"奖。蓟州区成立蓟州区旅游发展委员会,审议并通过了《蓟州区旅游管理体制改革方案》;蓟州区智慧旅游大数据中心初步建成,成立蓟州区旅发委智慧旅游指挥中心,不断提高乡村旅游服务水平,打造五星级农家院。生态城围绕"生态"和"海洋"两大主题,开展全域旅游规划设计工作,打造滨海新区旅游新名片;成立了中新天津生态城旅游产业联盟,发布生态城官方游客线上服务平台,推动区域旅游一体化工程。西青区加速打造京津冀知名旅游目的地,加快杨柳青古镇5A级景区创建,荣获年度"《中国国家旅游》最受读者喜爱的古镇"奖;启动"互联网+智慧旅游大数据综合管理服务平台"建设,编制全域手绘电子导览图;加强"一文一武一花乡"品牌营销。津南区已成为全市绿色生态屏障建设的主战场,凭借优良的生态环境、旅游市场优化和旅游企业标准化建设,荣获"《中国国家旅游》最佳生态旅游目的地"称号。宝坻区不断发展乡村旅游产业,建成渔业文化展览室、葫芦博物馆等一批文化旅游场所,形成40余个特色鲜明的旅游村。天津市各区县充分利用各自旅游资源、历史文化以及水资源开展丰富多彩的全域旅游主题活动,五大道旅游节、渔阳金秋旅游节、七里海湿地河蟹节等特色旅游节庆活动,形成"月月有节庆,周周有活动"的局面。

第七,区域合作持续深化,协同发展取得实效。树立京津冀大旅游目的地观念,发挥三地比较优势,强化互补性、差异化旅游发展格局。签署《京津冀文化和旅游协同发展战略合作框架协议》,联合发布《京津冀旅游协同发展工作要点(2018—2020 年)》,持续参加京津冀旅游协同发展工作会议。推进落实京津冀旅游协同发展工作会议确定的各项工作,联合打造旅游新产品新业态,联合推出多条"京津冀红色游"主题线路、自驾线路以及乡村旅游线路,多途径开展市场营销与推广,完善旅游交通集散体系,统筹旅游市场管理与协调,加快旅游示范区和标志性龙头企业建设。京津冀旅游一卡通不断升级,景区数量不断增加。京津冀签署《京津冀地区旅游信用协同监管合作备忘录》,旅游信用信息查询涵盖京津冀三地。发挥天津港交通枢纽优势,改善旅游口岸和港口通关设施条件,推进环渤海、东北亚旅游合作,实施航线串联,深化与内陆腹地城市的合作关系,共推国际游线,加强东北亚区域的邮轮旅游合作。深化与"一带一路"合作伙伴、欧洲、北美等地区的旅游交流与合作。借助"中蒙俄经济走廊""海上丝绸之路国际旅游港",带动出入境旅游及滨海旅游加快发展。

三、面向京津冀协同发展的天津旅游发展路径研究

(一)天津市旅游业发展面临的机遇

当今世界正经历百年未有之大变局,全球政经格局加速重构与演变,新一轮科技革命和产业变革深入发展,世界文化交流、交融、交锋日趋频繁尖锐,新冠肺炎疫情全球蔓延造成了广泛深远影响,国际环境呈现不稳定性和不确定性。综合国际新形势、国内新阶段和新变化,天津市文化和旅游发展处于重要战略机遇期,面临着一系列新形势新要求,也面临机遇与挑战叠加、成绩与问题并存的复杂局面。文化和旅游在拉动内需、全面促进消费提质升级、扩大有效就业、激活国内大循环、促进国内国际双循环等方面具有重要作用,必须准确识变、科学应变、主动求变。

　　天津市旅游发展在国家层面面临着五大机遇。一是中国特色社会主义进入新时代，我国进入全面建设社会主义现代化国家新征程，开启了推动共同富裕的新篇章，为旅游业发展创造了机遇和条件。一方面，促进旅游业高质量发展能释放产业综合带动作用强的优势，拉动国民经济其他行业的发展，为经济增长提供动能；另一方面，促进旅游业高质量发展能够带动城市生态环境改善，文化事业和文化产业发展，增加就业，提升居民收入，提高国民素质和社会文明程度，维护社会和谐稳定。作为促进精神富裕的重要抓手，文旅产业是满足人民美好生活追求的重要途径，素有"近代中国看天津"之称的天津，将迎来文化和旅游融合发展的重大历史机遇。二是国家积极推动"一带一路"倡议，纵深推进京津冀协同发展战略，促进冬奥效应持续显现，深入推进国家文化公园、扩大服务业开放试点、中国（天津）自由贸易试验区和北京大兴国际机场临空经济区等重点项目建设，天津紧抓各种战略发展机遇以及政策优惠，将在创新旅游发展政策、开发国内国际航线、促进文旅交流等方面实现跨越式发展。三是我国进入全面推进实施乡村振兴战略阶段，《"十四五"推进农业农村现代化规划》提出到2025年农业基础更加稳固，乡村振兴战略全面推进，农业农村现代化取得重要进展。天津具有丰富的农业农事文化资源和优秀的乡村旅游产业发展基础，实施乡村旅游精品工程，促进乡村旅游可持续发展的举措，为天津市乡村旅游发展和提质升级创造了广阔的空间，成为文化旅游发展赋能乡村振兴的重要动力来源。四是在双循环新发展格局下，我国发布了一系列促进消费的政策文件，随着政策效应的释放以及疫情防控效果的显现，我国国内消费活力进一步激发，消费潜力不断释放，境外消费加快回流，为文化和旅游产业融合与创新提升带来新的契机。五是我国已经进入高质量发展阶段，创新是经济社会发展的第一动力，是推进我国现代化建设全局的核心要素，新一轮科技革命引领文化和旅游产业体系不断优化，产业模式不断更新，为文化赋能、旅游带动提供发展新空间和新热点。

　　天津市旅游发展在天津市内层面面临着六大机遇。一是构建"津城""滨城"双城发展格局。天津市第十二次党代会明确提出"优化城市空间布局，加快打造'津城''滨城'双城发展格局，构建科学合理的大都市城镇体系"的发展要求，促进"津城"现代服务功能明显提升，形成若干现代服务业标志区，促进"滨城"城市综合配套能力显著增强，打造生态、智慧、港产城融合的宜居宜业美丽滨海新城。打造"津城""滨城"双城发展格局，优化天津市国土空间发展格局，能将"津城""滨城"双城之间 736 平方公里的"生态屏障"与京津冀的生态涵养区连接起来,形成京津冀区域重要的生态廊道,促进生态环境改善和生态文明建设迈上新台阶,为推进京津冀旅游协同发展创造良好的生态条件。二是天津市推进国际消费中心城市、国际商贸中心城市和区域商贸中心城市的建设为旅游业发展创造了条件,通过不断优化商业布局,持续打造高品质商业载体,不断完善便民消费服务体系,满足和升级居民多元化消费体验,能充分发挥市场优势,释放内需潜力,提高统筹利用两个市场、两种资源的能力,打造国内大循环的重要节点、国内国际双循环的战略支点。随着国家会展中心、海河国际商业中心、北方消费品进口集散地建设的推进,以一批重点商贸项目为支撑,将带动会展旅游、商贸旅游等新业态的发展壮大。三是天津市文化事业和文化产业协调发展为旅游发展奠定了基础。天津市拥有深厚的文化积淀,新一轮科技革命和产业变革推动文旅新业态、新模式不断涌现,将为文化和旅游发展提供不竭动力。四是天津市处于经济社会向高质量发展转型的关键时期,面临着深入落实国家重大战略、全面深化改革激发新活力、加快构建现代化产业体系、持续推进贸易强市建设、建设创新城市等一系列重大任务,对提升文化和旅游发展的质量和效益、发挥产业综合带动力提出更高要求,旅游业须加快转型升级、跨越发展的步伐,努力开创旅游高质量发展新局面。

(二)天津市旅游业发展需要应对的挑战

天津市旅游业处于历史性窗口期和战略性机遇期,但发展中仍存在诸多问题和挑战。一是全球政治经济发展的不确定性风险还在增大,突发事件的冲击与影响广泛存在,国际旅游市场波动持续,居民收入和支出水平短时间内难以恢复至疫前水平,旅游业在新冠肺炎疫情中受到了严重冲击,产业敏感性、脆弱性凸显,入境旅游市场短时间内复苏乏力。二是旅游竞争力需要进一步提高。独特性、震撼性的旅游产品较少,缺乏重大文旅项目发挥龙头引领作用,重大文旅项目实际落地难;现有景点景区的知名度和影响力有待提升,不能很好满足大众旅游市场和高端旅游市场的需求,供给需求仍不能完全匹配。三是旅游消费带动能力需要进一步挖掘。旅游游览、娱乐、购物等旅游消费比重较低,旅游产业发展要素有待进一步完善提升;特色旅游商品、特色餐饮不够丰富,有待进一步根据地方文化特色进行专业化开发;旅游商品同质化状况需要改善,特别是特色化商品和高品质商品较少,旅游购物有待丰富;夜间娱乐时长不够,业态不够新颖、不够丰富,导致夜间消费不足,不能满足过夜游客对城市特色夜间生活文化的需求。在旅游业与消费市场融合发展方面,天津市与其他旅游业发达的城市相比,还存在差距,旅游业对消费的带动作用有待提升。

(三)天津市旅游业发展的路径选择

天津市政府高度重视旅游业发展,积极推进政府管理体制改革,塑造旅游业良好发展环境,不断推进"旅游+"深度融合发展,新业态、新模式不断涌现,旅游消费规模不断扩大,对经济的带动作用持续释放。在京津冀协同发展历史机遇下,京津冀三地经济、文化、商业活动等各方面之间的互通交流将愈加深入,天津市应进一步借势发展,不断推出精品旅游线路,创新旅游政策,把旅游一体化协同发展推向深入,落到实处。

(1)打造京津冀区域文化旅游高地

第一,打造京津冀乡村旅游目的地。以蓟州区为核心,打造京津冀区域乡村旅游经典线路。强化优势凸显与错位发展,推进蓟州区文化和旅游融合发展的"一核两带三组团四区"空间布局建设,健全旅游业体系,丰富乡村旅游产品,推进蓟州区国家休闲旅游度假目的地建设。推进大平安、东果园、英歌寨等多个康养旅游村建设,创建下营镇、官庄镇、穿芳峪镇3个全国乡村旅游重点镇,联合京冀开展长城、明清皇家建筑等跨界重大文化遗产保护利用,联合打造非物质文化遗产物质空间和非遗品牌。继续推动农家院提升改造三年计划,推动农家院向民宿改造工程。大力引进社会民营资本和专业团队,打造市民农庄和田园综合体,实现"旅游+农业"品牌化运营管理。

第二,打造海洋文化旅游新地标。推进滨海新区发展"一廊一带一区多组团"的旅游空间新格局。充分发挥岸线资源优势,构建沿海蓝色旅游走廊,推动祥源日月岛、滨海—中关村海滨亲水景观带、万达文化旅游度假区、东疆东部岸线景观等亲海旅游项目落地。加快海上游艇、游船等近海亲海旅游产品创新与开发。推进海河都市观光带建设,保护性开发工业遗产旧址与历史文化资源,扩大茉莉亚音乐学院、海河外滩公园等现代文明景观影响力,打造"古今交融"的城市名片。持续推进国家全域旅游示范区建设。推进以大沽口炮台遗址等为代表的红色革命教育旅游,大力开展具有渔业风情的乡村旅游节庆活动。树立精准而又清晰的邮轮旅游目的地形象,全面规划与推进邮轮旅游发展,实行京津冀邮轮旅游协同发展,凝聚多方合力,谋划构建邮轮旅游高质量发展的新格局。

第三,打造声势浩大的港口节日品牌。港口是天津市的核心战略资源,有着深厚的历史积淀和文化底蕴,见证了天津城市发展的历史。设立"港口节"是天津港独特文化品牌建设的重要环节,打响"港口文化"品牌,是天津对外增强城市吸引力、号召力,对内增强城市凝聚力、战斗力的有效手段。一是重点打造"1"个天津港发展展示平台。围绕天津港核心功能和竞争力进行梳理和演绎,展示天津港历史文化、北方国际航运枢纽建设、智慧港口建设等多个方面的成绩。打造"1"个天津市形象宣传推介框架,介绍天津市经济社会发展成就和发展愿景,展现天津市新竞争优势和新发展动力,扩大"港口节"溢出带动效应。二是打造高水平"港口发展国际论坛"学术板块。邀请世界各国和地区(特别是国际国内港口城市)的领军者和高层代表出席论坛,深化与国内其他港口城市互学互鉴、开放合作,共同推进海上互联互通网络建设。开展专业会议议题征集,形成系列重要的学术成果,将国际论坛打造成为全球港口发展理论的学术高地。三是策划高活力的休闲娱乐板块。开展水上体育和教育活动。针对不同年龄段人群,推出水上运动项目。结合港口特色,围绕夜购、夜食、夜游、夜娱、夜秀等主题,推出烟花表演、市集、美食等系列重点特色活动。以研学游、亲子游等为主题,充分利用滨海新区海洋文化资源、科教资源,在"港口节"期间推出"新区一日游""新区半日游"等游览项目,丰富文化内涵。

(2)丰富旅游商品供给

第一,要注重地方特色文化元素在旅游商品开发设计中的转化应用。牢固树立现代旅游商品理念,摒弃旅游商品只是旅游纪念品、工艺品的狭隘认识,根据特色地域文化元素,结合旅游消费需求,重点发展旅游者需要的生活化旅游商品,使旅游商品既能满足生活需求,又能渗透和传播天津文化特色。例如,将天津著名建筑、著名人物等元素加工在日常生活用品上,在保证商品使用价值的同时,提升商品的内在文化附加值。扩大天津旅游商品品牌的影响力。继续实施天津旅游商品品牌提升工程,持续丰富"天津礼物"系列旅游商品,深入挖掘传统企业、老字号产品的旅游文创商品价值。充分利用新型消费导引模式,坚持需求导向,精准设计开发个性化、体验式旅游商品,满足细分市场消费者心理需求。加大对旅游商品的推广和评价力度,对商品进行跟踪和追溯,对市场认可度高的商品进行推广和奖励,并推进旅游商品知识产权保护,营造公平健康的旅游品牌成长环境。

第二,打造旅游消费资源集聚地。大力发展首发经济,引入国际国内知名品牌的产品体验店,提升品牌聚集度和号召力,吸引国际消费品牌跨国企业来天津设立区域性总部、功能性总部。繁荣活跃夜间消费,打造夜间经济示范街区。通过事件营销来吸引人流,积极引育具有全球影响力的电影节、时装秀、音乐会、沙滩排球、马拉松等体育文化展演类活动。加快国家服务业扩大开放综合试点建设,深化旅游产业与其他产业融合发展等消费服务领域的国际合作。依托自贸区开放型经济发展时机,发展免税、保税商品店及品牌商品的奥特莱斯店,以价格优势吸引喜爱购买国际品牌商品的国内中高端顾客。面向爱好中式文化的高端游客,推出高端文化艺术商品的购物旅游线路和老字号特色商品购物线路。面向年轻游客推介创意商品集中的文创园区或街区。

第三,加大入境旅游供给,提升国际旅游竞争力。优化旅游信息供给。以互联网、智能手机为载体,开发多种语言版本的信息发布渠道,方便境外游客信息获取;提升对外旅游服务软实力,加强中英双语的标识和解说系统,加大对从业人员的涉外服务能力培训,提高对外旅游服务的技能;加强入境旅游市场监管,对扰乱入境旅游市场,损害入境游客合法权益,损害天津国际旅游形象的违法行为要严厉打击。创新海外营销方式,开发新兴旅游市场。一直以来,日本、韩国、美国是天津市主要客源国。优化客源市场结构应从稳定现有主要客源市场着手,大力开拓南美洲、南亚、中东等新兴旅游市场,并将"一带一路"合作伙伴作为海外营销的重点。网红营销、影视营销、活动营销、事件营销等多措并举,降低营销成本,提高营销效率。同时,应加强对过境游客的专门调查,进一步完善72小时过境免签政策,吸引更多的中转游客来津旅游。

(3)完善全域旅游公共服务体系

第一,深入推进旅游公共服务体系建设。提高全域旅游交通可及度和便捷度,最大限度提升游客出行的便利化水平。依据大数据与先进算法,分析重点景区之间的关联度,科学推进客流量大的景区景点间的旅游专线的开通,完善旅游交通接驳体系。优化旅游综合服务功能,推动游客服务中心(点)、旅行社、房车营地、汽车旅馆等服务设施的建设改造提升。推进旅游服务标准化建设,提升旅游服务质量,对接国际标准、按照国家旅游标准化体系,促进天津市旅游服务质量的进一步提升。实施厕所革命管理行动,强化旅游厕所精细化管理,探索以商养厕的合作模式。完善高速公路、城市主要道路旅游交通标识系统。建立多层级预警体系,及时有效发布预警信息,加强从业人员安全防范意识。建立高质量旅游应急救援机制,建立高效的旅游救援队伍。

第二,提升旅游公共服务体系智能化服务水平。加快建设旅游信息公共服务平台,集合旅游基础信息数据,打造天津市旅游数据发布和管理中心,完善线上旅游信息咨询服务;完善智慧旅游平台建设,重点推动智慧"服务""管理""营销"平台建设,及时更新、升级旅游平台;推进旅游无障碍环境和老年旅游公共服务供给,满足特殊群体需求。对全市旅游公共服务设施建设情况进行普查,了解包括市区、郊区、景区等在内的旅游公共服务设施建设基本情况,建立旅游公共服务设施数据库,方便对于设施建设的监督及日常维护,进一步追踪公共服务项目的客户满意度,不断提升服务质量。共享京津冀旅游大数据,统一开展旅游宣传营销,增强区域人才交流与培训,逐渐形成有区无界、统一共享的全域旅游格局。

（4）以文化为魂推动旅游业高质量发展

随着居民消费结构不断升级,服务、信息、文化类消费快速增长,文化产业发展对推动国民经济增长、满足人民美好生活需要发挥越来越重要的作用。特别是疫情期间,以数字内容为核心的文旅产业异军突起,各类文化场馆、景区景点积极推出云展览、云直播、云旅游等数字产品和服务;网络动漫、网络音乐、网络文学、短视频等新业态发展活跃,跨界直播带货、宅经济促进了消费回补和潜力释放。"文化+"实现了更快、更广、更深的融合发展。国务院办公厅印发《关于以新业态新模式引领新型消费加快发展的意见》,提出深入发展在线文娱,鼓励传统线下文化娱乐业态线上化。天津市旅游资源中,以万国风貌建筑、名人政要旧居、历史纪念地等为主要类型的文化旅游资源占比较大,凝结着近代中国百年史,形成"近代中国看天津"的地域特色,加之"依河傍海,人无我有"的独特自然优势,在延长文化产业链、形成独具特色的文化产品与服务方面具有广阔的发展空间。天津市深入推进新时代文化强市建设,应着力构建文化发展新格局,建立京津冀区域"大文化协同体"概念,整合区域文化资源,为推进精神富有提供坚实保障。

第一,激发文化创造能力,推进新时代文化艺术创作与传播。聚焦重大革命题材、历史题材、现实题材和天津地域题材,打造一批原创精品力作;筛选一批传统经典优秀文艺作品和新时代特色作品,拓宽展示与传播平台,形成具有国际国内知名度的艺术品牌。天津市拥有深厚的曲艺文化底蕴,拥有"曲艺之乡"的美誉,应将旅游演艺作为传统观光旅游的重要补充和升级,提高旅游演出在旅游市场中的地位。依托丰富的文化演出资源,壮大文化人才队伍,注重培育市场、注重口碑宣传,寻求旅游演艺市场发展的新突破。积极争取文化部国家艺术基金项目的支持,加强与演艺行业组织的沟通,以促进产业融合的深化,打造演艺精品。推动优秀作品展演、传播、交流与推广,构建多层次、立体化的宣介平台和体系,扩大人群覆盖面,提升优秀文艺作品传播力和影响力。

第二,提升文化传承能力,推进优秀传统文化的活态传承。深入贯彻落实《"十四五"非物质文化遗产保护规划》,推进非物质文化遗产档案和数字化建设,推进非遗馆、非遗展示体验中心和传承工作室等建设,完善非遗代表性传承人名录体系,加大对传承人的支持和培养力度,加强评估和动态管理。全面推进"非遗进校园""非遗进社区"和非遗旅游线路开发工作,增强非物质文化遗产知识传播普及力度。组织专业研究力量,开展"津派文化"专题研究阐释,推进戏曲文化、中医药文化、体育文化等特色传统文化的演化发展研究,形成一批天津特色文化典籍。加强对文化遗产价值和意义的深入研究和阐释,与新一代信息技术相结合,推进建立特色品牌、开发文化产品和服务等方面的成果转化。加大革命文物保护力度,强化教育功能,打造红色旅游研学主题产品,积极构建革命文物保护利用新格局。

第三,激发和释放文旅消费潜力,全面促进文旅消费。《2021年上半年全国文化消费数据报告》显示,2021年上半年,文化消费时长有效延展,周末、夜间消费明显增长,线上与线下文化消费场景已深度嵌入居民日常生活。天津市应以建设国际消费中心城市为切入点,发挥文化和旅游消费带动作用,创新"古文化街""意式风情街"等特色文化街区消费场景建设;探索举办一批具有全国乃至全球影响力的文体赛事和节庆活动,积极培育政府支持、社会参与、群众受益的工作机制,促进文体商旅多产业融合发展;充分发挥文化消费季对于居民消费的指引功能,通过政府企业并举、线上线下联动等方式,引导消费升级,增强文化消费体验;加大惠民消费券的宣传力度,努力扩大惠民消费券使用范围,增加其对居民文化消费的补贴功能;围绕消费结构变化,加大对新消费、新模式、新场景的财政支持及政策引导力度。细分游客偏好,开发多元化文化体验活动,例如,针对入境游客和喜爱历史文化的国内游客,建立天津历史文化体验走廊,打造皇家贵族文化、租界文化、传统武术文化、杨柳青版画文化等文化综合体验区;针对年轻人,开发基于动漫、影视形象及作品的创意体验综合区。

(5)完善旅游市场营销体系建设

巩固传统市场与开拓新市场并重。要构建现代文化旅游品牌体系。坚持统一营销理念,整合提升"近代中国看天津"文化旅游核心品牌和都市博览游、海河风光游、滨海新区游、山野名胜游五大旅游品牌,形成以核心品牌定位为基础,以独特产品为支撑的立体化品牌体系。天津国内游客来源以周边省市和高铁沿线交通便捷城市为主,河北、北京、山东游客占天津市国内旅游人数比重较大。天津国内旅游精准推介的首要目标客源应立足周边及高铁沿线,特别是京津冀区域内。天津拥有独特的文化特征,掌握旅游客源市场结构、行为方式、消费特征等,精心错位设计符合这些省市游客需求的旅游产品,组织精准营销,扩大影响力和知名度,吸引区域内更多的游客到天津旅游休闲。要积极扩大新兴市场,利用各种大型文化旅游节、国际旅游节、在外地举办各种旅游宣传推介活动等。要紧抓"一带一路"、RCEP 合作协议等机遇,促进旅游与对外贸易的融合发展,在对外贸易过程中开展旅游推介与宣传,提高天津文化旅游资源的知名度。

创新现代文化旅游推广营销手段。政府统筹协调,整合景区、酒店、旅行社、旅游商品企业、媒体等旅游主体,建立多元主体联动营销策略。建立全媒体营销模式,实现从传统营销向新媒体营销、智慧营销转变。利用媒体资源和公众化营销手段对天津市旅游产业发展的重大事件、重点景区进行集中宣传。积极通过参加中国旅游产业博览会及周边省市举办的各种旅游博览会进行推广宣传。结合各种节庆活动,强化新兴传播媒体的运用,充分利用微博、微信公众号等定期发送天津市的旅游信息。发挥自媒体的口碑宣传作用,选择网红、微博大 V 等流量明星,利用抖音、快手、网红直播等现代化营销方式,综合应用短视频、图片和软文,对重点市场群体进行推广和宣传。创新推出京津冀旅游优惠券,通过与京冀各地旅行社、知名旅游企业、旅游门户网站的交流与合作,提高京津冀居民旅游意愿。

四、本章小结

　　本章系统总结了天津市推进京津冀协同发展的系列工作举措与成绩,并对天津市旅游业发展的经济环境与基础进行了分析,研究了天津市旅游业发展面临的机遇与挑战,提出了京津冀协同发展背景下天津市旅游业高质量发展的对策措施。一是天津市立足"一基地三区"功能定位,紧抓北京非首都功能疏解"牛鼻子",加快把天津特色战略资源和比较优势转化为发展动能,大力推动原始创新和科技创新,促进产业结构优化升级,推动北方国际航运枢纽建设,统筹推进交通、生态、公共服务等重点领域持续突破,在落实重大国家战略中展现天津作为、贡献天津力量。二是天津市强化新型基础设施建设,扎实推进新动能引育,积极谋划智能科技产业布局,聚焦消费提质增效,推进国际消费中心城市和区域商贸中心城市建设及外向型经济发展,经济运行持续稳中加固、稳中有进,高质量发展态势进一步显现。三是综合国际新形势、国内新阶段和新变化,天津市文化和旅游发展处于重要战略机遇期,面临着一系列新形势、新要求,也面临机遇与挑战叠加、成绩与问题并存的复杂局面。在"京津冀协同发展"历史机遇下,京津冀三地经济、文化、商业活动等各方面之间的互通交流将愈加深入,天津市应进一步借势发展,通过不断推出精品旅游线路、丰富旅游产品内涵、加大旅游商品供给、完善旅游公共服务体系等措施,把旅游一体化协同发展推向深入,落到实处。

第八章　京津冀旅游协同纵深发展的 路径选择

一、打造京津冀世界级旅游目的地

京津冀城市群旅游资源丰富,自然景观和历史人文景观类别齐全,具备相同或相似的文化基础,是我国重要的旅游资源集聚区,具有打造区域旅游协同体的先天基础优势。而且,我国的消费结构已从以往的产品型,向体验型、认知型转化与升级。以京津冀旅游协同发展共同体打造世界级旅游目的地能够促成京津冀区域合作的利益增量,打造区域合作和对外交流的重要支撑平台,更能够有效改善居民生活环境,不断提升百姓的获得感、幸福感和体验感,满足人们对美好生活的文化旅游需求。

(一)以提高区域经济发展水平作为旅游发展前置条件

京津冀旅游协同发展网络影响因素研究中发现,2018 年,城市经济发展水平差异对京津冀旅游协同发展网络产生了显著的负向影响,城市经济水平的差距越大,越不利于建立旅游协同发展关系。城市经济发展水平对于旅游协同发展网络的建立具有重要作用。因此,提出以提高区域经济发展水平作为旅游发展的前置条件。区域经济发展水平的提升有利于为旅游基础设施建设、旅游公共服务体系建设提供财力支撑,也有利于提高居民可支配收入,提升居民参与旅游的意愿和能力。

居民可支配收入是影响旅游发展的重要因素。分析京津冀三地居民可支配收入差距产生的原因有助于针对性地采取措施提高三地居民收入,为旅游发展提供经济基础。首先,从总体来看,三地居民收入的主要组成部分是工资净收入,2021年占比均超过60%。其次,城镇与农村收入结构存在明显区别,三地城镇居民的转移、财产净收入占比均高于农村,转移、财产净收入在农民收入中的比重不高,对总收入影响较小,具有较大提升空间;三地城镇经营净收入占比均小于农村,特别是津冀两地农村居民的经营性收入占比分别高于城镇17%、25%,农村居民经营净收入对收入贡献较大;北京市农村工资性收入占比高于城镇,津冀反之。最后,三地收入结构存在显著差异,不管是城镇还是乡村,北京的财产性净收入占比高于津冀两地,河北的经营性收入占比高于京津两地,河北的转移净收入占比低于京津两地。北京较高的财产性收入可能来源于较高的工资收入借助丰富的金融工具实现资产增值,以及北京外来务工人员旺盛的租房需求形成的租金等,河北的灵活就业程度高于其他两地,河北省需要进一步提高居民转移性收入。

恩格尔系数是家庭食品支出占总消费支出的比重,一般来说,其随可支配收入的提高而下降。如果一个地区的恩格尔系数较低,说明家庭必需的食品支出占总支出比重较低,非必需的文化、娱乐、教育等的消费支出较高,生活富裕程度较高。京津冀农村居民恩格尔系数大于城镇居民,说明区域城乡居民生活水平存在差距,其中,北京的城乡生活水平差距最大,河北其次、天津最小,但河北城乡居民生活差距一直在缩小,而天津自2018年以来有扩大趋势。2020年恩格尔系数普遍上升的原因在于食品类商品的价格普遍上涨。另外,比较城乡居民恩格尔系数发现,北京均是最低的,天津最高,河北居中,说明北京的城乡居民生活水平在京津冀区域内是最高的,而天津的消费能力释放不充分,总消费规模不足,导致恩格尔系数较高。总的来说,京津冀区域城乡生活水平存在差距,而津冀地区的生活水平与北京存在普遍差距。

第一,打造高水平、现代化的区域经济格局。近年来,三地不断落实功能定位,经济发展总量与质量不断提升,但是三地发展不平衡问题依然存在,例如,北京地区聚集了大量的央企总部、高技术企业、高等教育资源、高技术人才等资源条件,三地产业发展梯度仍然较大。与北京相比,天津和河北的产业创新体系支撑依然不足,高端产业研发、技术、人才等依然有较大的提升空间。区域产业链与创新链融合需要进一步强化,市场要素流动需要进一步畅通,产业园区资源配置效用有待提升,产业良性互动亟须加强。促进京津冀区域经济量质齐升,一是深入推进京津冀三地功能定位落实与活力释放。强化北京"四个中心"的区域发展"领头雁"作用,依托高质量科技创新要素资源集聚、制度型开放等优势,强化对于区域创新发展、产业升级、结构优化的引领辐射带动作用;释放天津"制造业立市"发展潜力,要发挥区位条件优越、产业基础雄厚等优势,贯彻落实"一基地三区"功能定位,积极承接新兴产业布局和转移,着力建设"四谷",高标准建设海河实验室,完善 12 条产业链,推进区域制造业迈向高端,提升对京津冀高质量发展的重要支撑作用;深入推进河北"三区一基地"建设,落实"六个现代化河北"目标任务,推动雄安新区建设和非首都功能承接,加快培育河北特色产业体系,加强与京津产业战略对接,发挥保定、邯郸等城市比较优势,塑造河北省内经济新增长极。二是提升区域联合创新能力。重点聚焦增强原始创新策源能力、创新资源集聚能力和创新成果转化能力,深度推进京津冀协同创新;推动共建科技创新协同体、利益实体联盟和技术创新中心,打造高能级集成协同创新平台;推进京津冀国家技术创新中心建设,充分发挥京津冀科技成果转化联盟作用,推动京津冀科技成果转移转化服务体系互联互通;强化京津冀高校院所、企业等多主体创新联动和协同攻关合作,盘活区域科技资源核心源头与创新要素。三是推动京津冀高端制造产业协同发展,实现价值链高端环节闭环融合。加强顶层协同产业环境优化,充分挖掘一体化政策潜力,围绕高端制造业、生物医药、新能源等战略性新兴产业,打造智慧化高端制造协同平台,落实政策链、资本链、资金链、研发链、人才链、供应链等大融合闭环运作,加速构建世界级高端制造产业标杆集群。加快推进京津冀工业互联网示范区建设,推动提升三地产业基础高级化、产业链现代化水平,培育京津冀先进制造业产业集群;推动区域全产业链优化升级、互补关联,促进产业链配套区域化、供应链多元化。加大技术协同开发与应用、产业生态价值融合、高端行业人才共享共用等专项基金投入。发掘区域产业园区资源价值,完善建立三地产城协同交流机制,扩大三地融合性智慧园区建设,实现跨城市园区合理互通、充分运用,高效创造聚集力。

第二,以数字经济引领京津冀产业协同发展。随着新一代信息技术的迅速发展,数字化技术加速对经济社会生活各领域、全过程进行全面渗透与重塑,涌现出大量的新技术、新业态、新模式,提升了产业数字化和数字产业化水平,数字经济已成为加快国家和地区经济转型升级和增强未来竞争优势的重要力量。面对日趋复杂多变的国际国内形势,把握新一轮科技革命和产业变革新机遇,推进京津冀区域数字经济加快发展,重组区域创新生产要素,有利于区域产业深度协同与结构优化升级,数字经济必将成为京津冀高质量发展的重要动力,可以助推京津冀协同发展、纵深发展。国务院印发的《"十四五"数字经济发展规划》明确了京津冀优化升级数字基础设施,大力推进产业数字化转型的重点任务。数字经济发展在京津冀内部存在严重的不平衡问题,百度、京东、字节跳动等大型平台企业,北京大学、清华大学、中科院等著名大学以及科研机构、大部分的人工智能企业集聚北京,天津、河北缺少产业链中高端的大企业和好企业,产业竞争力偏弱。京津冀科技创新资源分布不均,北京着力推动数字技术原始创新,北京自贸试验区科技创新片区打造数字经济试验区,已聚集大量的科技创新企业,天津在数字经济赋能特色产业发展方面具有示范意义,而河北的核心数字产业还处于跟进和规划状态。推进京津冀数字经济高质量发展,首先,要加大京津冀全域新型基础设施投资与建设力度,推动全国一体化算力网络京津冀国家枢纽节点建设,深化京津冀大数据综合实验区建设,构建完善的大数据发展和产业支撑体系。其次,要充分发挥北京在数字技术和人才方面的优势,推动京津冀数字经济与实体经济深度融合,建立京津冀数字技术协同创新共同体,拓展京津冀在数字经济领域的合作空间,积极谋划三地在数字经济领域的产业分工与合作机制,重点推动"互联网+""人工智能+"等,加快传统产业的数字化转型升级,探索数字产业化发展新场景,依托国际数字服务贸易创新发展示范区建设,提升京津冀和华北地区整体数字经济出口辐射和带动作用,强化京津冀港口智慧物流协同,探索建设京津冀数字消费平台,推进京津冀特色数字产业发展,打造全国数字经济发展新高地。最后,要加快构建区域"四链融合"的现代化产业体系。推动构建区域数字经济产业链,围绕产业链部署创新链,围绕创新链激活人才链,围绕人才链完善金融链,加快建设以数字经济为引领的现代产业体系。

第三,多措并举提高居民收入,缩小收入差距。一是坚持就业优先导向,将就业创业作为缩小居民收入差距的主要途径。要优化市场环境,鼓励和扶持中小微企业发展和个体创新创业、灵活就业,创造更多就业机会,为居民增收奠定基础;着力提升人力资本投资力度和效率,不断完善职业教育和培训体系,将全面提升劳动者的人力资本水平作为"扩中""提低"的核心基础。二是将乡村振兴作为缩小城乡收入差距的重要抓手。因地制宜强化分类指导,加大对重点地区、落后地区的政策和财政支持力度,通过发展农村特色产业、延伸农业价值链利益链、深化城乡联动等方式提高农民居民收入;要进一步提高农民的转移、财产净收入,通过加大财政直接补贴、信贷补贴、完善农村社会保障体系等方式,积极提高农民转移净收入,同时有效盘活乡村居民资产,通过挖掘农村资源资产收益,推进农村集体经营性建设用地入市等方式,拓宽居民财产性收入渠道;加快金融供给侧改革,推进区域金融服务均等化,有利于提升河北省特别是乡村的金融供给水平,加大普惠金融力度,满足居民的投资理财需求,提高财产性收入部分,缩小地区间的财产收入差距。三是鼓励北京与天津面向河北省提供更多就业机会,充分发挥雄安新区创业就业龙头带动作用,促进河北省人均可支配收入不断提高;不断推动北京高新技术企业向天津、河北两地转移,持续扩大中等收入群体;鼓励京津冀大力开展新型职业教育与培育,完善新就业形态劳动者劳动权益保障与支持体系,拓宽居民增收渠道。

第四,发挥慈善在三次分配中的重要调节作用。十九届四中、五中全会释放出大力发展公益慈善事业、对收入分配格局进行调整的重大信号。中央经济工作会议指出,支持有意愿有能力的企业和社会群体积极参与公益慈善事业。慈善事业已经从社会保障制度的一部分,上升为社会主义基本经济制度的重要一环。首先,引导行业开展"精准慈善"。鼓励教育、医疗等行业建立慈善协会,形成门类齐全、覆盖广泛的慈善组织,健全内部组织管理制度,开发具有行业特色、专业特点的"精准慈善"项目。发挥社区慈善的"民生保障"作用。聚焦慈善款物接收、慈善义卖、困难群众救助,发展壮大社区慈善超市;聚焦特殊群体、群众关切、民生保障,创新设计社区慈善品牌项目;大力发展慈善信托,开发社区公益慈善类捐赠理财产品,为社区慈善提供资金支持。激发企业慈善的内生动力。结合公司投身慈善事业需要,加快完善企业参与第三次分配的机制,引导企业和企业家设立各类基金会,加快释放企业慈善力量。其次,打造京津冀智慧慈善服务平台。深化民政部门与其他部门之间的慈善信息沟通共享,推进低保、医疗、教育、住房等救助信息的互联互通,形成慈善需求大数据。提供政策法规宣传、项目推介、慈善信托、信息公开、需求发布、服务监督等综合性服务,实现慈善信息供给与需求的有效对接、全程跟踪、智能分析,使慈善管理智能化、慈善服务透明化。构建"记录一生,追踪一生,回报一生"的慈善激励机制,为积极投身慈善事业的企业、组织和个人,加快建立一套数字化慈善记录和回馈激励机制。最后,完善慈善考核评优宣传机制。建立慈善绩效考核和公布机制。积极推进慈善进机关、企业、学校、社区,建立城市、单位慈善发展水平评价指标体系和发布机制,重点掌握全市慈善事业发展的瓶颈问题。"五级示范"抓引领。基于慈善考核结果,评选和打造一个示范区,一批示范社区、示范单位、个人,一批示范项目,形成一批慈善发展的天津典范。打造"慈善+"宣传高地。以戏剧、相声、动漫等为重点,聚焦"五级示范"内容,推进慈善原创精品力作创作与传播;鼓励各类公共服务场馆、商业载体、旅游景点等设置慈善宣传空间。

第五,在制度化建设中提升协同联动水平。一是完善各类生产要素跨区域流动机制。加快建设统一的区域大市场,打破行政性垄断,破除市场壁垒,引导资金、技术、信息等要素资源自由流动,实现各类市场要素跨区域发展。特别是加强跨省市人才资源交流合作,推进人才资源的互认共享,充分释放各类人才的创新创造能力,凝聚创新动能。二是强化重点领域联动发展机制。完善京津冀异地政务服务互通互办互认机制,完善跨省市大数据征信体系、社会信用评价体系等的建设,完善现代化交通网络体系、生态联防联控等重点领域的协调联动机制,推进更深层次的京津冀协同发展。三是提升制度型开放水平。党的二十大报告提出,稳步扩大规则、规制、管理、标准等制度型开放。在开展国际经贸合作过程中,应强化规则、规制、标准的互联互通,一方面要以优化各类负面清单制度为主抓手,推进"竞争中性"规制完善与落实,持续优化营商环境,与世界先进规则、规制等接轨;另一方面要推进中国管理、中国规则、中国标准走向世界。推进自贸试验区建设和京津冀自贸联动,探索更多制度型开放新举措,破除妨碍贸易投资便利化的体制机制,创新促进"双循环"有机结合的体制机制,为构建新发展格局增添新动力。

(二)以共筑文化发展高地提升旅游精神内涵

党的十八大以来,习近平总书记反复强调文化自信,他指出"文化自信,是更基础、更广泛、更深厚的自信,是更基本、更深沉、更持久的力量"。在世界意识形态领域斗争更趋尖锐复杂的背景下,建设社会主义文化强国是时代赋予的重要课题。2020 年,习近平总书记在教育文化卫生体育领域专家代表座谈会强调,"十四五"时期,要把文化建设放在全局工作的突出位置。2021年,我国进入第十四个五年规划时期,开启全面建设社会主义现代化国家、向第二个百年奋斗目标进军的新征程。京津冀文化协同发展为天津文化事业注入新动力,京津冀三地积极贯彻《京津冀文化产业协同发展规划纲要》和行动计划,健全京津冀文化合作交流长效机制,打造跨区域合作交流平台载体,全面促进了京津冀文化协同纵深发展,积累了丰富的协同发展实践经验。持续推进京津冀文化协同发展战略。"京津冀文化协同发展展区"亮相第十五届北京文博会,全面展示三地艺术创作、文化创意、文化旅游协同发展成果;三地联合承办第六届京津冀非遗联展、第五届雁栖湖论坛,共同携手打造京津冀交响乐艺术联盟大型交响音乐会,开展"张家口印象"京津冀非遗线上展演活动。成立中国(京津冀)广播电视媒体融合发展创新中心,共同签署《京津冀新视听战略合作协议》,强化三地在广播电视网络视听领域的全面合作。联合举办文艺展演、京津冀曲艺(非遗)交流演出、书法名家邀请展活动;举办"第二届京津冀传统文化大联展启动仪式暨冬奥主题非遗文创发布会",展示京津冀三地近50个非遗代表性项目的200余件特色非遗传统作品,推动京津冀三地传统文化资源交流互补。但是京津冀文化协同发展仍然存在着不平衡不充分的问题。一是基本公共文化服务的覆盖面和适用性有待持续提高。区域公共文化服务在产品供给、品质提高、发展的充分性等方面仍存在提升空间。二是文化遗产的经济价值有待充分释放。需要对内容丰富的文化遗产进行梳理和挖掘,认真研究潜在的经济价值,分析其转变模式和转化的体制机制,变文化遗产为文化产品和文化服务。

第一,持续推动公共文化服务提质增效。优化区域公共文化设施布局,引导新建大型文化设施向人口密集地区及文化设施薄弱地区布局。加速现有公共文化服务设施的数字化、智能化、信息化提升改造,提高设施、设备的现代化水平,着力提升基层综合文化设施标准化、信息化建设水平。完善公共安全应急体系建设。坚持预防和应急相结合,加大安全检查工作力度,补齐公共服务场所的"安全短板"。加强公共卫生危机管理队伍建设,强化责任落实,提升监测预警和应急响应能力。提高文化服务的导向性和精准性。畅通群众公共文化需求的沟通与反馈机制,多措并举开展文化服务征求工作,提供菜单式、订单式等公共文化服务生产模式,满足群众多样化的文化需求。加大对老年人、残障人士等特殊群体的公共文化保障力度,借助"重阳节""全国助残日""国际残疾人日"等重要时间节点,组织开展系列主题文化活动,丰富特殊群体的精神文化生活。

第二,加强历史文化遗产保护、开发和传承力度。完善文化遗产资源管理和保护机制,加强文化文物资源信息普查、共享与信息发布。加强文物的创新发展与利用,对区域文化文物进行深入挖掘,支持各类文化主体培育打造具有地域特色、行业特色的专题博物馆。深入贯彻落实《"十四五"非物质文化遗产保护规划》,推进非物质文化遗产档案和数字化建设,推进非遗馆、非遗展示体验中心和传承工作室等建设。组织专业研究力量,开展京津冀文化专题研究阐释,推进特色传统文化的演化发展研究,形成一批京津冀特色文化典籍。

第三,全面推进新时代文化艺术创作。实施精品创作工程,鼓励文艺工作者扎根本土、深植时代,以文学、电影、戏剧等为重点,聚焦重大革命题材、历史题材、现实题材和京津冀地域题材,围绕"一带一路""京津冀协同发展"等国家、市委市政府重大战略,联合打造一批原创精品力作。推动人工智能、虚拟现实、区块链等新一代科学技术在艺术创作过程中的深度应用,增强线上制作生产能力。加强文艺队伍建设,提高文艺院团发展能力,探索文艺院团与国际国内知名院团的常态化合作交流沟通机制,通过"委约制作""联合制作""联合演出"等形式,创新产品创作和推广范式,促进艺术院团的合作与交流。筛选一批传统经典优秀文艺作品和新时代特色作品,以全国或京津冀各类重大活动为载体,搭建演出、展示、传播推广平台,形成具有国际国内知名度的系列艺术活动品牌。

第四,加强对外文化交流,构建文化服务贸易新格局。深化文化交流与合作。以京津冀协同发展为契机,完善文化领域协同发展体制机制,推进区域内文化资源的有效整合,强化高效协同,促进基本公共服务便利共享;在文化设施、非遗保护、文化旅游等领域深化与"一带一路"合作伙伴文化交流合作的长效机制,通过联合展览、学术研讨等方式,创新文化艺术合作交流范式,推动文化领域高水平对外开放。积极开拓国际文化市场。开展文化贸易投资合作,大力推介富有京津冀文化特色的产品和服务,重点推动文化产品和服务在"一带一路"合作伙伴出口交易;支持京津冀文化企业参加境内外国际性知名展会和对接洽谈活动,加大对外文化贸易推介力度,拓展国际营销网络;充分利用自贸试验区的政策优势,进一步便利文化贸易投资、创新文化产品和服务贸易、活跃文化产权交易。

（三）以"旅游+"发展战略共建世界知名旅游目的地

以"旅游+"发展战略推动京津冀旅游产业实现更高质量的协同发展,充分赋能京津冀协同发展国家战略,是文化旅游行业面临的重大任务。以"旅游+"发展战略推动京津冀城市群产业高质量协同发展,必须深挖京津冀文化内涵意蕴,不断创新文化表达方式与旅游发展模式,推进文旅产品的形象表达,充分展现京津冀区域的文化历史承载与自然资源特色。

第一,加强京津冀乡村旅游产品联动。乡村旅游产品开发是乡村振兴的重要内容,也是旅游业发展的重要形态。京津冀地区的乡村旅游企业有部分仍然依靠自主发展,没有明确的规划和方向,特别是河北省旅游发展相对落后的农村地区,虽然拥有良好的自然资源禀赋,但起步晚,经验不足,导致旅游产品吸引力较弱,没有在市场上形成吸引力。但是京津冀经济圈区位条件优良,乡村交通可达性不断提高,乡村旅游资源丰富密集,具有乡村旅游联动的天然优势。京津冀区域应该出台相关规划明确发展方向,依靠京津冀乡村旅游企业发展联盟,建立对口帮扶机制,依托京津冀农村地区的特色自然风光、民俗风情等内容,发展京津冀乡村旅游特色品牌,集中力量打造京津冀乡村旅游路线,形成面向京津冀区域内部、辐射三北、带动全国的乡村旅游发展格局。

第二,打造旅游演艺亮点,延伸文旅产业链。作为文化与旅游融合的重要载体,旅游演艺不仅是增加游客文化体验、传播地方传统文化的重要渠道,也是延伸文旅产业链、提升文旅产业经济效应的重要途径。京津冀旅游演艺产业发展拥有深厚的文化积淀,大力发展旅游演艺,将成为拉动京津冀旅游经济强势增长的重要抓手。一是深度活化京津冀特色传统文化资源,打造"独树一帜"的演艺产品。京津冀拥有丰富的演艺文化资源,京、评、梆传统剧种名角颇多,相声、大鼓、天津时调等曲艺形式具有浓郁的地域特色。旅游演艺产品设计与研发应遵循"融合性""独特性""互动性"三大原则。"融合性"是指演艺产品设计应以提炼京津冀特有文化元素为宗旨,以向观众传播地域文化为目的;"独特性"是演艺产品核心竞争力的根本体现,演艺产品的"独特性"必须通过创新来实现,不论是作品内容还是表现形式;"互动性"是对传统观演关系的再思考,强调增强观众的体验感、沉浸感与参与性。二是优化演艺场所硬性环境,打造著名演艺地标区。演艺场所的硬件设施，例如，舞台环境、观众席环境以及道具设施的布置，不仅影响演出的整体效果也影响游客的观演体验。京津冀部分剧场、茶馆以及景区演艺场所的内外部环境仍有整治和提升空间，有待进一步优化与提升。打造著名演艺地标区，还需要进一步完善旅游演艺场所的交通、餐饮、住宿、娱乐等多种形式的配套服务供给，拓展旅游演艺产业链，为旅游演艺产业发展提供保障。三是创新管理方式是演艺产业可持续发展的重要保障。发展旅游演艺需要强有力的人才智力支撑。被誉为加拿大"国宝"的太阳马戏团从全球范围内搜罗演艺人才，建立了全球性、动态性的演艺人才数据库，其创新型的人才管理模式为呈现最佳演艺效果奠定了坚实的人才基础。另外，由于商品最终的归属是市场，演艺产品必须符合顾客需求。因此，必须疏通观演沟通渠道，及时了解客户需求与市场趋势，建立消费者满意度调查及处理长效机制，为演艺产品的常态化更新以及多元节目的合理搭配提供现实依据，从而保证产品可持续发展，不断强化留客能力。四是全方位的旅游演艺支持与保障体系是旅游演艺发展壮大的必要条件。2019 年 3 月，文化和旅游部印发了《关于促进旅游演艺发展的指导意见》，着眼于推进旅游演艺转型升级、提质增效，提出一批支持旅游演艺发展的政策措施。京津冀应不断创新管理、引导与监督的体制机制，在金融、财税、土地、科技、法制等方面为旅游演艺产业发展营造良好的环境。

第三，做强做大京津冀红色旅游。红色旅游产业发展不仅是红色文化传承与育人的重要方式，也能为区域经济发展带来丰厚的经济效益。近年来，京津冀文旅部门联合开发了多条"京津冀红色游"主题线路，串联起三地几十处知名红色旅游景区，使得三地红色文化的色彩更鲜明。京津冀区域拥有丰富的红色文化资源，具备联合开发红色旅游产品以及红色旅游线路的基础条件。深入推进京津冀红色旅游产业发展，一要充分挖掘京津冀红色文脉，通过实地走访、查阅史料、咨询专家，对红色资源进行详细统计与备案，成立红色资源数据库，这是发展红色文化旅游的基础。二要致力于提升红色文化旅游的内涵与品质，整合高校、社科机构等研究力量，对红色文化史料、革命遗迹等进行系统梳理、详细阐释与总结说明，提取红色文化基因，凝练红色文化信息，提升红色文化的含金量、感染力以及教育能力。精心筛选出适合文化表达呈现与旅游产品开发的红色资源，综合考虑地理位置、交通条件等因素，将散落在京津冀各处的红色文化资源串珠成线，形成清晰的红色文化时空坐标，打造高质量、影响力大的红色专题旅游线路,将红色文化遗产、文化要素转化为旅游资源。组织培训红色文化讲解员,讲好红色遗址、红色文物背后的故事,传承红色基因。

第四,大力拓展文旅消费空间。一是加强消费模式创新。推进以文化旅游消费季和线上线下文化旅游消费平台为代表的文化旅游消费模式,通过发放文旅消费券、举办景区门票优惠活动等举措,实现普惠区域内群众与促进消费互利共赢的目的。利用文化旅游大数据平台,对消费数据进行历史分析与动态监测,引导市场提供有效和精准的产品和服务,满足不同群体不同层次的文化旅游消费需求。二是推进消费场景创新。深化跨界融合发展,推动旅游与文化、科技、农业、体育、商业等领域融合发展,构建具有国际影响力的现代文化旅游产业体系和文化旅游市场体系,形成文化旅游产业经济无边界渗透新格局。三是发展壮大文化旅游企业。进一步落实财政、税收、金融等政策,保护和激发市场主体活力。实施文旅企业梯度培育计划,形成一批主业突出、具有核心竞争力的骨干文化企业。引导企业加大科技创新投入,提高科技创新转换能力。推进企业与新一代信息技术、人工智能的深度融合发展,助力企业数字化转型升级。

(四)以区域数字文旅发展推进旅游供给侧改革

在内循环明显增强的形势下,国内文旅产业市场需求旺盛,数字文旅产业进入快速增长机遇期。应充分把握数字文旅产业发展趋势,促进数字文旅高质量发展。一是数字科技已成为推动文旅产业高质量发展的重要抓手。近年来,我国在线旅游体量不断壮大,以数字内容为核心的数字文旅产业异军突起,云展览、云直播、云旅游等数字产品和服务不断丰富;网络动漫、网络音乐、网络文学、短视频等新业态发展活跃,跨界直播带货、宅经济促进了消费回补和潜力释放。数字科技促使文旅产业实现了更快、更广、更深的融合发展。二是智慧旅游成为旅游服务提质增效的必由之路。加强旅游公共卫生、公共安全管理,建立数字化应急管理体系成为保证游客生命财产安全的有效手段。旅游行业不断通过数字化、智慧化转型提升服务质量与效率,旅游景区智慧化、旅游服务智能化、旅游监管数字化进程不断加快,旅游数字治理能力不断提升。三是数字科技成为满足消费者体验型需求的新形式。随着文旅消费升级,消费者的体验型需求由"空间场景"延伸为"时空场景",并上升到"心理场景"。数字科技应用于博物馆、图书馆、美术馆和非物质文化遗产保护中心等文化资源,打造出的交互式、沉浸式的文旅产品越来越受到消费者青睐。数字科技在文旅行业的应用正不断拓展消费者的体验内容、体验方式,提高体验质量与认知。四是"场景营销+内容种草"成为文旅产业营销新途径。互联网时代,消费者获取旅游产品和信息的方式由被动接受转变为主动通过在线平台进行查询、筛选。特别是以抖音、小红书为代表的内容社区和平台,借助图文、短视频、直播等多元化手段,通过多样化内容激发消费者多层次的消费兴趣和需求,已成为消费者获取旅游信息,形成旅游决策的重要途径。

推进区域数字文旅产业高质量发展,应从推动文旅企业数字化转型、加强智库建设和人才培养、扩大优质数字文旅产品供给、加强数字营销体系建设、持续推进智慧旅游体系建设等方面,推动数字文旅产业健康快速发展。

第一,有序推进文旅企业数字化转型升级。一是加强基础研究和统计分析工作。对数字文旅产业发展现状及趋势、增长空间、面临的机会和挑战等方面进行详细的研究和统计,为数字文旅产业发展的政策制定提供坚强的数据支撑;借鉴国内外优秀数字文旅企业发展经验,为文旅产业数字化转型提供参考。二是因地制宜,制订数字文旅产业培育。加强对文旅企业数字化转型升级的统筹规划和资源配置,对数字化转型升级项目进行科学评价,制定企业梯度培育行动计划,有序推进文旅企业与新一代信息技术、人工智能的深度融合发展。三是有效激发和保护市场主体创新活力。完善促进数字文旅产业创新的政策法规、鼓励创新、包容失败,以包容审慎的监管理念对待数字文旅产业涌现出的新技术、新业态、新模式,营造良好的产业发展环境。

第二,加强人才支撑体系和创新平台建设。一是加快培养和引进数字文旅专业人才。以企业需求为导向,依托高校、职业院校进行数字文旅专业化人才培养,为数字文旅发展提供智力保障。二是集合文旅精英,打造数字文旅创意发展智囊团。多元、立体、深度挖掘独特文化符号,打造更多具有影响力的文化品牌,从动漫、影视、游戏、音乐、网络文学、电竞等维度构建"新文创"业务矩阵,释放文旅经济新动能。三是构建以企业为主体、市场为导向、产学研相结合的文化科技创新体系。支持文旅企业建设高水平创新发展研究中心,鼓励文旅企业与国际国内实战经验丰富的数字产业集团或科研机构加强合作,共同打造创新平台,推出文旅融合精品。

第三，扩大优质数字文旅产品供给。一是打造主客共享的"数字文化生态系统"。推进图书馆、博物馆、美术馆等公共文化资源数字化网络体系建构步伐；挖掘优秀民俗文化、饮食文化以及非物质遗产资源，推进特色文化资源信息管理系统建设，构建产业升级的数字化基础。二是加快数字文旅产品的创新性开发与完善。充分利用互联网和数字化手段，对文化资源进行数字化转化和开发，在实现立体形态展示的基础上，特别要完善接触、对话等交互环节，让优秀传统文化资源真正"活起来"，为游客提供更为新颖、独特、优质的感官体验和文化享受。三是大力发展"数字文旅+"新商业模式。促进数字文旅与电商、健康、教育、体育、农业等领域的融合发展，衍生更多新产品、新服务和新业态，形成数字文旅经济无边界渗透新格局，推进数字文旅产业与实体经济融合发展。

第四，加强数字化营销体系建设。一是以短视频、短图文等方式有效对接游客市场。通过委托专业团队、邀请旅游达人、鼓励社会公众等方式多角度开展短视频拍摄与创作，通过持续的内容制作与输出，提高文化旅游吸引力。二是打造全方位、系统化信息发布系统。应充分利用好传统媒介与新媒体，大力拓展马蜂窝、穷游、小红书等口碑攻略点评类平台，培育孵化具有特色的传播阵地和达人资源，搭建全面的线上线下信息发布系统。三是对营销效果进行及时的跟踪与评价。建立科学的营销效果反馈和评估系统，对于浏览量、传播量大，带动效果突出的内容给予一定的支持和奖励，不断提高数字化营销的效率和质量。

第五，继续推进智慧旅游体系建设。一是大力推进客户端智慧旅游平台建设。通过旅游设施和服务的在线化和数字化，为游客提供全面及时的信息服务；高效利用旅游流、旅游消费等数据，深入挖掘游客需求和消费特征，为宏观调控和微观监管提供必要的数据支撑。二是继续推进智慧旅游基础设施建设，完善监测评价体系。加大金融、税收等政策支持力度，鼓励景区、酒店、餐饮等重点涉旅行业大力推进智能化、信息化改造项目，提高旅游服务的效率、质量，保证游客人身财产安全；完善智慧旅游服务质量和发展水平监测评价体系，积极推进智慧旅游标准规范建设工作。

（五）以提高旅游发展韧性有效应对突发事件

旅游业是高度敏感性产业，外部因素极易影响其经济发展走势。2003 年，

"非典"疫情造成当年国内旅游收入、国际旅游外汇收入较2002年分别下降了11.2%、14.6%。与"非典"疫情具有诸多相似之处，综合考虑旅游发展阶段、经济发展周期、疫情波及范围及发生时间等因素，2019年冬暴发的新冠肺炎疫情对旅游经济发展的负面影响将强于"非典"时期。旅游业虽然在疫情中遭受损失，但暴露出的问题与短板，为其突破创新、高质量发展指明了方向。"穷则变，变则通，通则久"，作为"五大幸福产业"之首的旅游业应瞄准疫后市场发展趋势，将培育动能、释放需求与提升服务质量相结合，化危为机，推进行业转型升级，为不断满足人民群众日益增长的美好生活需要贡献力量。

旅游业发展机遇与挑战并存。第一，国内市场将成为疫后旅游发展主战场。受游客出游心理机制、可支配假期及可支配收入等多方面综合影响，国内旅游特别是以自驾为主的家庭中短途旅游、周末旅游已率先恢复。综合考虑旅游市场下沉、旅游消费升级、出境旅游需求国内市场释放等因素，国内旅游市场面临巨大发展机遇，全域旅游将进一步纵深发展。第二，疫情助推旅游业态向健康化、生态化、和谐化、绿色化转变。消费者需求倾向的转变将有效推动旅游业态变革，乡村旅游业将会出现较大涨幅，带动乡村产业振兴；康养、体育、森林等绿色健康旅游业态将迎来市场风口；数字文旅产业将继续保持高速发展态势。第三，疫情倒逼旅游现代化治理体系不断完善。疫情使游客对旅游公共卫生、公共安全、应急管理体系的质量要求大幅提升，倒逼旅游行业通过数字化、智慧化转型提升服务质量与效率。旅游业全方位贯彻以人民为中心的发展思想，促进"新基建"与文旅产业融合发展，有利于加快旅游景区智慧化、旅游服务智能化、旅游监管数字化进程，完善旅游现代化治理体系，提升旅游数字治理能力。第四，疫情加速旅游产业链完善与转型升级。旅游产业链存在的盈利模式单一、产业链不完善、创新力度不够等问题，使其在疫情暴发期全面告急。疫情使得旅游企业并购重组、优胜劣汰的同时，也促使其通过核心业务拓展、融资平台构建、组织管理创新、产品内容升级等方式寻求生存发展之道，加速旅游行业转型变革，完善和优化旅游产业链，提高行业抗风险能力。

疫情等突发事件对旅游业的影响巨大。提醒旅游业要在科学预判应对突发事件的前提下，采取有效措施推动旅游需求潜力的持续释放和旅游市场规模的扩容，全面推动旅游业高质量发展。

第一，推进旅游供给侧改革，增加"需求导向"下的优质旅游供给。一是加强旅游市场变化趋势和消费演进规律研究,以"需求"为导向,完善产品体系、创新营销渠道、提升服务质量。二是加强乡村旅游基础设施建设,创新乡村旅游产品设计,提升乡村旅游公共服务水平。三是充分挖掘森林、湿地等自然资源,结合中医药发展优势,引导文旅企业加强生态保健旅游、康养度假旅游产品或项目研发力度,推进旅游供给侧改革。

第二,科技创新为旅游业高质量发展赋能。一是加快数字文旅产品开发,借助 VR、AR、3D 扫描、AI 等技术搭建在线文化旅游共享平台,传播中华优秀文化、展示中华风景名胜,提升境内外市场吸引力。二是创新数字营销技术,推进新媒体应用,强化旅游安全目的地形象宣传,讲好疫情防控的中国故事,增强游客信任与安全感。三是促进"新基建"与旅游业融合发展,完善智慧旅游景区建设,加速旅游行业数字化转型,持续推进旅游领域的治理体系和治理能力现代化。

第三,坚持标准化建设,提升服务品质。一是实施人才强旅战略。实施"四位一体"的综合人才培养与开发策略,加大旅游人才教育培训力度,提升旅游服务质量和经营管理水平。二是推进旅游标准化建设。对接国际标准、按照国家旅游标准化体系,促进区域旅游服务标准衔接加强对旅游产业要素的规范管理和提升,创建一批旅游服务标准示范单位,全面提升区域旅游业的整体水平。加快旅游紧急救援体系建设,健全旅游突发事件应对机制。加强基础设施建设,持续推进旅游"厕所革命"。三是坚持依法治旅、依法兴旅和依法护旅。以国家有关旅游法律法规及地方旅游条例为依据,完善旅游管理体制机制,加强政府统筹和规划引领,加强部门联合执法和综合整治,严厉打击市场顽疾,依法整治旅游市场秩序;提倡品质旅游,推进旅游诚信体系建设,建立健全旅游荣誉退出机制,推动旅游标准化和规范化建设;深入推进文明旅游。

二、总结与展望

中国特色社会主义进入新时代,我国社会主要矛盾已经转化为人民日益增长的美好生活需要和不平衡不充分的发展之间的矛盾。党的二十大报告提出"以中国式现代化全面推进中华民族伟大复兴",提出"必须坚持在发展中保障和改善民生,鼓励共同奋斗创造美好生活,不断实现人民对美好生活的向往"。

党的二十大为旅游业发展指明了方向,推进旅游业高质量发展。

本书以京津冀区域为研究对象,在完善区域旅游业协同发展指标体系的基础上,建立科学的测度和评价模型对京津冀城市之间的旅游协同发展水平进行度量,探究和分析京津冀城市群旅游协同发展水平的时空演变特征;构建区域旅游协同发展网络并研究相关网络指标的时空演变特征;对旅游协同发展的影响因素进行识别与评价。以京津冀区域旅游协同发展为例,在发现京津冀旅游协同发展的独特特征的基础上,探寻区域旅游协同发展的规律性结论,为天津市乃至全国制定区域旅游协同发展战略,实施和调整区域旅游发展政策提供了决策依据。

主要研究内容和结论包括:

对京津冀旅游协同发展的基础以及推进现状进行梳理。京津冀协同发展战略实施以来,京津冀经济社会高质量发展稳步推进,协同发展成效显著,为旅游业协同发展奠定了良好的经济和社会基础。旅游协同发展是京津冀协同发展的重要组成部分,三地不断完善旅游协同发展的体制机制,推进旅游标准化建设,促进旅游发展环境不断优化,打造旅游新产品、新业态、新模式,促进文旅农体商融合发展,创新旅游联合宣传推介方式,区域旅游经济发展的内生动力不断增强,竞争力影响力持续提升。

京津冀旅游要素协调发展评价。纵观国内外现有研究,对于旅游产业内部要素之间的协同、关于区域之间协同发展关系的研究比较少见,因此,本书以京津冀区域的 13 个城市为研究对象,在分析城市旅游产业内部要素之间的协同状态的基础之上,研究京津冀 13 个城市之间旅游协同发展关系。将旅游业定义为总系统,将旅游交通、服务、生态分别视为旅游发展的三个子系统,与旅游经济子系统一起,作为旅游业的四个子系统。对京津冀各个城市旅游有序度与要素协调度进行分析,从而发现京津冀区域各个城市旅游要素协调发展的时空变化特征。分析发现京津冀区域大部分城市的四个子系统两两之间的协同度、旅游总系统协同度整体上呈现出稳定上升的趋势。

京津冀旅游协同发展现状和差异分析。在客观分析京津冀区域 13 个城市旅游发展要素、经济、环境等因素的前提下,对京津冀区域 13 个城市的旅游发展时空差异以及旅游协同发展状况进行深层次、细致的定性分析与量化研究,提出京津冀区域旅游协同发展的对策与建议,科学合理且具有较强的可行性。进一步,利用 2008 年至 2018 年的旅游经济数据,从绝对差异、相对差异、综合差异三个方面探讨京津冀区域旅游经济的分异特征和演化规律,力求对京津冀区域旅游经济差异进行较为全面的、准确的、定性和定量的分析,为区域旅游的协调发展和旅游产业的战略调整提供依据。结果显示京津冀区域城市旅游经济的绝对差异呈增大趋势,相对差异在考察期内呈现不断缩小的趋势;旅游经济的综合性差异在不断缩小,但是依然存在着不均衡现象。京津冀区域旅游的国内旅游优势突出,但是入境旅游优势下降。综合来看,京津冀区域城市旅游经济发展虽然仍存在着明显的差距,发展不均衡现象依然存在,但是相对差异在不断缩小。

京津冀城市群旅游协同发展时空演化趋势研究。通过对现有协调度测算模型的比较与分析,选取隶属函数协调度模型作为本书旅游协同发展水平的测度方法,将“政府制度创新”指标加入旅游协同发展指标体系,对京津冀城市群的 13 个城市间的旅游协同发展水平进行测评,得到京津冀旅游协同发展水平在时间上的演变特征;建立空间自相关模型,对其进行全域空间自相关分析与局域空间自相关分析,得到其在空间上的相关性与异质性,即京津冀旅游协同发展水平在空间上的演变特征。京津冀区域旅游协同发展水平显著提高,“北京—天津”是协同发展水平最高的城市组合;而河北的秦皇岛、张家口、承德等主要旅游城市在资源禀赋上明显优于其他城市,因而在协同发展中也表现出领先的态势。邢台、衡水等城市由于资源禀赋、交通条件等的限制,在协同发展中相对落后。

京津冀旅游协同发展网络特征研究。基于协同发展水平测算结果,建立京津冀城市群旅游协同发展网络模型,通过社会网络分析中的中心性、特征路径长度、聚类系数、凝聚子群分析以及核心边缘分析等指标和测量方法,构建京津冀旅游协同的评价指标体系,并对关键指标的时空演化特征进行分析。研究结果发现在考察期内,城市间旅游协同发展水平显著提升,旅游协同发展网络初步成型,旅游协同发展网络密度增大,旅游协同发展网络初步成型;北京、天津、秦皇岛、承德、张家口在京津冀协同发展中发挥很强的桥梁作用,连接起京津冀 13 个城市,是区域旅游协同发展的重要枢纽区域。京津冀协同发展空间上呈现出一定程度的两极分化现象,具体表现为北部相对紧密,南部相对稀疏的格局,协同发展水平存在显著空间正自相关性,但空间聚集出现减弱趋势。样本城市中,“北京—天津”这一城市组合具备最高的协同发展水平。区域内部城市间存在较高的空间正自相关性,但空间聚集呈现衰减态势。京津冀区域城市间旅游协

187

同发展越来越紧密,对于旅游发展落后城市的带动作用明显。

京津冀城市群旅游协同发展影响因素分析。研究京津冀区域城市旅游协同发展各个因素对协同发展网络的影响。一方面,以整体京津冀旅游协同发展网络为研究对象,采用 UCNIET6.0 软件自带的 QAP 相关性分析方法和回归分析方法,量化京津冀旅游协同发展网络规模扩大、密度增加、带动落后城市发展等演进特征背后的影响因素,以从整体网络层面探讨京津冀旅游协同发展的策略和路径。研究发现:空间位置相邻的城市更倾向于进行旅游合作和交往,建立协同发展关系;旅游交通的便利程度不仅影响旅游者的决策制定,也是旅游协同发展联系的重要影响因素;城市之间政府制度创新越接近,城市之间旅游经济联系越紧密;信息要素投入对旅游协同发展网络的发展和完善起到了显著的促进作用;旅游协同发展关系更加倾向于在两个经济实力差距较小的城市之间发生。另一方面,以京津冀区域 13 个城市为研究对象,采用灰色关联分析,对影响旅游协同发展水平的因素进行量化分析,对不同城市旅游协同发展的因素分别进行分析,为各个城市分别提出针对性更强的对策建议。

京津冀城市群旅游协同发展对策研究。首先以天津市为例,对京津冀协同发展背景下天津的发展现状、发展机遇与挑战进行详细分析,进而提出天津旅游业发展对策。进一步,根据实证研究结果,从提高区域经济发展水平;共筑文化发展高地;实施"旅游+"发展战略;推进数字文旅发展;提高旅游业发展韧性等方面提出京津冀城市群旅游协同机制和相关对策建议。

本书通过社会网络分析方法、空间自相关检验方法研究了京津冀旅游协同发展的时空演变特征,采用 QAP 分析、灰色关联分析方法对旅游协同发展的影响因素进行了比较分析,为区域旅游协同发展研究开辟了新视角。在数据收集的时间跨度、指标选择等方面存在一定的局限性,在未来的研究中,将延长数据的时间跨度,以检验研究结果的稳健性;同时,考虑创新能力、科技发展水平等指标对协同发展的影响,以深入解释旅游协同发展的影响因素与机制。

参考文献

[1]郑旗.长株潭城市群旅游协同发展研究[J].湖南社会科学,2013(3):148-151.

[2]孙振杰.京津冀旅游共生体系统协调演化研究[J].商业研究,2020(11):11-17.

[3]殷平.高速铁路与京津冀旅游协同发展[J].旅游研究,2017,9(4):11-13.

[4]柴寿升,孔令宇,单军.共生理论视角下红色文旅融合发展机理与实证研究——以台儿庄古城为例[J].东岳论丛,2022,43(4):121-130.

[5]苏海洋,陈朝隆.联系与竞合:粤港澳大湾区城市群旅游共生空间若干问题研究[J].人文地理,2022,37(4):122-131.

[6]颜姜慧.城市群协同发展的博弈论分析[J].工业技术经济,2017,36(4):26-32.

[7]Ivana Fosic, Ham M, Zeljko Turkalj. The Synergy of Sustainable Tourism and Agriculture as a Factor of Regional Development Management in Croatia[J]. Ekonomski Vjesnik Casopis Ekonomskog Fakulteta U Osijeku, 2013, xxvi(1):71-82.

[8]董琳.旅游—生态—文化耦合协调发展水平及其影响因素[J].统计与决策,2022,38(12):122-125.

[9]黎振强,李嘉莉.长江经济带文化产业与旅游产业耦合协调态势及其影响因素[J].城市学刊,2022,43(5):1-8.

[10]董洁芳,乔丽桃,李小丽.文化产业—旅游产业—区域经济耦合协调关系研究—以山西为例[J].经济论坛,2021(8):142-152.

[11]崔树强,朱佩娟,吴小双,等.长江中游城市群旅游协同演化及影响因素研究[J].中南林业科技大学学报(社会科学版),2018,12(1):65-74.

[12]李健,范晨光,苑清敏.基于距离协同模型的京津冀协同发展水平测度[J].科技管理研究,2017,37(18):45-50.

[13]高楠.旅游流与目的地耦合评价模型及仿真研究[D].陕西师范大学,2019.

[14]王志民.江苏省区域旅游产业与科技创新协同度研究[J].世界地理研究,2016,25(6):158-165.

[15]冼静怡,秦青,谢怡欣,等.基于辐射效应的粤港澳大湾区旅游经济结构演变研究[J].资源开发与市场,2024,40(2):283-291.

[16]任云兰.整合历史文化遗产资源促进京津冀旅游产业协同发展[J].城市发展研究,2016,23(12):19-22.

[17]庞前聪.大湾区城市群空间协同策略研究—基于珠海与粤港澳大湾区互动的视角[J].城市发展研究,2019,26(7):50-58.

[18]马斌斌,鲁小波,郭迪,等."丝绸之路经济带"背景下西北五省旅游协同发展战略研究[J].新疆大学学报(哲学·人文社会科学),2015,43(5):16-21.

[19]李燕,骆秉全.京津冀体育旅游全产业链协同发展的路径及措施[J].首都体育学院学报,2019,31(4):305-310.

[20]李国平,朱婷.京津冀协同发展的成效、问题与路径选择[J].天津社会科学,2022(5):83-88.

[21]COSTANZA R. Economic Growth, Carrying Capacity, and the Environment. Science, 1995,15(1):89-90.

[22]姜磊,柏玲,吴玉鸣.中国省域经济、资源与环境协调分析——兼论三系统耦合公式及其扩展形式[J].自然资源学报, 2017,32(5): 788-799.

[23]郭湖斌,齐源.长三角区域物流与区域经济协同发展水平及空间协同特征研究[J].经济问题探索, 2018(11):78-85.

[24]Seetaram N. Immigration and International Inbound Tourism:Empirical Eevidence from Australia[J]. Tourism management,2012, 33(6):1535-1543.

[25]Kim S S, Prideaux B, Timothy D. Factors Affecting Bilateral Chinese and

Japanese Trave[J]. Annals of Tourism Research,2016,61:80-95.

[26]Ivanovic S,Katic A,Mikinac K. Cluster as a Model of Sustainable Competi-tiveness of Small and Medium Entrepreneurship in the Market[J]. UTMS Journal of Economic,2010,1(2):45-54.

[27]Albalate, Daniel, Campos, et al. Tourism and High Speed Rail in Spain: Does the AVE Increase Local Visitors? [J]. Annals of Tourism Research,2017,65: 71-82.

[28]朱海艳,孙根年,李君轶.中国31省市国内旅游经济差异影响因素的空间计量研究[J].干旱区资源与环境,2019,33(5):197-202.

[29]詹军.长江三角洲城市群旅游经济差异及影响因素研究[J].世界地理研究,2018,27(3):120-130.

[30]吕波,王辉,周仲鸿,等.东北地区旅游经济差异与动态收敛性研究[J].统计理论与实践,2021(12):47-53.

[31]郭爽,王钦安,李毛毛.浙江省旅游经济差异及时空格局演变分析[J].南宁师范大学学报(自然科学版),2021,38(1):107-115.

[32]唐业喜,李智辉,周盛芳,等.湖南省旅游经济差异的特征与影响因素[J].吉首大学学报(自然科学版),2020,41(6):91-96.

[33]刘海军,崔东,孙国军,等.新疆旅游经济时空差异及其驱动因子[J].地域研究与开发,2018,37(6):88-92.

[34]郑治伟.京津冀城市群旅游经济差异的时空研究[J].经济研究参考,2018(34):8-16.

[35]陆林,余凤龙.中国旅游经济差异的空间特征分析[J].经济地理,2005(3):406-410.

[36]程进,陆林.安徽省区域旅游经济差异研究[J].安徽师范大学学报(自然科学版),2010,33(1):81-85.

[37]王钦安,张丽惠.我国入境旅游时序差异特征与空间格局演变分析[J].统计与决策,2017,(14):130-134.

[38]吴冰,马耀峰,高楠.基于Theil指数的陕西入境旅游经济区域时空差异研究[J].干旱区资源与环境,2013,27(7):186-191.

[39]郭永锐,张捷,卢韶婧,等.中国入境旅游经济空间格局的时空动态性

[J].地理科学,2014,34(11):1299-1304.

[40]王洪桥,袁家冬,孟祥君.东北三省旅游经济差异的时空特征分析[J].地理科学,2014,34(2):163-169.

[41]赵俊远,苏朝阳,黄宁.西北5省(区)区域旅游经济差异变化——基于泰尔指数的测度[J].资源开发与市场,2008,(3):214-217.

[42]王凤娇.京津冀区域旅游经济差异及影响因素研究[D].燕山大学,2016.

[43]买哲,梁留科,索志辉,等.基于多尺度的中部六省旅游经济差异及预测分析[J].资源开发与市场,2019,35(8):1100-1107.

[44]Bramwell B,Sharman A. Collaboration in Local Tourism Policymaking[J]. *Annals of Tourism Research*,1999, 26(2):392-425.

[45]Araujo L M D,Bramwell B . Partnership and Regional Tourism in Brazil [J]. Annals of Tourism Research, 2002, 29(4):1138-1164.

[46]Sims,Rebecca. Food,Place and Authenticity:Local Food and the Sustainable Tourism Experience[J]. Journal of Sustainable Tourism,2009,17(3):321-336.

[47]Hilal,Erayden,Ayda. Environmental Governance for Sustainable Tourism Development:Collaborative Networks and Organisation Building in the Antalya Tourism Region[J]. Tourism Management, 2010, 31(1):113-124.

[48]BI J W, LIU Y, FAN Z, et al. Wisdom of Crowds:Conducting Importance-Performance Analysis(IPA) through Online Reviews[J]. Tourism Management, 2019, 70:460-478.

[49]Marchenkov S A,Vdovenko A S,Korzun D G. Enhancing the Opportunities of Collaborative Work in an Intelligent Room using E-Tourism Services[J]. Tr Spiiran, 2017,1(50):165 - 189.

[50]Su X Y. Tourism in China:A Study of its Impact on Economy,Culture and Society[J]. Applied Mechanics and Materials,2013,275-277:2723-2726.

[51] Ozturk I, Al-Mulali U, Saboori B. Investigating the Environmental Kuznets Curve Hypothesis:the Role of Tourism and Ecological Footprint[J]. Environmental Science and Pollution Research,2016,23(2):1916-1928.

［52］Mazumder M N H, Sultana M A, Al-Mamun A. Regional Tourism Development in Southeast Asia［J］. Transnational Corporations Review, 2013, 5（2）:60-76.

［53］Mathur A. Social Change and the Impacts of Tourism on the Modern Society［J］. International Journal of Research in Management, 2011, 1（2）:285-290.

［54］侯玉可,苏若晟,邓琪琪,等.基于共生理论的北部湾城市群旅游产业协同性分析［J］.全国流通经济,2021（26）:106-108.

［55］谢金琼.高质量发展理念下成渝地区双城经济圈旅游产业发展的演化博弈［J］.商业经济,2021（2）: 40-44.

［56］陆相林.京津冀区域城市旅游共生关系分析与协同发展对策［J］.经济地理, 2016,36（4）:181-187.

［57］张丹,侯琳,朱洪瑞.共生理论视角下"成德"区域旅游协同发展实现路径探析［J］.湖北文理学院学报,2017,38（2）:42-46.

［58］马国强,汪慧玲.共生理论视角下兰西城市群旅游产业的协同发展［J］.城市问题, 2018（4）: 65-71.

［59］张河清.基于博弈论的"泛珠三角"区域旅游协作问题研究［J］.旅游学刊, 2009, 24（6）:36-41.

［60］赵磊,潘婷婷,方成,等.旅游业与新型城镇化——基于系统耦合协调视角［J］.旅游学刊,2020,35（1）:14-31.

［61］李维航,张高军,陈森,等.粤港澳大湾区旅游竞争力与城市化的耦合协调度及其对地方经济的影响［J］.自然资源学报,2022,37（3）:701-717.

［62］瓦哈甫·哈力克,何琛,朱永凤.基于网络关注度的旅游需求与旅游产业的耦合协调分析及其空间差异［J］.生态经济,2018,34（11）:177-182.

［63］翁钢民,李慧盈.京津冀旅游产业协同发展水平测度与整合路径研究［J］.资源开发与市场, 2017（3）:369-372.

［64］翁钢民,唐亦博,潘越,等.京津冀旅游—生态—城镇化耦合协调的时空演进与空间差异［J］.经济地理,2021,41（12）:196-204.

［65］赵传松,任建兰,陈延斌,等.全域旅游背景下中国省域旅游产业与区域发展时空耦合及驱动力［J］.中国人口·资源与环境,2018,28（3）:149-159.

［66］鲁延召,王宁.旅游产业与社会发展耦合协调研究［J］.资源开发与市

场,2019,35(6):855-860.

[67]向丽,胡珑瑛.长江经济带旅游产业与城市人居环境耦合协调研究[J].经济问题探索,2018(4):80-89.

[68]韦福巍,周鸿,黄荣娟.区域城市旅游产业、社会经济、生态环境耦合协调发展研究——以广西14个地级市为例[J].广西社会科学,2015(3):24-28.

[69]王璐璐,虞虎,周彬.浙江省旅游产业与区域经济发展的耦合协调度分析[J].地域研究与开发,2017(6):89-94.

[70]高杨,马耀峰,刘军胜.旅游业—城市化—生态环境耦合协调及发展类型研究——以京津冀地区为例[J].陕西师范大学学报(自然科学版),2016,44(5):109-118.

[71]贺小荣,夏凡,彭坤杰.新型城镇化与旅游产业协同发展的时空演化及驱动因素——以长三角城市群为例[J].现代城市研究,2022(10):73-80+87.

[72]汤铃,李建平,余乐安,等.基于距离协调度模型的系统协调发展定量评价方法[J].系统工程理论与实践,2010,(4):594-602.

[73]潘雄锋.城市建设和经济协同发展系统灰色关联分析与建模[J].科技管理研究,2005,(10):43-45.

[74]曾建丽,刘兵,张跃胜.中国区域科技人才集聚与创新环境协同度评价研究——基于速度状态与速度趋势动态视角[J].大连理工大学学报(社会科学版),2022,43(1):50-59.

[75]Ansoff H I. Corporate Strategy[M]. New York:McGraw Hill,1965. 227-236.

[76]Meijers E. Polycentric Urban Regions and the Quest for Synergy:Is a Network of Cities More Than the Sum of the Parts? Urban Studies,2005,42(4):765-781.

[77]孟庆松,韩文秀.复合系统整体协调度模型研究[J].河北师范大学学报,1999,(2):38-48.

[78]孟庆松,韩文秀.复合系统协调度模型研究[J].天津大学学报,2000,(4):444-446.

[79]汤超颖,高晋宇.科技人才政策复合系统协同度分析:以粤港澳大湾区为例[J].科技管理研究,2022,42(13):115-122.

[80]张杨,王德起.基于复合系统协同度的京津冀协同发展定量测度[J].经济与管理研究,2017(38):33-39.

[81]Zipf G K. The P1 P2/D Hypothesis:On the Intercity Movement of Persons. American Sociological Review,1946(6):677-686.

[82]王德忠,庄仁兴.区域经济联系定量分析初探——以上海与苏锡常地区经济联系为例[J].地理科学,1996,(1):51-57.

[83]赵洋,徐枫,万义良.基于改进引力模型的公园绿地空间可达性及供需平衡分析方法[J].地球信息科学学报,2022,24(10):1993-2003.

[84]李国庆,窦一凡,韩越.中国跨境电商发展潜力及影响因素研究——基于改进的贸易引力模型实证分析[J].北方经贸,2022(8):16-19.

[85]杨欢,李香菊,刘硕."一带一路"沿线国家税收环境与中国对外直接投资效率——基于时变随机前沿引力模型的实证研究[J].经济体制改革,2022(4):186-193.

[86]侯赟慧,刘志彪,岳中刚.长三角区域经济一体化进程的社会网络分析.中国软科学,2009,(12):90-101.

[87]王欣,吴殿廷,王红强.城市间经济联系的定量计算.城市发展研究,2006,13(3):55-59.

[88]梁经伟,文淑惠,方俊智.中国—东盟自贸区城市群空间经济关联研究:基于社会网络分析法的视角.地理科学,2015,35(5):521-528.

[89]王维国.论国民经济协调系数体系的建立[J].统计研究,1995,(4):66-68.

[90]刘莹,李琳,张喜艳.中国区域经济协同网络演变及成因分析——以2003—2017年中国40470组两两城市对为样本[J].地理研究,2020,39(12):2779-2795.

[91]单晨,陈艺丹.京津冀旅游协同发展网络时空演化及影响因素研究[J].新疆财经,2021(2):17-28.

[92]韩润娥,赵峰.河西走廊旅游经济空间差异及其演化趋势[J].中国农业资源与区划,2020,41(4):225-234.

[93]刘英基.高技术产业技术创新、制度创新与产业高端化协同发展研究——基于复合系统协同度模型的实证分析[J].科技进步与对策,2015(2):66

-72.

[94]崔松虎,刘莎莎.京津冀高技术产业协同创新效应研究[J].统计与决策,2016(16):135-138.

[95]潘越,翁钢民,盛开,李凌雁.长江经济带"旅游+"复合系统协同发展的时空演化特征与空间差异研究[J].长江流域资源与环境,2020,29(9):1897-1909.

[96]黄新焕,王文平,蔡彬清.我国能源—经济—环境系统协调发展评价[J].统计与决策,2015(9):68-70.

[97]李海东,王帅,刘阳.基于灰色关联理论和距离协同模型的区域协同发展评价方法及实证[J].系统工程理论与实践,2014,34(7):1749-1755.

[98]钱力.农村居民收入区域差异适度性分析——基于隶属函数协调度模型测度方法[J].经济问题探索,2014(8):129-135.

[99]焦小慧.珠江—西江经济带旅游协同度测评及空间分异研究[D].广西师范大学,2018.

[100]杨兴柱,顾朝林,王群.南京市旅游流网络结构构建[J].地理学报,2007(6):609-620.

[101]马淑琴,戴豪杰,徐苗.一带一路共建国家商品贸易网络动态演化特征与中国引领策略——基于147个国家的数据[J].中国流通经济,2022,36(9):86-101.

[102]马远,宫圆圆."丝绸之路经济带"能源贸易网络态势解构及影响因素——基于社会网络分析法[J].国际商务(对外经济贸易大学学报),2021(4):101-119.

[103]赵明煜,刘建国.北京市旅游流网络特征及影响研究[J].城市发展研究,2020,27(9):13-18.

[104]刘志峰,于洪雁.旅游经济流动的空间结构特征与动力机制研究—以黑龙江省城市旅游为例[J].北方经贸,2024(1):8-15.

[105]王俊,夏杰长.中国省域旅游经济空间网络结构及其影响因素研究——基于QAP方法的考察[J].旅游学刊,2018,33(9):13-25.

[106]马丽君,敖烨."东西"还是"南北"地区旅游发展差距大?[J].经济地理,2023,43(1):206-216.

[107]马凤巧.京津冀地区旅游经济的空间关联及影响因素研究[D].天津财经大学,2018.

[108] Allen RuthH. Network Analysis:A New Tool for Resource Managers [C]. National Outdoor Recreation Trends Symposium,1980.

[109] Yeong-Hyeon Hwang, Ulrike Gretzel, Daniel R. Fesenmaier. MULTICI-TY TRIP PATTERNS Tourists to the United States[J]. Annals of Tourism Research, 2006, 33(4): 1057-1078.

[110] Noel Scott,Chris Cooper, Rodolfo Baggio. Destination networks-four Australian cases[J]Annals of Tourism Research, 2008, 35(4): 169-188.

[111]刘宁,宋秋月,侯佳佳,等.中国旅游产业结构变迁及空间网络演进[J].地理与地理信息科学,2020,36(5):119-127.

[112]唐小惠,李智慧.中国入境旅游空间网络结构特征及影响因素研究[J].福建农林大学学报(哲学社会科学版),2021,24(1):61-68.

[113]郝金连,关伟,王利,等.基于网络分析法的旅游产业空间格局优化与空间拓展——以大连市为例[J].长江流域资源与环境,2020,29(10):2177-2185.

[114]冯晓兵.旅游景区经济联系和空间结构特征分析[J].国土资源科技管理,2020,37(5):48-58.

[115] Braun, P. Regional Innovation and Tourism Networks:the Nexus between ICT Diffusion and Change in Australia[J]. Information Technology& Tourism, 2004,6(4). 231-243.

[116] Mackellar, J. Conventions, festivals, and tourism:Exploring the Network That Binds[J]. Tourism Management,2006,27(4):1141-1152.

[117]冯卫红,邵秀英.旅游产业集群的企业网络属性研究——以平遥古城为例[J].人文地理,2015,30(5):134-139+146.

[118]冯卫红,胡建玲.旅游产业集群网络结构与企业绩效关系研究[J].经济问题,2016(2):125-129.

[119]田晓霞,肖婷婷,张金凤,等.喀什旅游产业集群社会网络结构分析[J].干旱区资源与环境,2013,27(7):197-202.

[120]周振.旅游产业集群网络研究[D].东北财经大学,2007.

[121]王素洁.旅游目的地利益相关者管理战略研究—基于社会网络视角[J].山东大学学报(哲学社会科学版),2012(1):59-64.

[122]王德刚,邢鹤龄.旅游利益[J].旅游科学,2011,25(2):8-15.

[123]Kathryn Pavlovich. The Evolution and Transformation of a Tourism Destination Network. The Waitomo Caves, New Zealand[J]. Toursim, 2006, 8(2), 45-56.

[124]Seldjan Timur. Analyzing Urban Tourism Stakeholder Relationships: A Network Prospective[R]. Haskayne School of Business, University of Calgary, Canada. 2008.

[125]时少华,梁佳蕊.政策网络视角下历史文化街区保护的参与网络治理研究——以北京国子监历史文化街区为例[J].北京联合大学学报(人文社会科学版),2018,16(2):47-53.

[126]时少华,李享.传统村落旅游发展中信任与利益网络效应研究——以北京市爨底下村为例[J].旅游学刊,2019,34(9):30-45.

[127]时少华.基于社会网络分析的历史文化街区保护中的利益网络治理研究——以北京南锣鼓巷街区为例[J].现代城市研究,2018(7):61-67.

[128]时少华.基于社会网络分析的农业文化遗产地旅游村落治理研究——以云南元阳哈尼梯田两村为例[J].商业研究,2016(11):177-185.

[129]时少华,李享.社会网络视角中世界文化遗产地旅游村寨的利益关系治理——以云南元阳哈尼梯田典型旅游村寨为例[J].热带地理,2020,40(4):625-635.

[130]Hsin-yu Shin. Network characteristics of drive tourism destination: An Application of Network Analysis Tourism[J]. Tourism Management, 2006, 27(5): 1029-1039.

[131]刘大均,陈君子.成渝城市群旅游流网络空间与区域差异研究[J].西南师范大学学报(自然科学版),2020,45(12):112-119.

[132]阮文奇.区域旅游信息流——空间网络、动力机制与溢出效应[D].华侨大学,2019.

[133]周详,刘轩轩,孙泽仪.数字足迹在城市空间研究中的潜力与价值[J].国际城市规划,2023,38(4):58-64.

［134］杜洁莉，张跃.后疫情时期粤港澳大湾区"城市—郊野"旅游流网络结构特征——基于网络数字足迹的分析［J］.热带地理，2022，42（11）：1931-1942.

［135］蔚海燕，戴泽钒，许鑫，等.上海迪士尼对上海旅游流网络的影响研究——基于驴妈妈游客数字足迹的视角［J］.旅游学刊，2018，33（4）：33-45.

［136］王娟，胡静，贾垚焱，等.城市旅游流的网络结构特征及流动方式——以武汉自助游为例［J］.经济地理，2016，36（6）：176-184+175.

［137］吴睿怡，史春云，宋祝建，等.长三角城市旅游信息流网络结构及影响因素［J］.江苏师范大学学报（自然科学版），2020，38（2）：61-66.

［138］周慧玲，许春晓.中国城市旅游信息流空间网络结构特征分析［J］.统计与决策，2019，35（20）：91-94.

［139］王俊，徐金海，夏杰长.中国区域旅游经济空间关联结构及其效应研究——基于社会网络分析［J］.旅游学刊，2017，32（7）：15-26.

［140］郑伯铭，刘安乐，韩剑磊，等.云南省旅游经济联系网络结构演化与协同发展模式建构［J］.经济地理，2021，41（2）：222-231.

［141］吴志才，张凌媛，黄诗卉.粤港澳大湾区旅游经济联系的空间结构及协同合作模式，地理研究.2020，39（6）：1370-1385.

［142］王凯，甘畅，杨亚萍，等.长江中游城市群市域旅游经济网络结构演变及其驱动因素［J］.地理与地理信息科学，2019，35（5）：118-125.

［143］吕娟，张燕.珠江—西江经济带旅游经济网络结构及影响因素研究［J］.旅游论坛，2020，13（1）：57-68.

［144］虞虎，陈田，陆林，等.江淮城市群旅游经济网络空间结构与空间发展模式［J］.地理科学进展，2014，33（2）：169-180.

［145］杨兴柱，顾朝林，王群.南京市旅游流网络结构构建［J］.地理学报，2007（6）：609-620.

［146］王佩玉，魏冶，高鑫."一带一路"商品贸易网络的社团结构及其经济收敛效应研究.世界地理研究，2021，30（1）：25-36.

［147］汪德根，陈田，陆林，等，ALAN August Lew.区域旅游流空间结构的高铁效应及机理——以中国京沪高铁为例［J］.地理学报，2015，70（2）：214-233.

［148］余超，曾博伟.基于供需两侧协同的高铁旅游服务产品体系开发模式研究［J］.旅游学刊，2021，36（12）：3-4.

[149]陈永林,钟业喜,周炳喜.基于交通通达性的江西省设区市经济联系分析[J].热带地理,2012,32(2):121-127.

[150]孙根年,杨忍,姚宏.基于重心模型的中国入境旅游地域结构演变研究[J].干旱区资源与环境,2008(7):150-157.

附　录

附录 1　京津冀 4A 级以上景区名录

城市	景区名称	等级
北京市	恭王府	5A
北京市	八达岭长城风景名胜区	5A
北京市	天坛公园	5A
北京市	慕田峪长城	5A
北京市	故宫博物院	5A
北京市	圆明园遗址公园	5A
北京市	颐和园	5A
北京市	北京市奥林匹克公园	5A
北京市	十三陵	5A
北京市	通州大运河森林旅游区	4A
北京市	中国园林博物馆	4A
北京市	北京世园公园	4A
北京市	北京市房山区周口店遗址景区	4A
北京市	野鸭湖景区	4A
北京市	国家植物园	4A
北京市	凤凰岭自然风景区	4A
北京市	世界公园	4A
北京市	雁栖湖旅游区	4A
北京市	京东石林峡风景区	4A
北京市	八达岭水关长城景区	4A

城市	景区名称	等级
北京市	司马台长城景区	4A
北京市	中国人民抗日战争纪念馆	4A
北京市	明城墙遗址公园	4A
北京市	石花洞	4A
北京市	北京韩美林艺术馆	4A
北京市	金海湖风景区	4A
北京市	玉渊潭公园	4A
北京市	北京黄花城水长城旅游区	4A
北京市	戒台寺	4A
北京市	龙潭公园	4A
北京市	景山公园	4A
北京市	青龙峡旅游度假区	4A
北京市	黑龙潭旅游区	4A
北京市	龙庆峡旅游区	4A
北京市	北京丫髻山道教文化名胜区	4A
北京市	北京海洋馆	4A
北京市	中国紫檀博物馆	4A
北京市	北京顺义国际鲜花港	4A
北京市	绿野晴川野生动物园	4A
北京市	仙居谷风景区	4A
北京市	小汤山现代农业示范园区	4A
北京市	地坛公园	4A
北京市	北京园博园	4A
北京市	谷山村景区	4A
北京市	乐多港假日广场	4A
北京市	龙脉温泉度假村	4A
北京市	北京十渡风景名胜区	4A
北京市	朝阳公园	4A

城市	景区名称	等级
北京市	世界花卉大观园	4A
北京市	八大处公园	4A
北京市	八奇洞景区	4A
北京市	银山塔林风景区	4A
北京市	居庸关长城	4A
北京市	圣莲山旅游度假区	4A
北京市	北京渔阳国际滑雪场景区	4A
北京市	云居寺	4A
北京市	红螺寺	4A
北京市	中央广播电视塔	4A
北京市	中山公园	4A
北京市	南宫旅游景区	4A
北京市	中国航空博物馆	4A
北京市	京东大峡谷旅游区	4A
北京市	香山公园	4A
北京市	潭柘寺	4A
北京市	北京欢乐谷	4A
北京市	北海公园	4A
北京市	北京汽车博物馆	4A
北京市	延庆百里山水画廊景区	4A
北京市	北宫国家森林公园	4A
北京市	紫竹院公园	4A
北京市	首都博物馆	4A
北京市	北京奥林匹克水上公园	4A
北京市	陶然亭公园	4A
北京市	石景山游乐园	4A
北京市	北京天文馆	4A
北京市	世界葡萄博览中心景区	4A

城市	景区名称	等级
北京市	孔庙和国子监博物馆	4A
北京市	北京张裕爱斐堡国际酒庄	4A
北京市	北京动物园	4A
天津市	天津古文化街旅游区（津门故里）	5A
天津市	天津盘山风景名胜区	5A
天津市	天津海河意式风情区	4A
天津市	天津周恩来邓颖超纪念馆	4A
天津市	精武门·中华武林园	4A
天津市	天津市蓟州区梨木台景区	4A
天津市	天津欢乐谷景区	4A
天津市	天津方特欢乐世界景区	4A
天津市	蓟州溶洞	4A
天津市	天津蓟州区独乐寺景区	4A
天津市	天津水上公园景区	4A
天津市	天津泰达航母主题公园景区	4A
天津市	大沽口炮台遗址博物馆景区	4A
天津市	天津海昌极地海洋公园景区	4A
天津市	五大道文化旅游区	4A
天津市	水高庄园景区	4A
天津市	天津市河北区大悲禅院景区	4A
天津市	萨马兰奇纪念馆景区	4A
天津市	国家海洋博物馆景区	4A
天津市	东丽湖恒大温泉旅游区	4A
天津市	天津黄崖关长城风景游览区	4A
天津市	天津热带植物观光园景区	4A
天津市	石家大院景区	4A
天津市	平津战役纪念馆景区	4A
天津市	天山海世界米立方水上乐园	4A

城市	景区名称	等级
天津市	天津东疆湾景区	4A
天津市	天津南湖绿博园景区	4A
天津市	郭家沟景区	4A
天津市	天津天塔湖风景区	4A
天津市	天士力大健康城景区	4A
天津市	仁爱团泊湖国际休闲博览园景区	4A
天津市	"天津之眼"摩天轮	4A
天津市	天津光合谷旅游度假区	4A
天津市	杨柳青庄园景区	4A
天津市	天津市金街文化旅游区	4A
石家庄市	西柏坡景区	5A
承德市	承德避暑山庄及周围寺庙景区	5A
承德市	承德市滦平县金山岭长城景区	5A
秦皇岛市	山海关景区	5A
唐山市	清东陵	5A
保定市	野三坡景区	5A
保定市	白石山景区	5A
保定市	清西陵景区	5A
邯郸市	涉县娲皇宫	5A
邯郸市	永年区广府古城旅游区	5A
保定市	白洋淀景区	5A
石家庄市	驼梁景区	4A
石家庄市	平山县天桂山风景名胜区	4A
石家庄市	佛光山景区	4A
石家庄市	平山县黑山大峡谷景区	4A
石家庄市	平山县沕沕水景区	4A
石家庄市	河北平山藤龙山	4A
石家庄市	东方巨龟苑	4A

城市	景区名称	等级
石家庄市	西苑温泉度假村	4A
石家庄市	白鹿温泉景区	4A
石家庄市	平山县紫云山景区	4A
石家庄市	灵寿县水泉溪自然风景区	4A
石家庄市	秋山风景区	4A
石家庄市	五岳寨风景区	4A
石家庄市	国御温泉度假小镇	4A
石家庄市	苍岩山景区	4A
石家庄市	赵州桥景区	4A
石家庄市	双凤山景区	4A
石家庄市	石家庄市君乐宝乳业工业旅游区	4A
石家庄市	抱犊寨风景区	4A
石家庄市	华北军区烈士陵园	4A
石家庄市	石家庄嶂石岩风景名胜区	4A
石家庄市	棋盘山景区	4A
石家庄市	正定隆兴寺	4A
石家庄市	正定荣国府	4A
石家庄市	天山海世界	4A
承德市	承德市围场县塞罕坝森林公园景区	4A
承德市	承德市丰宁县京北第一草原景区	4A
承德市	承德市御道口草原森林风景区	4A
承德市	承德市双滦区双塔山景区	4A
承德市	承德市隆化县董存瑞纪念馆	4A
承德市	承德市兴隆县兴隆溶洞景区	4A
承德市	承德市丰宁县大汗行宫旅游景区	4A
承德市	承德市丰宁县马镇旅游区	4A
承德市	承德市平泉市山庄老酒文化产业园景区	4A
承德市	承德市兴隆县兴隆山景区	4A

城市	景区名称	等级
承德市	承德市丰宁县七彩森林景区	4A
承德市	承德市磐锤峰森林公园景区	4A
承德市	鼎盛文化产业园景区	4A
张家口市	万龙滑雪场景区	4A
张家口市	张北中都原始草原度假村景区	4A
张家口市	黄龙山庄景区	4A
张家口市	安家沟生态旅游区	4A
张家口市	大境门景区	4A
张家口市	小五台·金河景区	4A
张家口市	赤城温泉度假村景区	4A
张家口市	沽水福源度假村景区	4A
张家口市	天鹅湖旅游度假村景区	4A
张家口市	滦河神韵风景区	4A
张家口市	鸡鸣山风景旅游区	4A
张家口市	黄帝城遗址文化旅游区	4A
张家口市	太舞四季小镇	4A
张家口市	富龙四季小镇景区	4A
张家口市	桑干河大峡谷·飞瀑峡景区	4A
张家口市	张家口市翠云山森林风景区	4A
秦皇岛市	角山景区	4A
秦皇岛市	长寿山景区	4A
秦皇岛市	乐岛海洋王国	4A
秦皇岛市	鸽子窝公园	4A
秦皇岛市	集发农业梦想王国	4A
秦皇岛市	秦皇岛野生动物园	4A
秦皇岛市	碧螺塔海上酒吧公园	4A
秦皇岛市	联峰山公园	4A
秦皇岛市	秦皇求仙入海处景区	4A

城市	景区名称	等级
秦皇岛市	新澳海底世界	4A
秦皇岛市	昌黎县旅游滑沙活动中心	4A
秦皇岛市	华夏庄园景区	4A
秦皇岛市	秦皇岛市南戴河国际娱乐中心	4A
秦皇岛市	河北省秦皇岛市抚宁区冰塘峪长城风情大峡谷景区	4A
秦皇岛市	祖山景区	4A
秦皇岛市	渔岛海洋温泉景区	4A
秦皇岛市	沙雕海洋乐园	4A
唐山市	遵化市万佛园景区	4A
唐山市	乐亭县李大钊纪念馆及故居	4A
唐山市	迁西县景忠山旅游区	4A
唐山市	迁西县青山关景区	4A
唐山市	唐山市南湖景区	4A
唐山市	唐山国际旅游岛月岛景区(含三岛旅游码头)	4A
唐山市	曹妃甸湿地景区	4A
唐山市	开滦国家矿山公园	4A
唐山市	唐津运河生态旅游度假景区	4A
唐山市	滦州市青龙山景区	4A
唐山市	迁安市山叶口景区	4A
唐山市	滦州古城景区	4A
唐山市	唐山国际旅游岛菩提岛景区	4A
唐山市	迁西县凤凰山景区	4A
唐山市	迁西县花乡果巷景区	4A
唐山市	迁安市白羊峪长城旅游区	4A
唐山市	迁西县龙井关长城漂流景区	4A
唐山市	遵化尚禾源旅游景区	4A
唐山市	曹妃甸多玛乐园景区	4A
廊坊市	中信国安第一城	4A

城市	景区名称	等级
廊坊市	金丰农科园	4A
廊坊市	金钥匙家居	4A
廊坊市	河北·大城·中国红木城	4A
廊坊市	梦东方未来世界	4A
保定市	易县狼牙山风景区	4A
保定市	易水湖景区	4A
保定市	曲阳北岳庙景区	4A
保定市	虎山风景区	4A
保定市	满城汉墓景区	4A
保定市	奥润顺达节能门窗工业旅游景区	4A
保定市	白沟新城和道国际箱包城旅游景区	4A
保定市	鱼谷洞景区	4A
保定市	晋察冀边区革命纪念馆	4A
保定市	直隶总督署博物馆	4A
保定市	刘伶醉景区	4A
保定市	阜平天生桥景区	4A
保定市	阜平县云花溪谷景区	4A
保定市	唐县潭瀑峡景区	4A
保定市	恋乡·太行水镇旅游综合体景区	4A
沧州市	吴桥杂技大世界	4A
沧州市	东光铁佛寺	4A
沧州市	河间府署	4A
沧州市	南大港湿地	4A
衡水市	衡水湖景区	4A
衡水市	闾里古镇	4A
衡水市	武强年画博物馆	4A
衡水市	周窝音乐小镇景区	4A
衡水市	衡水老白干酿酒集团工业旅游示范点	4A

城市	景区名称	等级
邢台市	崆山白云洞旅游区	4A
邢台市	天台山旅游区	4A
邢台市	内丘扁鹊庙景区	4A
邢台市	天河山景区	4A
邢台市	云梦山景区	4A
邢台市	紫金山景区	4A
邢台市	邢台大峡谷景区	4A
邢台市	九龙峡自然风光旅游区	4A
邢台市	天梯山景区	4A
邢台市	邢台前南峪生态旅游区	4A
邢台市	德龙钢铁文化园	4A
邢台市	沙河市红石沟休闲生态农场	4A
邢台市	内丘县邢窑文化旅游区	4A
邢台市	南和农业嘉年华	4A
邢台市	临城县岐山湖景区	4A
邯郸市	丛台区丛台公园	4A
邯郸市	涉县八路军129师司令部旧址	4A
邯郸市	武安市朝阳沟	4A
邯郸市	武安市京娘湖风景区	4A
邯郸市	武安市东山文化博艺园	4A
邯郸市	峰峰矿区响堂山风景名胜区	4A
邯郸市	丛台区赵苑公园	4A
邯郸市	武安市长寿村	4A
邯郸市	涉县太行山五指山旅游区	4A
邯郸市	邯山区晋冀鲁豫革命纪念园	4A
邯郸市	武安市七步沟	4A
邯郸市	涉县韩王九寨旅游景区	4A
邯郸市	馆陶县粮画小镇旅游景区	4A

城市	景区名称	等级
邯郸市	武安市东太行旅游景区	4A
邯郸市	肥乡区丛台酒苑景区	4A
邯郸市	武安市古武当山旅游景区	4A
邯郸市	广平县赵王印象城景区	4A

注:数据来源于北京市、天津市以及河北省文化和旅游局网站,经作者整理得到。

附录 2　京津冀旅游业发展要素子系统
有序度与协调度计算结果分析

一、北京市旅游业发展要素子系统有序度与
　　协调度分析

　　旅游业发展要素各个子系统有序度状态的演进决定了系统整体协调程度的变化。因此,首先对各子系统有序度变化情况进行分析,以便于理解系统协调度发生变化的原因,分析系统协调度的影响因素,更好地促进旅游业发展要素各个子系统之间有效协调。北京市旅游服务、交通、生态、经济四个子系统发展有序度的变化情况,见表1所列。

表 1　北京市旅游业发展要素子系统有序度变化情况

	服务子系统	交通子系统	生态子系统	经济子系统
2008 年	0.056	0.277	0.000	0.229
2009 年	0.346	0.412	0.324	0.307
2010 年	0.369	0.454	0.471	0.586
2011 年	0.269	0.488	0.391	0.748
2012 年	0.462	0.518	0.433	0.706
2013 年	0.580	0.288	0.442	0.587
2014 年	0.556	0.332	0.765	0.542

	服务子系统	交通子系统	生态子系统	经济子系统
2015 年	0.735	0.344	0.842	0.551
2016 年	0.757	0.349	0.867	0.646
2017 年	0.965	0.337	0.675	0.430
2018 年	0.876	0.454	0.717	0.538
2019 年	0.707	0.582	0.785	0.469

由表 1 可见,考察期内,旅游交通子系统有序度处于波动上升状态,有序值由 2008 年的 0.277 上升到 2019 年的 0.582,这与北京市对交通线路的改进与完善密不可分。考察期内,旅游服务子系统有序度处于波动上升状态,于 2017 年达到最大值之后出现下降,2019 年有序度数值为 0.707。2008-2016 年,旅游生态子系统有序度呈现上升趋势,2017 年短暂性回落,2018、2019 年处于上升中。受入境旅游下降的影响,北京市旅游经济子系统有序度波动性较大。虽然旅游交通、服务、生态子系统有序度都出现波动,但是考察期末有序度数值较考察期初都出现了不同程度的增长,分别增长了 2.0 倍、1.2 倍、1.77 倍,旅游经济子系统发展滞后于其他三个系统。

北京市旅游交通、服务、生态、经济要素子系统两两之间的协调度计算结果见表 2 所列。

表 2 北京市旅游业发展要素子系统协调度变化情况

	服务 & 交通	服务 & 生态	服务 & 经济	交通 & 生态	交通 & 经济	生态 & 经济	服务 & 交通 & 生态 & 经济
2008 年	0.353	0.562	0.336	0.578	0.502	0.531	0.474
2009 年	0.614	0.578	0.571	0.604	0.596	0.561	0.587
2010 年	0.640	0.645	0.682	0.680	0.719	0.725	0.681
2011 年	0.602	0.570	0.670	0.661	0.777	0.736	0.665
2012 年	0.699	0.669	0.756	0.688	0.778	0.744	0.721
2013 年	0.639	0.712	0.764	0.597	0.641	0.714	0.675
2014 年	0.656	0.807	0.741	0.710	0.651	0.802	0.725
2015 年	0.709	0.887	0.798	0.734	0.660	0.825	0.765

	服务 & 交通	服务 & 生态	服务 & 经济	交通 & 生态	交通 & 经济	生态 & 经济	服务 & 交通 & 生态 & 经济
2016 年	0.717	0.900	0.836	0.742	0.689	0.865	0.788
2017 年	0.755	0.899	0.803	0.691	0.617	0.734	0.745
2018 年	0.794	0.890	0.829	0.755	0.703	0.788	0.791
2019 年	0.801	0.863	0.759	0.822	0.723	0.779	0.790

由表 2 可见,2008 年,北京市旅游服务子系统与旅游交通子系统的协调度处于轻度失衡状态,2009—2014 年处于初级协调阶段,2015 年进入中级协调阶段后,协调状态不断升级,2019 年以 0.801 的协调度进入良好协调阶段。北京市旅游服务子系统与旅游生态子系统的协调度在 2008 年处于勉强协调状态,2012 年之前在初级协调和勉强协调之间波动,协调程度不高,2013 年之后协调状态迅速经历中级协调、良好协调,于 2016 年进入优质协调阶段,2017 年至 2019 年处于良好协调阶段。北京市旅游服务子系统与旅游经济子系统的协调度从 2008 年的轻度失衡状态逐渐优化,至 2016 年进入良好协调状态,2019 年协调度数值小幅下降为 0.759,处于中级协调状态。北京市旅游交通子系统与旅游生态子系统的协调度在 2008 年为勉强协调状态,考察期内协调度在波动中上升,2019 年协调度数值为 0.822,进入良好协调阶段。北京市旅游交通子系统与旅游经济子系统的协调度、旅游生态子系统与旅游经济子系统的协调度都从最初的勉强协调状态逐渐提高到了中级协调状态,但是在考察期内存在不同程度的波动。

旅游总系统的协调度从最初的濒临失衡状态逐渐提升,于 2014 年进入并维持在中级协调状态。可见,北京市旅游四个子系统两两之间的协调度、旅游总系统协调度整体上呈现出稳定上升的趋势,且于 2018 年开始各子系统之间进入中级协调状态。旅游总系统协调度位于各子系统两两协调度数值区间之内,说明总系统的协调度大小是四个子系统之间协调作用的综合结果。协调度最高的是旅游服务子系统与旅游生态子系统的协调度。

二、天津市旅游业发展要素子系统有序度与协调度分析

天津市旅游服务、交通、生态、经济四个子系统发展有序度的变化情况见表3所列。

表3　天津市旅游业发展要素子系统有序度变化情况

天津	服务子系统	交通子系统	生态子系统	经济子系统
2008 年	0.146	0.094	0.437	0.016
2009 年	0.159	0.293	0.556	0.059
2010 年	0.202	0.259	0.576	0.114
2011 年	0.275	0.424	0.676	0.174
2012 年	0.323	0.560	0.681	0.279
2013 年	0.418	0.625	0.707	0.379
2014 年	0.364	0.611	0.789	0.483
2015 年	0.420	0.758	0.756	0.577
2016 年	0.442	0.754	0.795	0.654
2017 年	0.722	0.709	0.948	0.733
2018 年	0.719	0.537	0.910	0.491
2019 年	0.850	0.582	0.957	0.692

由表3可见,天津市旅游经济子系统有序度在2017年之前一直处于稳定上升状态,有序度值最初仅为0.016,是四个子系统中有序度发展程度最低的子系统,2017年旅游经济子系统有序度增长到0.733,这正是天津市近年来旅游业突飞猛进发展的表现。2018年受到入境旅游减少的影响,有序度出现下降,2019年回升到0.692。旅游服务子系统、旅游生态子系统一直处于波动上升之中。旅游交通子系统有序度自2016年起出现下降态势,主要是公路客运量以及公交客运量减少的原因导致,公路客运量减少是铁路交通网络的完善所致,大多数城市都出现过公路客运量减少的现象。

天津市旅游交通、服务、生态、经济要素子系统两两之间的协调度计算结果见表 4 所列。

表 4　天津市旅游业发展要素子系统协调度变化情况

	服务 & 交通	服务 & 生态	服务 & 经济	交通 & 生态	交通 & 经济	生态 & 经济	服务 & 交通 & 生态 & 经济
2008 年	0.442	0.531	0.320	0.583	0.197	0.476	0.359
2009 年	0.465	0.546	0.312	0.635	0.363	0.426	0.445
2010 年	0.478	0.584	0.390	0.621	0.414	0.506	0.492
2011 年	0.584	0.657	0.467	0.732	0.521	0.585	0.585
2012 年	0.652	0.685	0.548	0.786	0.629	0.660	0.656
2013 年	0.715	0.737	0.631	0.815	0.698	0.720	0.717
2014 年	0.687	0.732	0.648	0.833	0.737	0.786	0.735
2015 年	0.751	0.751	0.702	0.870	0.813	0.813	0.781
2016 年	0.760	0.770	0.733	0.880	0.838	0.849	0.803
2017 年	0.846	0.910	0.853	0.905	0.849	0.913	0.879
2018 年	0.788	0.899	0.771	0.836	0.717	0.818	0.803
2019 年	0.839	0.950	0.876	0.864	0.797	0.902	0.870

由表 4 可见,2008 年至 2010 年,天津市旅游服务子系统与旅游交通子系统的协调度处于濒临失衡阶段,2011 年起进入勉强协调阶段,随后协调状况不断升级,2019 协调系数达到 0.839,进入良好协调阶段。天津市旅游服务子系统与旅游生态子系统的协调度从 2008 年勉强协调状态不断升级,2017 年进入优质协调阶段,协调指数高达 0.910,2018 年短暂下降后,2019 年回升为优质协调状态。天津市旅游服务子系统与旅游经济子系统的协调度在 2008 年至 2010 年处于轻度失衡状态,考察期内二者协调状况不断改善,2017 年二者协调度达到 0.853,进入良好协调阶段,2018 年短暂下降后,2019 年回升为良好协调状态。天津市旅游交通子系统与旅游生态子系统的协调度是两系统协调度状态最佳的组合,在考察期初就处于勉强协调阶段,协调度等级不断提高,2013 年最早进入良好协调阶段,2013 年至 2019 年维持在良好协调状态以上。天津市旅游交通子系统与旅游经济子系统的协调度从最初的严重失衡状态迅速提高,2015 年就进

入了良好协调状态,2018 年和 2019 年协调度出现下滑,进入中级协调状态。天津市旅游生态子系统与旅游经济子系统的协调度也从最初的濒临失衡逐渐提高到了优质协调状态。旅游总系统的协调度从最初的轻度失衡状态逐渐提升,于 2016 年进入并保持在了良好协调状态。可见,天津市旅游四个子系统两两之间的协调度、旅游总系统协调度整体上呈现出稳定上升的趋势,截至 2015 年,两两子系统都进入中级协调状态。其中,考察期末,即 2019 年,协调度最高的是旅游服务子系统与旅游生态子系统的协调度(0. 950) 。

三、石家庄市旅游业发展要素子系统有序度与
协调度分析

石家庄市旅游服务、交通、生态、经济四个子系统发展有序度的变化情况见表 5 所列。

表 5　石家庄市旅游业发展要素子系统有序度变化情况

石家庄	服务子系统	交通子系统	生态子系统	经济子系统
2008 年	0. 141	0. 122	0. 134	0. 036
2009 年	0. 049	0. 265	0. 248	0. 042
2010 年	0. 200	0. 375	0. 431	0. 066
2011 年	0. 142	0. 473	0. 702	0. 136
2012 年	0. 445	0. 389	0. 315	0. 227
2013 年	0. 540	0. 383	0. 461	0. 301
2014 年	0. 512	0. 538	0. 916	0. 341
2015 年	0. 542	0. 354	0. 646	0. 488
2016 年	0. 520	0. 429	0. 721	0. 502
2017 年	0. 355	0. 580	0. 711	0. 682
2018 年	0. 685	0. 517	0. 517	0. 837
2019 年	0. 728	0. 544	0. 612	0. 932

根据表 5,石家庄市旅游经济子系统有序度一直处于上升状态,有序度值最

初仅为 0.036,是有序度发展程度最低的子系统,2019 年旅游经济子系统有序度增长到 0.932,成为四个系统中发展最快、有序度最高、增长最稳定的子系统。旅游服务子系统、旅游交通子系统、旅游生态子系统整体上处于上升态势。旅游服务子系统波动性较大,2017 年至 2019 年处于不断上升中。旅游交通子系统有序度从 2008 年的 0.122 增长到 2019 年的 0.544,上升幅度小于经济子系统。旅游生态子系统有序度从 2008 年的 0.134 上升到 2019 年的 0.612。

石家庄市旅游交通、服务、生态、经济要素子系统两两之间的协调度计算结果如表 6 所列。

表 6 石家庄市旅游业发展要素子系统协调度变化情况

	服务 & 交通	服务 & 生态	服务 & 经济	交通 & 生态	交通 & 经济	生态 & 经济	服务 & 交通 & 生态 & 经济
2008 年	0.362	0.231	0.134	0.467	0.342	0.264	0.174
2009 年	0.337	0.331	0.212	0.506	0.324	0.319	0.328
2010 年	0.523	0.542	0.339	0.634	0.397	0.411	0.464
2011 年	0.509	0.562	0.373	0.759	0.503	0.556	0.532
2012 年	0.645	0.612	0.564	0.592	0.545	0.517	0.578
2013 年	0.674	0.706	0.635	0.648	0.583	0.610	0.642
2014 年	0.725	0.828	0.647	0.838	0.655	0.748	0.736
2015 年	0.662	0.769	0.717	0.691	0.645	0.749	0.704
2016 年	0.687	0.782	0.715	0.746	0.681	0.776	0.730
2017 年	0.674	0.709	0.702	0.802	0.793	0.834	0.750
2018 年	0.771	0.771	0.870	0.719	0.811	0.811	0.791
2019 年	0.843	0.868	0.982	0.760	0.859	0.885	0.864

由表 6 可见,在 2008 年和 2009 年,石家庄市旅游服务子系统与旅游交通子系统的协调度处于轻度失衡阶段,2010 年进入勉强协调阶段后,协调状态不断升级,2014 年以 0.725 的协调度进入中级协调阶段,随后协调状态退化为初级协调,2018 年又进入中级协调状态,2019 年进入良好协调状态。石家庄市旅游服务子系统与旅游生态子系统的协调度在考察期初处于中度失衡阶段,协调状态在波动中不断提升,于 2014 年进入良好协调阶段,但 2015 年协调程度轻微下

降,2019 年进入良好协调阶段。石家庄市旅游服务子系统与旅游经济子系统的协调度从 2008 年的严重失衡状态稳步提升,至 2019 年进入优质协调状态。石家庄市旅游交通子系统与旅游生态子系统的协调度在 2008 年为濒临失衡状态,2008 年至 2014 年波动上升,2014 年协调度为 0.838,进入良好协调状态,2015 年协调度短暂下降后波动回升,2019 年协调度为 0.760,进入中度协调状态。石家庄市旅游交通子系统与旅游经济子系统的协调度从最初的轻度失衡逐渐提高到了 2019 年的良好协调状态。石家庄市旅游生态子系统与旅游经济子系统的协调度也从最初的中度失衡状态逐渐提高到了良好协调状态。旅游四个要素子系统的协调度在 2008 年为 0.174,从最初的严重失衡状态逐渐提升,于 2019 年进入良好协调状态。可见,石家庄市旅游四个子系统两两之间的协调度、旅游总系统协调度整体上呈现出逐步上升的趋势,截至 2019 年,石家庄市旅游各子系统之间基本都进入良好协调状态。

四、唐山市旅游业发展要素子系统有序度与 协调度分析

唐山市旅游服务、交通、生态、经济四个子系统发展有序度的变化情况见表 7 所列。

表 7　唐山市旅游业发展要素子系统有序度变化情况

唐山	服务子系统	交通子系统	生态子系统	经济子系统
2008 年	0.299	0.293	0.449	0.046
2009 年	0.096	0.387	0.744	0.051
2010 年	0.284	0.424	0.887	0.094
2011 年	0.326	0.515	0.684	0.151
2012 年	0.403	0.502	0.717	0.240
2013 年	0.894	0.682	0.738	0.286

唐山	服务子系统	交通子系统	生态子系统	经济子系统
2014 年	0.855	0.483	0.742	0.348
2015 年	0.654	0.463	0.743	0.377
2016 年	0.640	0.467	0.406	0.505
2017 年	0.402	0.356	0.804	0.693
2018 年	0.317	0.381	0.835	0.831
2019 年	0.658	0.441	0.890	0.895

由表 7 可见,唐山市旅游经济子系统有序度一直处于稳定上升状态。在考察期初,该子系统是四个子系统中有序度发展程度最低的,2019 年旅游经济子系统有序度增长到 0.895,成为四个系统中发展最快、有序度最高的子系统。唐山市旅游服务子系统 2008 年至 2013 年处于上升状态,2014 年起处于下降状态,这是因为该市餐饮和住宿、文化体育等指标的人数出现下降。唐山市旅游交通子系统波动较大,2019 年有序度为 0.441,较期初增长有限。旅游生态子系统有序度基本处于稳定上升中,2019 年有序度为 0.890。

唐山市旅游交通、服务、生态、经济要素子系统两两之间的协调度计算结果如表 8 所列。

表 8 唐山市旅游业发展要素子系统协调度变化情况

	服务 & 交通	服务 & 生态	服务 & 经济	交通 & 生态	交通 & 经济	生态 & 经济	服务 & 交通 & 生态 & 经济
2008 年	0.544	0.605	0.165	0.602	0.258	0.376	0.394
2009 年	0.438	0.516	0.264	0.733	0.374	0.441	0.440
2010 年	0.589	0.709	0.404	0.783	0.447	0.537	0.563
2011 年	0.640	0.687	0.471	0.770	0.528	0.567	0.602
2012 年	0.671	0.733	0.558	0.775	0.589	0.644	0.657
2013 年	0.884	0.901	0.711	0.842	0.664	0.678	0.774
2014 年	0.802	0.892	0.738	0.774	0.640	0.713	0.756
2015 年	0.742	0.835	0.705	0.766	0.646	0.728	0.735

	服务 & 交通	服务 & 生态	服务 & 经济	交通 & 生态	交通 & 经济	生态 & 经济	服务 & 交通 & 生态 & 经济
2016 年	0.740	0.714	0.754	0.660	0.697	0.673	0.706
2017 年	0.615	0.754	0.727	0.732	0.705	0.864	0.729
2018 年	0.590	0.717	0.717	0.751	0.750	0.913	0.734
2019 年	0.734	0.875	0.901	0.791	0.815	0.971	0.844

由表 8 可见,唐山市旅游四个子系统两两之间的协调度、旅游总系统协调度不似北京、天津、石家庄呈现出逐渐上升的趋势。在 2008 至 2014 年,唐山市旅游服务子系统与旅游交通子系统的协调度从勉强协调状态迅速提升为良好协调状态,但是 2015 年后协调水平逐渐下降,2018 年回落到勉强协调状态,这是唐山市服务子系统有序度下降导致的。同样的原因导致唐山市旅游服务子系统与旅游生态子系统的协调度也表现出了先升高后下降的态势,2013 年达到优质协调阶段,2014 年开始下降,2018 年处于中级协调阶段,2019 年又回升到良好协调状态。唐山市旅游服务子系统与旅游经济子系统的协调度从 2008 年的严重失衡状态逐渐优化,至 2013 年进入中级协调状态,随后几年稳定在中级协调状态,2019 年进入优质协调状态。唐山市旅游交通子系统与旅游生态子系统的协调度在考察期初即处于初级协调阶段,整个考察期基本上处于中级协调状态,说明唐山市交通发展和生态发展步伐比较一致。唐山市旅游交通子系统与旅游经济子系统的协调度从最初的中度失衡逐渐提高到了良好协调状态,2019 年旅游交通子系统和旅游经济子系统有序度为 0.815。唐山市旅游生态子系统与旅游经济子系统的协调度也从最初的轻度失衡逐渐提高到了优质协调状态,2019 年旅游生态子系统和旅游经济子系统有序度为 0.971。旅游总系统的协调度从最初的轻度失衡逐渐提升,于 2013 年进入中级协调状态,2019 年唐山市旅游业发展四个子系统的协调度为 0.844,进入良好协调状态。可见,由于唐山市旅游服务子系统有序度近年来的下降,旅游服务子系统与其他子系统发展不协调,旅游经济与旅游生态、交通子系统的协调度表现较好,考察期内一直稳定上升。

五、秦皇岛市旅游业发展要素子系统有序度与协调度分析

秦皇岛市旅游服务、交通、生态、经济四个子系统发展有序度的变化情况见表 9 所列。

表 9 秦皇岛市旅游业发展要素子系统有序度变化情况

	服务子系统	交通子系统	生态子系统	经济子系统
2008 年	0.229	0.621	0.269	0.075
2009 年	0.122	0.333	0.309	0.087
2010 年	0.248	0.433	0.610	0.112
2011 年	0.362	0.371	0.583	0.166
2012 年	0.579	0.193	0.573	0.265
2013 年	0.765	0.444	0.926	0.375
2014 年	0.813	0.248	0.294	0.294
2015 年	0.775	0.180	0.183	0.382
2016 年	0.788	0.221	0.194	0.526
2017 年	0.173	0.280	0.209	0.657
2018 年	0.219	0.346	0.284	0.811
2019 年	0.270	0.421	0.305	0.995

由表 9 发现,2008 年至 2013 年,秦皇岛市旅游经济子系统有序度一直处于上升态势,受入境旅游热度降低的影响,2014 年,旅游经济子系统有序度降低,但随之又表现出逐渐上升的态势,2019 年旅游经济子系统有序度为 0.995。旅游服务子系统 2009 年至 2016 年一直处于上升态势,由于所选择指标的原因,2017 年住宿业等旅游服务子系统的人数出现大幅下降导致 2017 年旅游服务子系统有序度下降。秦皇岛市旅游交通子系统表现出了波动下降的态势,可能是由于游客偏好自驾而非乘坐公共交通工具,使得公路客运量等指标出现下降。旅游生态子系统考察期初处于缓慢上升态势,2013 年园林面积增大,使得有序

度有较大提升,由于建成区绿化面积不断下降,2015 年至 2016 年旅游生态子系统有序度较考察期初下降,2017 年至 2019 年处于上升阶段。旅游经济子系统的有序度在考察期初落后于其他子系统,随着时间演进,逐渐超过其他子系统,2019 年成为有序度最高的子系统,有序度为 0.995,表明旅游业有了显著的发展效果。

秦皇岛市旅游交通、服务、生态、经济要素子系统两两之间的协调度计算结果见表 10 所列。

表 10　秦皇岛市旅游业发展要素子系统协调度变化情况

	服务 & 交通	服务 & 生态	服务 & 经济	交通 & 生态	交通 & 经济	生态 & 经济	服务 & 交通 & 生态 & 经济
2008 年	0.614	0.499	0.301	0.640	0.406	0.386	0.418
2009 年	0.449	0.441	0.321	0.567	0.413	0.405	0.426
2010 年	0.572	0.623	0.408	0.717	0.469	0.511	0.541
2011 年	0.605	0.678	0.495	0.682	0.498	0.557	0.581
2012 年	0.579	0.759	0.626	0.577	0.476	0.624	0.601
2013 年	0.764	0.917	0.732	0.801	0.639	0.768	0.766
2014 年	0.670	0.699	0.699	0.520	0.520	0.542	0.603
2015 年	0.611	0.614	0.737	0.426	0.512	0.514	0.561
2016 年	0.646	0.625	0.802	0.455	0.584	0.565	0.604
2017 年	0.470	0.436	0.581	0.492	0.655	0.609	0.535
2018 年	0.525	0.500	0.649	0.560	0.728	0.693	0.603
2019 年	0.580	0.536	0.720	0.599	0.804	0.742	0.656

由表 10 可见,秦皇岛市旅游子系统有序度的变化影响了系统间协调度的变化。考察期内,秦皇岛市旅游服务子系统与旅游交通子系统的协调度一直在勉强协调状态与中级协调状态之间波动,但 2017 年两系统协调度降低为濒临失衡状态,而后逐渐提升,2019 年进入勉强协调状态。旅游服务子系统与旅游生态子系统的协调度从 2008 年的濒临失衡状态逐渐向好,2013 年提升为优质协调状态,但 2014 年降为初级协调状态,2017 年更是降低为濒临失衡状态,而后逐渐回升至 2019 年的勉强协调状态。旅游服务子系统与旅游经济子系统的协调

度从 2008 年的轻度失衡状态逐渐优化,至 2016 年进入良好协调状态,但是 2017 年旅游服务子系统有序度的锐减使得二者协调度下降。交通子系统与生态子系统、经济子系统的协调度在考察期内一直处于波动状态中,协调程度表现不佳,大部分年份都没有进入良好协调状态。生态子系统与经济子系统的协调度从最初的轻度失衡状态逐渐提高到了 2013 年的中级协调状态,受二者在 2014 年有序度变化的影响,协调度当年也出现下降。旅游总系统的协调度从最初的濒临失衡状态逐渐优化,2013 年进入中级协调状态,但是 2014 年开始出现下降,2019 年进入初级协调状态。可见,秦皇岛市旅游业发展要素两两之间的协调度、旅游总系统协调度整体表现不佳,协调性有待进一步提升。

六、邯郸市旅游业发展要素子系统有序度与协调度分析

邯郸市旅游服务、交通、生态、经济四个子系统发展有序度的变化情况见表 11 所列。

表 11　邯郸市旅游业发展要素子系统有序度变化情况

	服务子系统	交通子系统	生态子系统	经济子系统
2008 年	0.186	0.216	0.134	0.009
2009 年	0.185	0.305	0.236	0.016
2010 年	0.234	0.307	0.672	0.039
2011 年	0.344	0.452	0.931	0.095
2012 年	0.228	0.325	0.946	0.149
2013 年	0.347	0.612	0.618	0.244
2014 年	0.787	0.514	0.627	0.293
2015 年	0.853	0.495	0.645	0.417
2016 年	0.801	0.555	0.578	0.537
2017 年	0.130	0.374	0.590	0.670
2018 年	0.385	0.448	0.347	0.846

	服务子系统	交通子系统	生态子系统	经济子系统
2019 年	0.756	0.486	0.477	0.956

由表 11 发现,2008 年邯郸市旅游经济子系统有序度仅为 0.009,考察期内有序度一直处于稳定上升状态,成为四个系统中发展最快、有序度最高的子系统,2019 年旅游经济子系统有序度达到 0.956。邯郸市旅游服务子系统有序度在 2017 年之前处于波动上升状态,2016 年有序度为 0.801,2017 年出现下降后回升。旅游交通子系统有序度处于波动上升中,期末较期初大约提高 2 倍。旅游生态子系统有序度在 2012 年之前上升速度较快,2013 年后(由于公园绿地面积指标数值下降)有序度逐渐下降。旅游经济子系统的有序度在考察期初落后于其他子系统,随着时间演进,逐渐超过其他子系统,2019 年成为有序度最高的子系统。

进一步,邯郸市旅游交通、服务、生态、经济要素子系统两两之间的协调度计算结果如表 12 所列。

表 12　邯郸市旅游业发展要素子系统协调度变化情况

	服务 & 交通	服务 & 生态	服务 & 经济	交通 & 生态	交通 & 经济	生态 & 经济	服务 & 交通 & 生态 & 经济
2008 年	0.448	0.398	0.214	0.413	0.256	0.213	0.325
2009 年	0.487	0.457	0.232	0.518	0.263	0.247	0.347
2010 年	0.518	0.630	0.310	0.674	0.332	0.403	0.457
2011 年	0.628	0.752	0.425	0.805	0.455	0.545	0.585
2012 年	0.522	0.681	0.429	0.745	0.469	0.613	0.565
2013 年	0.679	0.680	0.539	0.784	0.622	0.623	0.650
2014 年	0.797	0.838	0.693	0.753	0.623	0.655	0.723
2015 年	0.806	0.861	0.772	0.752	0.674	0.720	0.762
2016 年	0.817	0.825	0.810	0.753	0.739	0.747	0.781
2017 年	0.469	0.526	0.543	0.685	0.708	0.793	0.610
2018 年	0.645	0.605	0.756	0.628	0.785	0.736	0.689
2019 年	0.778	0.775	0.932	0.694	0.835	0.831	0.804

由表 12 可见,邯郸市旅游服务子系统与旅游交通子系统协调度从濒临失衡状态逐渐提升,2015 年进入良好协调阶段,2017 年出现短暂下降后回升,2019 年进入中级协调状态。旅游服务子系统与旅游生态子系统协调度从轻度失衡状态逐渐上升,2014 年至 2016 年处于良好协调阶段,2017 年短暂下降后回升,2019 年进入中级协调状态。旅游服务子系统与旅游经济子系统有序度从中度失衡状态逐渐提升,于 2016 年进入良好协调状态,2017 年协调度短暂下降后回升。这三组子系统的协调关系受旅游服务子系统 2017 年表现的影响,协调度在 2017 年都出现暂时性下降。旅游交通子系统与旅游生态子系统协调度在期初表现为濒临失衡状态,而后逐渐提升,于 2011 年进入良好协调阶段,2012 年至 2016 年保持在中级协调阶段,但是 2017 年协调度数值下降,进入初级协调状态。旅游交通与旅游经济子系统的协调度从 2008 年的中度失衡状态稳定上升,2019 年进入良好协调阶段。旅游生态与旅游经济子系统协调度 2008 年也处于中度失衡状态,而后逐渐上升,2019 年进入良好协调阶段。邯郸市旅游总系统协调度在 2008 年处于轻度失衡状态,2017 年之前处于稳定上升态势,并于 2014 年进入中级协调阶段,2017 年出现暂时性下降后稳定回升,2019 年进入良好协调阶段。邯郸市旅游业发展系统协调度在 2017 年出现短暂性下降也是 2017 年的旅游服务子系统的有序度下降导致。

七、保定市旅游业发展要素子系统有序度与协调度分析

保定市旅游服务、交通、生态、经济四个子系统有序度的变化情况见表 13 所列。

表 13　保定市旅游业发展要素子系统有序度变化情况

	服务子系统	交通子系统	生态子系统	经济子系统
2008 年	0.434	0.045	0.070	0.023
2009 年	0.320	0.526	0.266	0.040
2010 年	0.390	0.401	0.771	0.072

	服务子系统	交通子系统	生态子系统	经济子系统
2011 年	0.206	0.515	0.815	0.138
2012 年	0.323	0.620	0.093	0.206
2013 年	0.345	0.711	0.457	0.224
2014 年	0.298	0.531	0.424	0.406
2015 年	0.299	0.567	0.558	0.466
2016 年	0.413	0.706	0.479	0.532
2017 年	0.167	0.372	0.777	0.706
2018 年	0.315	0.304	0.826	0.847
2019 年	0.509	0.302	0.843	0.973

由表 13 发现,保定市旅游经济子系统有序度一直处于稳定上升状态,2008年有序度仅为 0.023,2019 年数值达到 0.973,成为四个系统中发展最快、有序度最高、发展最稳定的子系统,这反映出在考察期内,保定市的旅游经济出现了显著的变化,旅游经济体量显著增加。旅游服务子系统有序度处于波动态势,有序度数值期末较期初有小幅上涨。旅游交通子系统在考察期波动比较频繁,2008年至 2013 年有序度逐渐提升,2014 年至 2016 年有序度短暂下降后提升,2017年下降明显。旅游生态子系统有序度从 2008 年至 2011 年处于持续上升态势,2012 年至 2019 年处于波动式上升态势,2019 年有序度数值为 0.843,较期初有明显提升,说明保定市的生态环境出现了较大的改善。旅游经济子系统的有序度在考察期初落后于其他子系统,随着时间演进,逐渐超过其他子系统,2019 年成为有序度最高的子系统。

进一步,可以计算得到保定市旅游交通、服务、生态、经济要素子系统两两之间的协调度,计算结果见表 14 所列。

表 14　保定市旅游业发展要素子系统协调度变化情况

	服务 & 交通	服务 & 生态	服务 & 经济	交通 & 生态	交通 & 经济	生态 & 经济	服务 & 交通 & 生态 & 经济
2008 年	0.373	0.417	0.315	0.236	0.367	0.306	0.437
2009 年	0.641	0.541	0.337	0.612	0.381	0.321	0.454

	服务 & 交通	服务 & 生态	服务 & 经济	交通 & 生态	交通 & 经济	生态 & 经济	服务 & 交通 & 生态 & 经济
2010 年	0.629	0.740	0.409	0.746	0.412	0.485	0.552
2011 年	0.570	0.640	0.411	0.805	0.517	0.580	0.575
2012 年	0.669	0.416	0.508	0.490	0.598	0.372	0.499
2013 年	0.704	0.630	0.527	0.755	0.632	0.566	0.631
2014 年	0.631	0.596	0.590	0.689	0.681	0.644	0.637
2015 年	0.642	0.639	0.611	0.750	0.717	0.714	0.677
2016 年	0.735	0.667	0.685	0.763	0.783	0.711	0.723
2017 年	0.499	0.600	0.586	0.733	0.716	0.861	0.655
2018 年	0.556	0.714	0.719	0.708	0.712	0.915	0.713
2019 年	0.626	0.809	0.845	0.710	0.741	0.958	0.775

由表 14 可见,2008 年,保定市旅游服务子系统与旅游交通子系统协调度处于轻度失衡状态,随后在初级协调、中级协调状态中不断变化,2016 年进入中级协调状态,2017 年降低为濒临失衡状态,2019 年回升到初级协调阶段。旅游服务子系统与旅游生态子系统协调度表现出相同的变化趋势,2008 年为濒临失衡状态,这两个子系统的波动性比较大,2013 年至 2017 年基本上处于初级协调状态。旅游服务子系统与旅游经济子系统协调度呈现出稳定上升态势,从最初的轻度失衡状态不断优化,2019 年进入良好协调状态。旅游交通子系统与旅游生态子系统协调度考察期初波动性比较大,除 2008 年、2012 年协调发展状态相对较差以外,其他年份基本都处于协调状态,特别是 2013 年之后,一直处于中级协调状态。2008 年,旅游交通子系统与旅游经济子系统协调度表现为轻度失衡状态,随着时间推移,协调状态不断优化,至 2015 年进入并保持在中级协调状态。旅游生态子系统和旅游经济子系统协调度考察期内出现了波动,2008 年至 2011 年协调度上升,2012 年短暂下降之后呈现稳定上升态势,从轻度失衡状态逐渐优化,2018 年进入优质协调阶段。旅游总系统协调度,除 2012 年暂时性下降外,表现出了逐步提高的态势,2018 年至 2019 年稳定在中级协调状态。

八、张家口市旅游业发展要素子系统有序度与协调度分析

张家口市旅游服务、交通、生态、经济四个子系统发展有序度的变化情况见表 15 所列。

表 15　张家口市旅游业发展要素子系统有序度变化情况

	服务子系统	交通子系统	生态子系统	经济子系统
2008 年	0.175	0.092	0.039	0.016
2009 年	0.032	0.134	0.068	0.027
2010 年	0.087	0.259	0.431	0.062
2011 年	0.561	0.247	0.587	0.131
2012 年	0.671	0.243	0.654	0.186
2013 年	0.689	0.493	0.733	0.234
2014 年	0.781	0.516	0.872	0.297
2015 年	0.756	0.502	0.928	0.396
2016 年	0.759	0.492	0.917	0.518
2017 年	0.512	0.654	0.482	0.760
2018 年	0.509	0.517	0.609	0.785
2019 年	0.812	0.488	0.600	0.926

由表 15 发现，张家口市旅游经济子系统有序度一直处于稳定上升状态，2008 年，旅游经济子系统有序度是四个子系统中最低的，2019 年旅游经济子系统有序度数值为 0.926，成为四个子系统中有序度最高的子系统。旅游交通子系统有序度处于波动上升态势，从 2008 年的 0.092 上升到 2019 年的 0.488。旅游服务、旅游生态子系统发展速度快于旅游交通子系统和旅游经济子系统，但是 2017 年二者都出现下降态势。总体来说，张家口市旅游服务、交通、生态、经济四个子系统发展状态优于石家庄、唐山、秦皇岛、邯郸、保定。

进一步，可以得到张家口市旅游交通、服务、生态、经济要素子系统两两之间

的协调度,计算结果见表 16 所列。

表 16　张家口市旅游业发展要素子系统协调度变化情况

	服务 & 交通	服务 & 生态	服务 & 经济	交通 & 生态	交通 & 经济	生态 & 经济	服务 & 交通 & 生态 & 经济
2008 年	0.356	0.288	0.136	0.245	0.268	0.174	0.225
2009 年	0.257	0.217	0.172	0.309	0.245	0.207	0.230
2010 年	0.387	0.440	0.271	0.578	0.356	0.405	0.396
2011 年	0.610	0.757	0.520	0.617	0.424	0.526	0.567
2012 年	0.635	0.814	0.594	0.631	0.461	0.590	0.612
2013 年	0.763	0.843	0.634	0.775	0.583	0.644	0.701
2014 年	0.797	0.909	0.694	0.819	0.626	0.713	0.754
2015 年	0.785	0.915	0.740	0.826	0.668	0.779	0.782
2016 年	0.782	0.914	0.792	0.820	0.711	0.830	0.806
2017 年	0.761	0.705	0.790	0.749	0.840	0.778	0.769
2018 年	0.716	0.746	0.795	0.749	0.798	0.832	0.772
2019 年	0.793	0.835	0.931	0.736	0.820	0.863	0.828

　　由表 16 可见,张家口市旅游四个子系统两两之间的协调度、旅游总系统协调度整体上呈现出稳定上升的趋势。其中,张家口市旅游服务子系统与旅游交通子系统的协调度从起初的轻度失衡状态逐渐优化,2013 年至 2019 年稳定在中级协调状态。张家口市旅游服务子系统与旅游生态子系统的协调度在 2008 年处于中度失衡状态,随着时间推移,协调程度不断优化,2014 年进入优质协调状态,但是 2017 年下降为中级协调状态,2019 年进入良好协调状态。张家口市旅游服务子系统与旅游经济子系统的协调度从考察期初的严重失衡状态迅速优化,2015 年进入中级协调状态,2019 年进入优质协调状态。张家口市旅游交通子系统与旅游生态子系统的协调度从考察期初的中度失衡状态逐渐提升,2014 年至 2016 年维持在良好协调状态,但是 2017 年至 2019 年协调状态变为中级协调。旅游交通子系统与旅游经济子系统的协调度从最初的中度失衡状态逐渐提高到了良好协调状态。旅游生态子系统与旅游经济子系统的协调度也从最初的严重失衡状态逐渐提高到了良好协调状态。旅游总系统的协调度从最初的中度

失衡状态逐渐提升,2016 年进入良好协调状态,2017 年至 2018 年协调状态变为中级协调,2019 年回升为良好协调状态。可见,张家口市旅游四个子系统两两之间的协调度、旅游总系统协调度整体上呈现出稳定上升的趋势,考察期末各子系统之间进入良好协调状态。

九、承德市旅游业发展要素子系统有序度与协调度分析

承德市旅游服务、交通、生态、经济四个子系统发展有序度的变化情况见表17 所列。

表 17　承德市旅游业发展要素子系统有序度变化情况

	服务子系统	交通子系统	生态子系统	经济子系统
2008 年	0.219	0.135	0.261	0.003
2009 年	0.174	0.411	0.356	0.029
2010 年	0.075	0.428	0.795	0.102
2011 年	0.256	0.425	0.222	0.189
2012 年	0.294	0.172	0.418	0.240
2013 年	0.570	0.479	0.484	0.250
2014 年	0.573	0.131	0.659	0.278
2015 年	0.849	0.105	0.798	0.362
2016 年	0.520	0.084	0.924	0.542
2017 年	0.282	0.242	0.957	0.696
2018 年	0.215	0.556	0.357	0.842
2019 年	0.468	0.525	0.169	0.953

由表 17 发现,承德市旅游经济子系统有序度一直处于稳定上升状态,是四个子系统中有序度发展最快、有序度最高的子系统,自 2016 年开始增长速度加快。承德市旅游服务子系统有序度在 2008 年至 2015 年处于波动式上升状态,2015 年有序度为 0.849,2016 年开始下降,2019 年有序度为 0.468。旅游生态子

系统有序度从 2011 年起开始稳定上升,2017 年有序度大于 0.9,但是 2018 年至 2019 年下降幅度较大。旅游交通子系统有序度在 2016 年之前一直处于波动状态,但数值变化不大,2017 年承德机场开通,使得旅游交通子系统有序度大幅提高。

进一步,可以计算得到承德市旅游交通、服务、生态、经济要素子系统两两之间的协调度,计算结果见表 18 所列。

表 18 承德市旅游业发展要素子系统协调度变化情况

承德	服务 & 交通	服务 & 生态	服务 & 经济	交通 & 生态	交通 & 经济	生态 & 经济	服务 & 交通 & 生态 & 经济
2008 年	0.415	0.489	0.165	0.433	0.146	0.172	0.267
2009 年	0.517	0.499	0.266	0.619	0.330	0.318	0.405
2010 年	0.424	0.495	0.296	0.764	0.457	0.534	0.476
2011 年	0.575	0.489	0.469	0.555	0.533	0.453	0.510
2012 年	0.474	0.592	0.515	0.518	0.451	0.563	0.517
2013 年	0.723	0.725	0.614	0.694	0.588	0.590	0.653
2014 年	0.523	0.784	0.632	0.542	0.437	0.654	0.585
2015 年	0.547	0.907	0.744	0.538	0.442	0.733	0.633
2016 年	0.457	0.833	0.729	0.528	0.462	0.841	0.620
2017 年	0.511	0.721	0.666	0.693	0.640	0.903	0.679
2018 年	0.588	0.526	0.652	0.667	0.827	0.740	0.660
2019 年	0.704	0.530	0.827	0.545	0.851	0.641	0.672

由表 18 可见,承德市旅游服务子系统与旅游交通子系统的协调度考察期内呈现出"先升后降又升"的趋势,考察期初处于濒临失衡状态,2013 年协调度为 0.723,进入中级协调状态,2014 年至 2018 年协调状态维持在勉强协调阶段,2019 年进入中级协调状态。承德市旅游服务子系统与旅游生态子系统的协调度考察期内也呈现出"先升后降又升"的趋势,考察期初处于濒临失衡状态,随着时间推移,协调程度不断向好,2015 年进入优质协调状态,但是 2017 年协调程度有所下降,进入中级协调状态。承德市旅游服务子系统与旅游经济子系统的协调度从 2008 年的严重失衡状态稳定向好,至 2016 年进入中级协调状态,但

是 2017 年稍有下降进入初级协调状态,2019 年进入良好协调状态。旅游服务子系统与旅游交通子系统、旅游服务子系统与旅游生态子系统、旅游服务子系统与旅游经济子系统的协调度在考察期内都出现了较大的波动,这主要是由于旅游服务子系统与旅游交通子系统自身有序度波动较大。承德市旅游交通子系统与旅游生态子系统的协调度考察期内处于波动状态,整体上处于勉强协调状态到初级协调状态之间。承德市旅游交通子系统与旅游经济子系统的协调度考察期内处于波动状态,在 2008 年至 2016 年处于濒临失衡到勉强协调阶段,2016 年后,协调状态逐渐优化,2019 年协调度数值为 0.851,进入到良好协调阶段。旅游生态子系统与旅游经济子系统的协调度从最初的严重失衡状态逐渐提高到了协调状态,且于 2017 年进入优质协调状态。旅游总系统的协调度从最初的中度失衡状态逐渐提升,2015 年开始稳定在初级协调状态。

十、沧州市旅游业发展要素子系统有序度与协调度分析

沧州市旅游业旅游服务、交通、生态、经济四个子系统发展有序度的变化情况见表 19 所列。

表 19　沧州市旅游业发展要素子系统有序度变化情况

	服务子系统	交通子系统	生态子系统	经济子系统
2008 年	0.116	0.294	0.423	0.065
2009 年	0.017	0.719	0.456	0.075
2010 年	0.160	0.732	0.885	0.130
2011 年	0.302	0.622	0.240	0.193
2012 年	0.270	0.314	0.341	0.264
2013 年	0.811	0.741	0.301	0.331
2014 年	0.920	0.600	0.342	0.364
2015 年	0.918	0.570	0.295	0.421
2016 年	0.499	0.628	0.357	0.533

	服务子系统	交通子系统	生态子系统	经济子系统
2017 年	0.457	0.393	0.432	0.676
2018 年	0.425	0.365	0.491	0.808
2019 年	0.457	0.367	0.636	0.917

由表 19 可见,沧州市旅游经济子系统有序度一直处于稳定上升状态,有序度数值从 2008 年的 0.065 上升到 2019 年的 0.917,成为四个系统中发展最快、有序度最高的子系统。旅游服务子系统有序度 2008 年至 2014 年处于上升态势,2015 年有序度达到 0.9 以上,但是 2016 年出现大幅回落,有序度值仅为 0.499,2019 年降为 0.457,这主要是受住宿餐饮业服务人数下降的影响。沧州市旅游交通子系统有序度在考察期波动较大,考察期末有序度值较考察期初的有序度值提升不大。旅游生态子系统有序度考察期初变化剧烈,2019 年有序度数值为 0.636,较期初提升幅度不大。

进一步,可以计算得到沧州市旅游交通、服务、生态、经济要素子系统两两之间的协调度,计算结果见表 20 所列。

表 20　沧州市旅游业发展要素子系统协调度变化情况

	服务 & 交通	服务 & 生态	服务 & 经济	交通 & 生态	交通 & 经济	生态 & 经济	服务 & 交通 & 生态 & 经济
2008 年	0.430	0.213	0.175	0.654	0.486	0.432	0.376
2009 年	0.334	0.298	0.190	0.757	0.482	0.430	0.379
2010 年	0.585	0.614	0.380	0.897	0.555	0.582	0.584
2011 年	0.658	0.519	0.492	0.622	0.589	0.464	0.553
2012 年	0.540	0.551	0.517	0.572	0.537	0.548	0.544
2013 年	0.880	0.703	0.720	0.687	0.704	0.562	0.703
2014 年	0.862	0.749	0.761	0.673	0.684	0.594	0.716
2015 年	0.851	0.722	0.788	0.641	0.700	0.594	0.711
2016 年	0.748	0.649	0.718	0.688	0.761	0.660	0.703
2017 年	0.651	0.667	0.745	0.642	0.718	0.735	0.692
2018 年	0.628	0.676	0.766	0.651	0.737	0.794	0.706

	服务 & 交通	服务 & 生态	服务 & 经济	交通 & 生态	交通 & 经济	生态 & 经济	服务 & 交通 & 生态 & 经济
2019 年	0.640	0.734	0.822	0.695	0.778	0.893	0.756

由表 20 可见,沧州市旅游服务子系统与旅游交通子系统的协调度处于波动状态,从 2008 年开始协调程度逐渐提升,2013 年进入良好协调阶段,并维持到 2015 年,2016 年协调度出现下降,2017 年至 2019 年处于初级协调阶段。沧州市旅游服务子系统与旅游生态子系统的协调度从中度失衡状态逐渐上升,2013 年至 2015 年优化为中级协调状态,2016 年至 2018 年处于初级协调阶段,2019 年上升为中级协调状态,协调状态存在一定程度波动。旅游服务子系统与旅游经济子系统的协调度从 2008 年的严重失衡状态逐渐优化,从 2013 年开始截止到 2018 年稳定在中级协调状态,2019 年进入良好协调阶段。旅游交通子系统与旅游生态子系统的协调度在整个考察期内变化不大,基本处于初级协调状态。旅游交通子系统与旅游经济子系统的协调度从最初的濒临失衡逐渐提高,2015 年至 2019 年维持在中级协调状态。旅游生态子系统与旅游经济子系统的协调度也从最初的濒临失衡逐渐提高到了良好协调状态,且于 2019 年进入良好协调状态。旅游总系统的协调度从最初的轻度失衡状态逐渐提升,并于 2013 年开始基本维持在中级协调状态。

十一、廊坊市旅游业发展要素子系统有序度与协调度分析

廊坊市旅游业旅游服务、交通、生态、经济四个子系统发展有序度的变化情况见表 21 所列。

表 21　廊坊市旅游业发展要素子系统有序度变化情况

	服务子系统	交通子系统	生态子系统	经济子系统
2008 年	0.072	0.267	0.276	0.007
2009 年	0.122	0.328	0.410	0.022

	服务子系统	交通子系统	生态子系统	经济子系统
2010 年	0.117	0.450	0.576	0.055
2011 年	0.188	0.338	0.454	0.111
2012 年	0.271	0.164	0.483	0.136
2013 年	0.388	0.436	0.181	0.171
2014 年	0.350	0.583	0.259	0.200
2015 年	0.364	0.299	0.454	0.345
2016 年	0.395	0.770	0.563	0.441
2017 年	0.771	0.618	0.666	0.600
2018 年	0.795	0.650	0.926	0.831
2019 年	0.728	0.522	0.938	0.967

由表 21 可见,廊坊市旅游经济子系统有序度一直处于稳定上升状态,从 2008 年的 0.007 上升到 2019 年的 0.967,且 2014 年来增速变快,可见,廊坊市旅游经济子系统是四个子系统中发展最快、有序度最高的子系统,廊坊市旅游经济在考察期内有了显著变化。考察期内,廊坊市旅游服务子系统处于稳定上升中,2019 年有序度达到 0.728。旅游交通子系统在波动中上升,波动幅度和频率都较大,2012 年是考察期内有序度值的最低点,2016 年是考察期内有序度值最高点。旅游生态子系统有序度在波动中上升,考察期内最低值出现在 2013 年,可能是由该年份建成区绿化面积缩减导致,2013 年至 2019 年有序度逐年提升,2019 年有序度数值提升为 0.938。

进一步,计算得到廊坊市旅游交通、服务、生态、经济要素子系统两两之间的协调度,结果见表 22 所列。

表 22　廊坊市旅游业发展要素子系统协调度变化情况

	服务 & 交通	服务 & 生态	服务 & 经济	交通 & 生态	交通 & 经济	生态 & 经济	服务 & 交通 & 生态 & 经济
2008 年	0.373	0.375	0.149	0.521	0.207	0.209	0.279
2009 年	0.447	0.473	0.228	0.606	0.291	0.308	0.371
2010 年	0.480	0.510	0.283	0.714	0.396	0.421	0.449

	服务 & 交通	服务 & 生态	服务 & 经济	交通 & 生态	交通 & 经济	生态 & 经济	服务 & 交通 & 生态 & 经济
2011 年	0.502	0.541	0.380	0.626	0.440	0.474	0.488
2012 年	0.459	0.602	0.438	0.530	0.386	0.506	0.482
2013 年	0.642	0.515	0.507	0.530	0.522	0.419	0.519
2014 年	0.672	0.548	0.514	0.623	0.584	0.477	0.566
2015 年	0.574	0.637	0.595	0.607	0.567	0.629	0.601
2016 年	0.743	0.687	0.646	0.811	0.763	0.706	0.724
2017 年	0.831	0.846	0.825	0.801	0.780	0.795	0.813
2018 年	0.611	0.652	0.735	0.754	0.734	0.937	0.792
2019 年	0.608	0.689	0.798	0.837	0.850	0.984	0.707

由表 22 可见,廊坊市旅游服务子系统与旅游交通子系统的协调度在考察期初 5 年内处于失衡状态,2013 年至 2015 年在初级协调状态和勉强协调状态之间游走,2016 年上升为中级协调阶段,2017 年提高到良好协调状态,但是 2018 年至 2019 年协调度下降,处于初级协调状态。廊坊市旅游服务子系统与旅游生态子系统的协调度在 2014 年之前的大部分年份处于失衡状态或者是勉强协调状态,2015 年、2016 年提升到初级协调状态,2017 年变为良好协调状态,2018 年至 2019 年进入初级协调阶段。旅游服务子系统与旅游经济子系统的协调度从 2008 年的严重失衡状态逐渐优化,至 2017 年进入良好协调状态,2018 年至 2019 年处于中级协调状态。廊坊市旅游服务与旅游交通、生态、经济子系统的协调度在 2017 年都出现了突增变化,这可能是由于廊坊市旅游服务子系统有序度 2017 年的突增。廊坊市旅游交通子系统与旅游生态子系统的协调度考察期内在协调状态下波动,2016 年起有三个年份维持在良好协调状态。廊坊市旅游交通子系统与旅游经济子系统的协调度由最初的中度失衡状态在波动中提高到了良好协调状态。廊坊市旅游生态子系统与旅游经济子系统的协调度也从最初的中度失衡逐渐提高到了优质协调状态,且于 2018 年进入优质协调状态。旅游总系统的协调度从最初的中度失衡逐渐提升,于 2016 年进入中级协调状态,2017 年进入良好协调状态,2018 年至 2019 年保持在中级协调状态。

十二、衡水市旅游业发展要素子系统有序度与协调度分析

衡水市旅游业旅游服务、交通、生态、经济四个子系统发展有序度的变化情况见表 23 所列。

表 23 衡水市旅游业发展要素子系统有序度变化情况

	服务子系统	交通子系统	生态子系统	经济子系统
2008 年	0.121	0.067	0.276	0.037
2009 年	0.081	0.435	0.242	0.046
2010 年	0.231	0.502	0.572	0.104
2011 年	0.434	0.598	0.601	0.165
2012 年	0.351	0.213	0.526	0.222
2013 年	0.700	0.789	0.613	0.284
2014 年	0.620	0.207	0.653	0.264
2015 年	0.725	0.235	0.681	0.311
2016 年	0.763	0.335	0.382	0.507
2017 年	0.344	0.440	0.906	0.668
2018 年	0.370	0.484	0.909	0.825
2019 年	0.725	0.437	0.922	0.927

由表 23 发现,衡水市旅游经济子系统有序度在 2013 年之前一直处于稳定上升状态,2014 年出现短暂性下降,2015 年开始迅速上升,是四个系统中发展最快、有序度最高的子系统。旅游服务子系统在 2008 年至 2016 年处于波动上升状态,但是 2017 年由于系统原始指标数值出现下降,有序度值大幅回落,2019 年有序度回升到 0.725。旅游生态子系统有序度在 2015 年之前基本处于上升态势,2016 年出现暂时性回落,2017 年迅速反弹。旅游交通子系统有序度考察期内出现两次大的波动,2008 年至 2011 年逐年上升,2012 年大幅下降、2013 年大幅上升、2014 年大幅下降,2015 年至 2019 年处于上升趋势。

衡水市旅游交通、服务、生态、经济要素子系统两两之间的协调度计算结果见表 24 所列。

表 24　衡水市旅游业发展要素子系统协调度变化情况

	服务 & 交通	服务 & 生态	服务 & 经济	交通 & 生态	交通 & 经济	生态 & 经济	服务 & 交通 & 生态 & 经济
2008 年	0.300	0.324	0.254	0.537	0.372	0.278	0.365
2009 年	0.433	0.374	0.246	0.570	0.375	0.324	0.375
2010 年	0.583	0.603	0.394	0.732	0.478	0.494	0.537
2011 年	0.714	0.715	0.518	0.774	0.561	0.561	0.633
2012 年	0.523	0.655	0.528	0.579	0.466	0.584	0.553
2013 年	0.862	0.809	0.668	0.834	0.688	0.646	0.746
2014 年	0.598	0.803	0.636	0.606	0.483	0.644	0.621
2015 年	0.643	0.838	0.689	0.633	0.520	0.678	0.660
2016 年	0.711	0.735	0.789	0.598	0.642	0.663	0.687
2017 年	0.624	0.747	0.692	0.795	0.736	0.882	0.742
2018 年	0.650	0.761	0.743	0.815	0.795	0.931	0.778
2019 年	0.687	0.904	0.923	0.796	0.813	0.980	0.857

由表 24 可见,受衡水市旅游交通子系统 2013 年有序度突变的影响,旅游交通子系统与其他三个子系统的协调状态也发生了相同态势的变化,即表现出了2013 年上升、2014 年下降的态势。衡水市旅游服务子系统与旅游交通子系统的协调度在 2015 年开始进入初级协调状态,2016 年达到中级协调状态,2017 年到2019 年维持在初级协调状态。衡水市旅游服务子系统与生态子系统的协调度从考察期初的失衡状态逐渐向好,2013 年至 2015 年维持在良好协调状态,2016年至 2018 年维持在中级协调状态,2019 年进入优质协调阶段。服务子系统与经济子系统的协调度从初期的失衡状态逐渐优化,2016 年进入中级协调状态,但是 2017 年旅游服务子系统有序度大幅下降导致协调度出现下降,2019 年回升到优质协调阶段。交通子系统与经济子系统的协调度从最初的失衡状态逐渐提高到了协调状态,但整个过程波动性较大,归因于交通子系统的波动性。旅游生态子系统与旅游经济子系统的协调度从最初的中度失衡逐渐提高到了优质协

调状态,2017 年进入良好协调状态,2018 年至 2019 年进入优质协调状态。旅游总系统的协调度从最初的轻度失衡逐渐提升,2019 年进入了良好协调阶段。

十三、邢台市旅游业发展要素子系统有序度与协调度分析

邢台市旅游服务、交通、生态、经济四个子系统发展有序度的变化情况见表 25 所列。

表 25　邢台市旅游业发展要素子系统有序度变化情况

邢台	服务子系统	交通子系统	生态子系统	经济子系统
2008 年	0.362	0.236	0.087	0.031
2009 年	0.203	0.410	0.282	0.034
2010 年	0.438	0.508	0.418	0.080
2011 年	0.355	0.607	0.325	0.132
2012 年	0.480	0.334	0.343	0.316
2013 年	0.591	0.366	0.243	0.176
2014 年	0.572	0.696	0.202	0.238
2015 年	0.520	0.714	0.177	0.337
2016 年	0.449	0.697	0.255	0.442
2017 年	0.199	0.226	0.765	0.585
2018 年	0.195	0.286	0.663	0.757
2019 年	0.596	0.293	0.876	0.988

由表 25 可见,邢台市旅游经济子系统有序度在 2008 年至 2012 年一直处于稳定上升状态,受入境旅游人数和收入下降的影响,2013 年旅游经济子系统有序度出现下降,但是 2014 年之后回到上升通道,2019 年有序度达到 0.988。旅游服务子系统和旅游交通子系统有序度在 2016 年之前呈现出波动上升态势,2017 年都出现断崖式下跌。旅游生态子系统有序度在 2008 年至 2010 年逐年上升,2011 年起到 2015 年处于下降态势,2016 年开始回暖上升,2019 年出现大幅

度上升,原因在于生态子系统的两个指标数值都出现了大幅度上升。

进一步,可以得到邢台市旅游交通、服务、生态、经济要素子系统两两之间的协调度,计算结果见表26所列。

表26 邢台市旅游业发展要素子系统协调度变化情况

邢台	服务 & 交通	服务 & 生态	服务 & 经济	交通 & 生态	交通 & 经济	生态 & 经济	服务 & 交通 & 生态 & 经济
2008 年	0.541	0.421	0.280	0.378	0.237	0.356	0.369
2009 年	0.537	0.489	0.289	0.583	0.345	0.314	0.411
2010 年	0.687	0.654	0.433	0.679	0.450	0.428	0.542
2011 年	0.681	0.583	0.466	0.666	0.532	0.456	0.557
2012 年	0.633	0.637	0.624	0.582	0.570	0.574	0.603
2013 年	0.682	0.615	0.568	0.546	0.504	0.454	0.557
2014 年	0.795	0.583	0.608	0.613	0.638	0.468	0.610
2015 年	0.781	0.551	0.647	0.596	0.701	0.494	0.621
2016 年	0.748	0.582	0.667	0.650	0.745	0.580	0.658
2017 年	0.460	0.625	0.584	0.645	0.603	0.818	0.614
2018 年	0.486	0.600	0.620	0.660	0.682	0.842	0.640
2019 年	0.646	0.878	0.876	0.736	0.733	0.997	0.803

由表26可见,在2008年至2009年,邢台市旅游服务子系统与旅游交通子系统的协调度处于勉强协调阶段,随着时间的推移,协调状态不断升级,2014年至2016年处于中级协调阶段,但是2017年出现下降,这主要是受旅游服务和旅游交通有序度下降的影响,2019年协调度回升到0.646,进入初级协调状态。旅游服务子系统与旅游生态子系统的协调度从2008年的濒临失衡状态迅速提升,2010年到2018年在勉强协调状态与初级协调状态之间波动,2019年提升为良好协调状态。旅游服务子系统与旅游经济子系统的协调度从2008年的中度失衡状态逐渐优化,2012年到2018年在初级协调状态和勉强协调状态之间波动,2019年进入良好协调状态。旅游交通子系统与旅游生态子系统的协调度从2008年的轻度失衡状态迅速提升,2010年进入初级协调状态,2010年至2018年维持在初级协调状态或勉强协调状态,2019年提升为中级协调状态。旅游交通

子系统与旅游经济子系统的协调度从 2008 年的中度失衡状态逐步提升到 2019 年的中级协调状态。旅游生态子系统与旅游经济子系统的协调度由最初的轻度失衡状态逐渐改善,协调度数值在波动中提升,2017 年达到良好协调状态后,2019 年迅速进入优质协调状态。旅游总系统的协调度从最初的轻度失衡状态稳定提升,并于 2019 年进入良好协调状态。

综合分析,从有序度变化情况分析,在考察期内,北京、天津、河北省 11 城市的旅游经济子系统的有序度都呈现出向上向好的趋势,增长稳定性好于其他三个子系统,这与北京、天津以及河北旅游经济快速发展的现实相吻合。北京、天津旅游业四个子系统的有序度增长稳定性好于河北 11 城市,这说明北京、天津的整个旅游业发展要素的发展情况要好于河北省。从协调度的变化情况来看,北京、天津市旅游子系统间的协调度在考察期初相对较高,基本处于濒临失衡或勉强协调阶段,但是河北省 11 城市的协调状态处于轻、中度失衡状态。在考察期末,北京、天津旅游子系统间协调度基本可以达到良好协调状态,甚至优质协调状态,但是河北省部分城市的协调度相对比较低,有待于进一步提高。对于协调度变化的稳定性情况,北京市、天津市旅游子系统协调度变化提升相对稳定,河北省部分城市由于子系统有序度突变情况的发生,协调度增长也出现了波动。

后　记

　　旅游业发展是我入职天津社会科学院以来一直关注的研究领域。由于本书的写作、出版跨度较长，旅游发展外部环境变化以及旅游业转型升级快速发展，这既为本书的研究工作提供了丰富的素材，也增加了研究难度。尽管在本书的成稿过程中本人倾注了不少心血，但由于资料的局限以及个人知识结构、时间和精力等因素的影响，书中还存在一些缺陷和不足。

　　本书的研究工作得到了天津市哲学社会科学基金、天津社会科学院出版资助，感谢单位的经费支持，使我们能够有条件开展系统的研究，并将研究成果发布。感谢董微微研究员在本书撰写过程中提出宝贵的意见和建议。我还要感谢单位领导和同事在我写作本书期间给予我的诸多关心和帮助，感谢家人的包容和支持。

　　感谢本书参考文献的所有作者，没有他们研究成果的支持，我们的研究无法开展，也难以取得成绩，有些未详细注明准确出处，还恳请原谅。最后，感谢天津社会科学院出版社为本书出版付出的辛勤劳动，敬请各位学术前辈和同仁批评指正！

单晨

2023 年 9 月